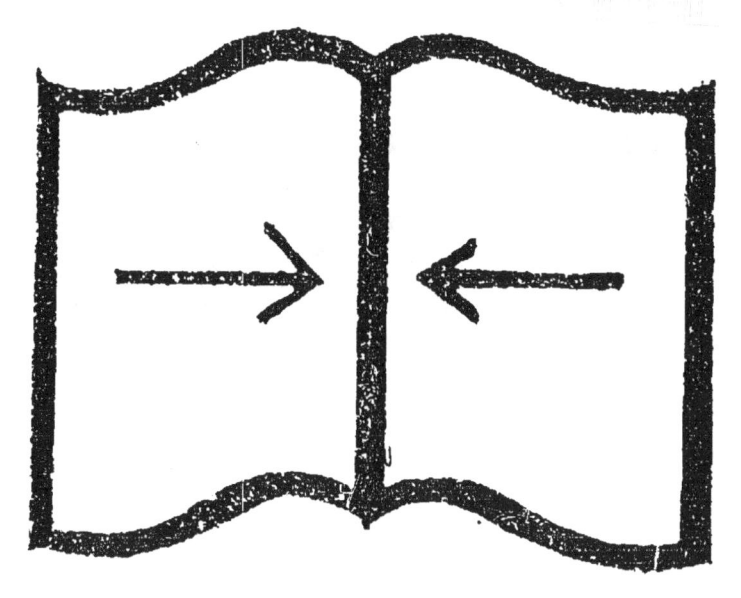

RELIURE SERREE
Absence de marges
intérieures

VALABLE POUR TOUT OU PARTIE

DU DOCUMENT REPRODUIT

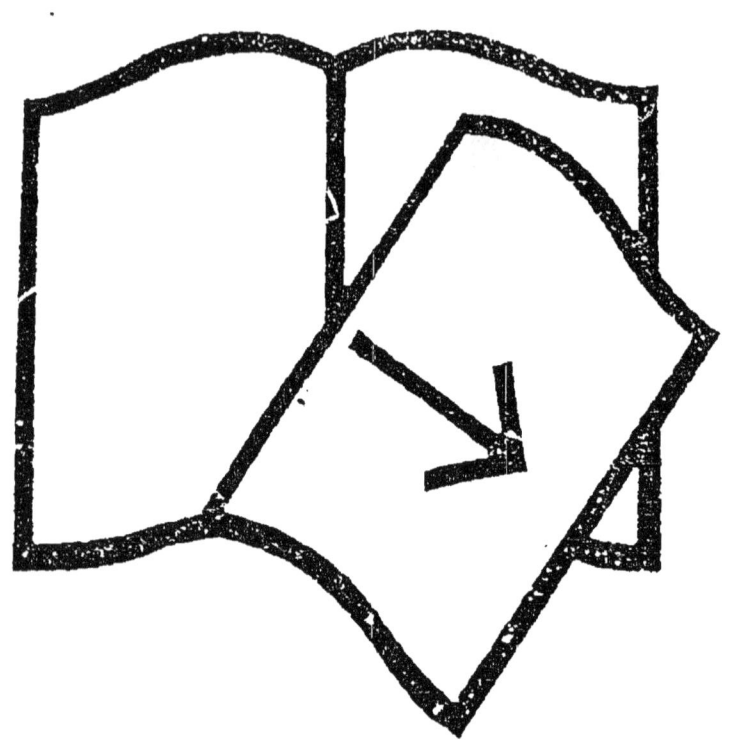

Couverture supérieure manquante

# LE PARC
# AUX BICHES

—

II

# LIBRAIRIE DE E. DENTU, EDITEUR

### OUVRAGES DU MÊME AUTEUR

Collection grand in-18 jésus à 3 francs le volume.

| | | |
|---|---|---|
| Le Mari de Marguerite, 13e édition............ | 3 | vol. |
| Les Tragédies de Paris, 7e édition........... | 4 | — |
| La Vicomtesse Germaine, 7e édition.......... | 3 | — |
| Le Bigame, 6e édition...................... | 2 | — |
| La Maîtresse du Mari, 5e édition............ | 1 | — |
| Le Secret de la Comtesse, 4e édition......... | 2 | — |
| La Sorcière rouge, 4e édition............... | 3 | — |
| Le Ventriloque, 4e édition.................. | 3 | — |
| Une Passion, 4e édition.................... | 1 | — |
| La Bâtarde, 3e édition..................... | 2 | — |
| La Débutante, 3e édition................... | 1 | — |
| Deux amies de Saint-Denis, 4e édition........ | 1 | — |
| Sa Majesté l'Argent, 5e édition.............. | 5 | — |
| Les Maris de Valentine, 3e édition........... | 2 | — |
| La Veuve du Caissier, 3e édition............. | 2 | — |
| La Marquise Castella, 3e édition............. | 2 | — |
| Une Dame de Pique, 3e édition.............. | 2 | — |
| Le Médecin des Folles, 4e édition............ | 5 | — |
| Le Chalet des Lilas, 3e édition.............. | 2 | — |
| Le Parc aux Biches........................ | 2 | — |

## Sous Presse :

Les Filles de Bronze.
Son Altesse l'Amour.
Les Filles du Saltimbanque.
L'Homme au Masque.

XAVIER DE MONTÉPIN

# LE PARC
# AUX BICHES

TOME SECOND

PARIS
E. DENTU, ÉDITEUR
LIBRAIRE DE LA SOCIÉTÉ DES GENS DE LETTRES.
PALAIS-ROYAL, 15-17-19, GALERIE D'ORLÉANS
1879

(Tous droits réservés.)

# LE PARC AUX BICHES

## CHAPITRE Ier

*Où la lorgnette de Georges revient en scène.*

Quittons la villa gothique de madame veuve Rougeau-Plumeau et retournons au premier étage de la petite maison où nous avons laissé les deux complices, Georges et Claudia.

Nous les retrouverons dans la même situation, appuyés au vitrage de la fenêtre, les yeux fixés sur cette chambre lumineuse où se jouait un drame dont le dénoûment devait avoir pour eux un intérêt si puissant.

Telle était l'attention qu'ils apportaient aux péripéties de ce drame, qu'ils restaient sans feu dans la maison humide et glaciale, et qu'ils ne s'apercevaient pas du froid.

En outre, Claudia et Georges n'avaient rien mangé depuis bien des heures, et ni l'un ni l'autre cependant ne songeaient à entamer les provisions abondantes et délicates rapportées de Paris.

Il nous paraît à peu près superflu d'ajouter que la pécheresse n'avait eu ni le temps ni la pensée d'échanger son costume d'homme contre les vêtements de son sexe.

A l'instant précis où les terribles douleurs de l'enfantement s'emparaient d'Esther, Georges avait repris la jumelle des mains de Claudia.

Les rideaux du lit, nous le savons, cachaient la jeune femme à ses regards, mais le marquis de la Tour-Vaudieu pouvait saisir sur le visage bouleversé de Sigismond, un reflet fidèle des angoisses et des souffrances de Mademoiselle Derieux.

Enfin la formidable crise de convulsions et de douleurs eut son terme, et le docteur Leroyer se montra en pleine lumière, tenant dans ses bras le nouveau-né.

A ce spectacle, Georges frappa du pied et ne put retenir une sourde exclamation de rage.

— Qu'y a-t-il donc ? — demanda vivement Claudia.

— Regarde, — répondit le marquis en lui tendant la lorgnette.

— Tout est fini, n'est-ce pas ?

— Regarde ! — répéta Georges pour la seconde fois et avec une intonation farouche.

La pécheresse approcha de ses yeux le double canon de la jumelle.

— Ah! — murmura-t-elle à son tour, — le voilà donc, cet enfant maudit qui n'aurait pas dû naître!!.

— Oui, — reprit le marquis impétueusement, — le voilà bien vivant, le voilà prêt à grandir, ce bâtard odieux qui me ruine...

— Tu peux dire : qui nous ruine... — interrompit Claudia.

— Eh! ma chère, — répliqua Georges avec impatience, — les liens qui nous unissent sont si étroits, que toi et moi ne faisons qu'un!... — et d'ailleurs le moment me semble étrangement choisi pour réclamer!... — Est-ce la moitié de ma misère que tu revendiques si âprement?...

— Ta misère comme ta fortune, je veux tou partager...

— Tu m'aimes tant!... — fit Georges avec ironie.

— Pardieu! — répondit la pécheresse du même ton. — Est-ce que tu en doutes??.

— Eh! bien, tu vas pouvoir me prouver tout à ton aise cet amour si tenace et si désintéressé, car la naissance de ce misérable avorton porte le dernier coup à nos espérances de richesse...

— Ainsi, te voilà démoralisé?...

— Complètement, je l'avoue...

— C'est la seconde fois depuis vingt-quatre heures!.. — Je croyais cependant t'avoir rendu un peu d'énergie et de confiance la nuit dernière...

— Oh ! je sais que tu comptes toujours sur ton esprit d'intrigue et de ruse... — Mais que peuvent ici la ruse et l'intrigue ?.. rien !..

— Crois-tu ?..

— Rien, te dis-je !.. — Tiens, il me vient une idée, à moi...

— Une idée ? à toi ?

— Oui.

— Elle doit être mauvaise... — Enfin, dis-la toujours... nous verrons...

— Je songe à franchir la muraille qui nous sépare de ce jardin...

— Après ?...

— Je m'approcherai de l'infernale maison où, dans ce moment, nos plus mortels ennemis se réjouissent...

— Et, une fois près de la maison, que feras-tu ?...

— Je mettrai le feu à ses quatre coins et j'ensevelirai sous des ruines fumantes Sigismond, Esther et le bâtard...

Claudia haussa les épaules et se mit à rire.

— Tu railles ? — demanda Georges brutalement.

— Mon Dieu, oui, cher ami, je prends cette licence...

— Et pourquoi ?

— Tu es curieux de le savoir ?..

— J'en conviens, car il me semble, sans vanité, que mon plan en vaut bien un autre...

— Joli plan, en effet, qui consiste à mettre le feu (avec des allumettes, sans doute), aux quatre coins d'une maison bâtie en moëllons et en plâtre !.. — Charmante illusion de se persuader que quatre personnes, à savoir ton frère Sigismond, le docteur Leroyer, la grosse Amadis et sa femme de chambre (et encore je ne parle pas d'Esther) se laisseront griller sans mot dire, sans appeler à l'aide, et sans éteindre avec une ou deux carafes d'eau ton incendie de pacotille... — Allons, allons, mon cher Georges, redevenons sérieux, je t'en prie, et renonce à ton *admirable* idée, qui n'est qu'une réminiscence malencontreuse de quelque mélodrame du boulevard... — Je t'ai déjà dit de compter sur moi, — je te le répète de nouveau... — Tâche que cela te suffise et te rassure...

Georges baissa la tête et ne répondit pas.

Nous savons depuis longtemps à quel point il était dominé par le ténébreux génie de Claudia.

— Et, en attendant, — reprit cette dernière, — continuons à nous rendre compte de ce qui se passe chez l'ennemi...

Puis la pécheresse, joignant l'action aux paroles, reprit son poste d'observation.

— Ah ! ça, mais — dit-elle tout à coup, après un silence de deux ou trois minutes, — sais-tu bien que la physionomie du docteur Leroyer n'est rassurante qu'à demi et que, pour un homme au comble du bonheur, le visage de ton frère n'exprime qu'une joie modérée...

Cette observation de Claudia correspondait au moment précis où Sigismond pressait vainement le vieux médecin de se prononcer sur l'état d'Esther.

— Tu as raison, — répondit Georges après avoir regardé à son tour, — est-ce que, par hasard, nos affaires iraient là-dedans un peu moins mal que nous le craignions!.. — Ah! ah! voilà qui est particulier...— ajouta-t-il au bout d'un instant.

— Quoi donc?

— Le docteur prend un flambeau sur la cheminée... — Il allume la bougie... — il quitte la chambre avec mon frère...

— Peut-être a-t-il à lui dire des choses qu'il ne veut pas qu'Esther puisse entendre...

— Des choses alarmantes, alors?...

— C'est probable.

— J'en accepte l'augure...

— Que fait la grosse Amadis?...

— Elle encombre plus que jamais de sa lourde masse le coin de la cheminée, et elle dorlotte le bâtard qu'elle ferait mieux d'étrangler!...

Claudia reprit la lorgnette.

Dix ou quinze minutes s'écoulèrent dans un profond silence.

Georges rompit ce silence.

— Eh bien ! — demanda-t-il, — ne vois-tu plus rien ?...

— Je vois la porte qui se rouvre et ton frère qui rentre...

— Seul ?

— Oui.

— Où diable a-t-il pu laisser le vieux médecin ?.. peu nous importe d'ailleurs...

— Non pas... — l'absence du docteur est grave...

— En quoi ?

— En ce que, si le médecin s'éloigne, c'est que la malade n'est pas en danger... — c'est clair et indiscutable, cela...

— Que fait mon frère ?...

— Il cause avec la grosse Amadis.

— D'un air triste, ou d'un air joyeux ?..

— Je ne saurais le dire, il me tourne le dos...— Ah ! voici que la matrone lève les bras vers le ciel avec une physionomie transportée... — Son large visage s'illumine !... — Mauvais symptôme !..

— Nous nous étions trompés tout à l'heure, mon cher Georges, et nos affaires ne vont pas bien...

— Regarde toujours...

— C'est ce que je fais... — Le duc quitte la grosse femme et s'approche du lit... — Il parle à Esther maintenant, et en parlant il lui tient la main... — Je ne vois pas sa figure, mais je devine à ses gestes que son animation est grande, et qu'il dit des choses importantes...

Il y eut entre la pécheresse et le marquis un nouvel intervalle de silence, plus long que le précédent.

— Que veut dire ceci?... — fit tout à coup Claudia dont la voix exprima une profonde surprise.

— Quoi?... qu'y a-t-il? — demanda Georges.

— Le docteur Leroyer revient, et quelqu'un l'accompagne...

— Qui donc?...

— Devine... — Mais, non, tu ne devinerais jamais, j'aime mieux te le dire tout de suite... — c'est un prêtre qu'il ramène avec lui...

— Un prêtre!... allons donc!... tu es folle...

— Vois toi-même...

Georges regarda.

— Tu avais raison... — dit-il ensuite, — c'est un prêtre! — Qu'a donc à faire cet homme noir dans une maison où vient de naître un bâtard?... — Depuis quand ces oiseaux sinistres viennent-ils prendre place au chevet des filles-mères?...

— Esther est en danger peut-être, — répliqua la pécheresse. — Dans ce cas, la présence du prêtre s'expliquerait de la façon la plus simple...

— Il serait là pour confesser et absoudre la mourante....

— Cette supposition s'accorde mal avec la joie

qui tout à l'heure rayonnait sur le visage de la grosse Amadis...

— C'est vrai, et toutes mes idées se confondent...

— Enfin, nous allons voir... — il ne faut que patience, sans doute, pour connaître le mot de l'énigme...

— Ce mot, le voici, s'écria la pécheresse au bout d'un instant : — le prêtre est venu pour un baptême...

—Mon frère aurait-il l'impudence de reconnaître ce misérable bâtard et de le faire baptiser comme son enfant !... — balbutia Georges d'une voix que la colère étranglait.

— Oh! ceci est plus que probable... — répondit Claudia... — ceci est certain... — Mais il ne faut pas t'en inquiéter outre-mesure... — Le jour où l'enfant n'existera plus, peu importera qu'il ait été ou qu'il n'ait pas été reconnu... — Voilà le baptême achevé... — La grosse Amadis, toute fière d'avoir été marraine, se rengorge comme un dindon qui fait la roue... — Le prêtre s'installe à côté du lit... — Que fait-il donc là?... — Dieu me damne, on croirait qu'il confesse Esther... — Oui... oui... c'est bien cela... — Voilà qu'il lui prodigue les absolutions, les bénédictions... toutes les herbes de la Saint-Jean!...

— Laisse-moi regarder... — dit Georges, en prenant la lorgnette des mains de Claudia.

— Ma parole d'honneur! — fit-il avec un rire

forcé et bruyant, — c'est touchant, c'est attendrissant, c'est superbe!!..

L'éclat de rire commencé s'éteignit presque aussitôt.

Le docteur Leroyer venait d'ouvrir la porte et d'appeler les témoins.

## CHAPITRE II.

### Où la lorgnette de Georges revient en scène,
### (suite)

— Quels sont ces trois hommes?... — se demanda Georges à lui-même, mais assez haut pour que Claudia l'entendît.

— Trois hommes?... — répéta-t-elle.

— Oui... vêtus comme des paysans endimanchés... — Que viennent-ils faire là?... — Le comprends-tu, toi, Claudia?...

— Non et, je l'avoue, cela me paraît étrange...

Soudain Georges fit un signe de fureur et grinça des dents.

—Ah! tu ne comprends pas! — cria-t-il, la face livide et l'écume aux lèvres. — Eh bien! je comprends, moi, car je vois... — et, ce que je vois, je vais te le dire... — Le docteur Leroyer et ces trois hommes sont des témoins... les témoins d'un mariage... entends-tu, Claudia, d'un mariage!... car le prêtre va marier Esther et Sigismond!...

Un second blasphème s'échappa des lèvres de la pécheresse qui s'empara de la jumelle et qui regarda avidement.

Mais presqu'en même temps ses deux bras retombèrent inertes le long de son corps, et elle murmura avec amertume, d'un ton profondément découragé :

— C'est vrai...

— Ainsi, — reprit Georges en frappant de son poing fermé son visage et sa poitrine, — ainsi, voilà cette créature femme de mon frère !... la voilà duchesse de la Tour-Vaudieu !... voilà son bâtard légitime !...

— Oui, — murmura Claudia, — et cela est désormais irrévocable comme le sont les faits accomplis...

Les deux complices se regardèrent avec un accablement morne.

— Mais, j'y songe... — s'écria brusquement la pécheresse, — un mariage improvisé, un mariage pareil à celui que vient de célébrer ce prêtre, un mariage enfin purement religieux et sans publications légales, n'est possible, je le crois, que lorsque l'un des futurs époux se trouve en danger de mort immédiate...

— Tu ne te trompes pas, — répondit Georges, — et l'union ainsi conclue se nomme, à cause de cela, un mariage *in extremis*...

— Mais, dans ce cas, Esther est bien véritablement mourante...

— Rien ne me paraît moins sûr...

— Comment ?

—- Le prêtre, pour agir, n'a besoin que d'une déclaration du médecin attestant l'imminence du péril... — Or le docteur Leroyer, plus accommodant pour mon frère que pour moi, se sera sans doute empressé de déclarer tout ce que Sigismond aura trouvé bon de lui dicter...

— Cela est possible, en effet.

— Tu peux même dire que cela est certain !... — et puis, qu'Esther vive ou succombe maintenant, l'enfant n'en est pas moins légitime, ou du moins légitimé, ce qui revient au même.. — Or, Esther morte, Sigismond ne se séparera plus de son enfant et, une fois cet enfant installé à l'hôtel de la Tour-Vaudieu, comment l'atteindre sans nous compromettre, sans nous perdre ?...

Claudia ne répondit pas.

Elle avait repris la jumelle et elle regardait.

Pendant quelques minutes aucune parole ne fut échangée entre les complices.

Tout à coup la pécheresse tressaillit.

Elle saisit son chapeau d'homme et elle s'élança vers la porte.

— Où vas-tu ?. — demanda Georges stupéfait, — que se passe-t-il ?

— Le temps me manque pour te répondre...— Reste là, et attends mon retour...

Claudia bondit dans l'escalier, et le marquis entendit son pas rapide se perdre dans l'éloignement.

Intrigué au plus haut point par cette fugue étrange et incompréhensible, Georges, après en avoir cherché vainement les motifs, éleva machinalement à la hauteur de ses yeux la lorgnette abandonnée sur une chaise par Claudia, et il en dirigea les tubes vers la chambre d'Esther.

Le docteur Leroyer venait de s'asseoir à côté du lit de la jeune mère.

Sigismond n'était plus là.

Ce que Georges ne pouvait comprendre, nous allons en quelques lignes l'expliquer à nos lecteur.

La pécheresse avait vu le duc de la Tour-Vaudieu embrasser Esther et son enfant, serrer la main du vieux médecin, prendre son chapeau, jeter un manteau sur ses épaules, et quitter la chambre.

Ceci pouvait être très insignifiant ou très grave...

Où allait le duc?... — Son absence devait-elle être longue?...

Voilà ce qu'il importait de savoir.

Claudia sortit donc de la maison au moment où Sigismond refermait derrière lui la porte de la villa gothique, et elle se dirigea en courant du côté de l'auberge du *Cheval blanc* où, selon toute vraisemblance, le duc se rendait de son côté.

Le calcul de la pécheresse était juste.

Un peu avant d'arriver à la place plantée d'arbres qui s'étendait en face de l'auberge, Claudia vit devant elle Sigismond marchant aussi vite qu'un homme peut marcher sans courir.

Elle ralentit aussitôt le pas, de manière à ne point trahir sa présence par le bruit indiscret de ses bottes sur les cailloux du chemin.

Le duc entra dans l'auberge.

Claudia se cacha derrière un gros arbre et elle attendit.

Son attente fut courte.

Avant que cinq minutes se fussent écoulées, Denis ouvrit les deux battants de la porte cochère.

— Des étincelles jaillirent sous les sabots ferrés d'un cheval, et Sigismond, lançant sa monture à un galop impétueux sur la route de Paris, disparut avec la vélocité fantastique du cavalier de la ballade de Burger.

Evidemment le duc allait à Paris et, non moins évidemment, son absence durerait quelques heures.

Claudia profita du moment où Denis, endormi plus qu'aux trois quarts, refermait en bâillant la porte cochère, pour se glisser, sans être vue, dans la cour de l'auberge.

Ce même jour, durant les longues heures passées à la fenêtre de la chambre n° 2, elle avait remarqué sous le hangar aux charrettes une blouse bleue en mauvais état et une vieille casquette abandonnée.

Ces objets misérables excitaient vivement sa convoitise. — Nous saurons bientôt pourquoi.

Elle les chercha dans les ténèbres, elle les trouva, non sans peine, et une fois munie de cet étrange butin, elle rouvrit silencieusement la porte que Denis venait de fermer, et elle s'éloigna de l'auberge en prenant la direction de la villa gothique de madame veuve Rougeau-Plumeau.

A cinquante pas de ce prétentieux logis elle s'arrêta pour endosser la blouse par-dessus sa redingote et pour se coiffer de la casquette dont elle abaissa la visière jusque sur ses yeux.

Ce travestissement achevé, elle alla droit à la villa et sonna résolûment.

— Qui est là ?... — demanda Justine, non sans une nuance d'inquiétude, à travers la porte. — Pourquoi sonne-t-on à pareille heure ?..

— Ma bonne dame, — répondit Claudia en déguisant sa voix, et en traînant ses mots à la façon des paysans, — l'médecin du pays, m'sieu Leroyer, n'est-il point cheux vous, le brave et digne homme ?...

— Qu'est-ce que vous lui voulez, au médecin ?...

— Je veux lui dire, comme ça, qu'il s'en aille bien vitement à sa maison, ous-que sa vieille servante se trouve au plus mal, mêmement que les voisins disent comme ça qu'elle aura bien des maux de s'en tirer, et qu'alle vient de tomber dans une attaque *d'apotrésie*... qu'est une mauvaise maladie et qu'on n'en revient guère...

— C'est bon, — on va faire votre commission au docteur...

— Merci bien, ma bonne dame...

On entendit Justine remonter.

Claudia se frotta les mains.

Tout allait pour le mieux puisque la soubrette, n'ayant point ouvert, n'avait pu voir le visage du nocturne visiteur.

La pécheresse alla s'embusquer à l'angle d'un mur, tout près de la villa.

Au bout de quelques secondes la porte tourna sur ses gonds, et M. Leroyer, éclairé par Justine, se montra sur le seuil.

Le digne homme semblait en proie à une agitation extraordinaire et à la plus douloureuse émotion.

Il joignait ses mains en balbutiant des phrases indistinctes et interrompues, et il prit, aussi vite que le lui permirent son âge avancé et ses courtes jambes, le chemin de sa demeure.

Claudia le laissa s'éloigner et s'engagea à grands pas dans le sentier qui devait la ramener auprès de Georges.

— Que signifie cette mascarade ? — demanda ce dernier en la voyant paraître, affublée des haillons dérobés sous le hangar.

— Cela signifie, mon cher Georges, — répondit

la pécheresse, — que l'heure est venue de demander à la violence ce que nous ne pouvons désormais obtenir de la patience et de la ruse...

— Explique-toi...

— Le temps presse !... — En face de nous il n'y a plus que des femmes...

— Je le sais...

— Hâtons-nous d'agir...

— Que faut-il faire ?

— Endosse cette blouse et coiffe-toi de cette casquette...

— C'est fait.

— Ramasse un peu de suie dans l'âtre de cette cheminée et noircis ton visage...

— Est-ce bien ainsi ?...

— A merveille... — Te voilà méconnaissable et tu ressembles à s'y méprendre à un voleur de grand chemin de la plus vilaine espèce... — Maintenant, viens.

— Où donc ?

— Escalader le mur de clôture.

— Je t'ai proposé cela tout à l'heure, et tu m'as traité de fou !...

— J'en conviens ; mais ce qui était insensé il y a une heure est devenu plein de sens en ce moment... — D'ailleurs il ne s'agit pas de discuter, mais d'agir... — Je te le répète, le temps presse !... — Viens vite... — J'attends !... — Hâte-toi !...

— Explique-moi du moins...

— Ton rôle ? — Il est bien simple... — Tu vas être un voleur, un pur et simple voleur... — Il ne s'agit que de dépouiller la grosse Amadis de ses bijoux, de ses chaînes, de ses camées, sans lui faire le moindre mal... — Dans l'état où se trouve Esther, l'épouvante qu'elle va ressentir à ton aspect la tuera beaucoup mieux et beaucoup plus sûrement qu'un coup de couteau...

— Et l'enfant ?...

— Il lui arrivera un *accident*... Tu m'entends bien, un *accident* et pas autre chose... — Tu éteindras la lampe, tu renverseras le berceau, et rien ne t'empêchera de faire rouler par dessus tout cela quelque bon gros meuble un peu lourd.. — Le hasard aura tout fait, tu comprends !. Les voleurs sont parfois maladroits, mais ils n'ont aucun intérêt à supprimer l'enfant de ton frère...

— Tu as raison, toujours raison, Claudia !... — Viens...

Les complices descendirent.

Ils traversèrent la ruelle étroite, et Georges atteignit facilement le chaperon du petit mur du Parc aux Biches.

De là il tendit la main à Claudia pour faciliter son ascension, et ils se trouvèrent l'un et l'autre dans le jardin de la villa gothique.

Le long de la muraille, précisément à l'endroit choisi par eux pour effectuer leur descente, se trouvait accrochée une échelle dont le jardinier se servait à l'époque de la taille des arbres.

— Tu vois bien que le diable est pour nous! — dit Claudia en riant. — A peine avons-nous besoin d'une chose qu'il nous l'envoie tout aussitôt... C'est d'une obligeance sans pareille!.

Les deux complices prirent l'échelle chacun par un bout.

Ils la portèrent jusqu'auprès de la maison et la dressèrent contre le bâtiment.

Les échelons du haut se trouvèrent ainsi juste au niveau des fenêtres du premier étage.

— N'oublie rien de ce que je t'ai recommandé! — dit alors Claudia à Georges. — Surtout, ne va pas perdre la tête et tordre le cou à l'enfant, ce qui nous compromettrait abominablement... — Tu es un voleur, tu es venu pour voler, tu voles et tu t'en vas... — C'est simple comme bonjour et ce n'est pas ta faute si tu culbutes un berceau dans l'obscurité, et si les petits enfants ne sont pas solides et se cassent en tombant..

— Je me souviendrai! — répliqua Georges. — Sois tranquille...

Et il commença à gravir l'échelle.

En deux élans, il en atteignit le faîte.

Pendant une seconde Claudia vit la silhouette de son corps se dessiner en noir sur les vitres lumineuses...

Puis, après avoir d'un vigoureux coup d'épaule enfoncé la fenêtre, Georges bondit dans l'intérieur de la chambre....

## CHAPITRE III.

### Un crime.

Au moment où le marquis Georges de la Tour-Vaudieu, ce bandit gentilhomme vêtu comme un voleur de grands chemins et le visage barbouillé de suie, s'élançait dans la chambre d'Esther, après avoir enfoncé la fenêtre d'un coup d'épaule, Madame Amadis, qui venait de s'endormir au coin du feu, se réveilla en sursaut et, se croyant le jouet de quelque rêve épouvantable, se frotta les yeux d'un air effaré.

La jeune duchesse — (donnons-lui ce titre qui lui appartenait depuis un instant) — interrompit la prière d'actions de grâces qu'elle adressait à Dieu du plus profond de son cœur et, se soulevant à demi, elle sentit tout son sang se glacer dans ses veines.

Ses lèvres s'entr'ouvrirent pour pousser un cri d'épouvante — mais cette épouvante même les paralysait. — Sa bouche resta muette...

Georges cependant, docile aux instructions de Claudia, ne perdait pas une minute.

Fidèle à son rôle de voleur, il s'élança vers la cheminée, il renversa et brisa la lampe, de façon à ce que la chambre ne fût plus éclairée que par les lueurs douteuses du feu puis, saisissant Madame Amadis à la gorge, il se mit en devoir de la dépouiller des orfévreries de toutes sortes qui ruisselaient sur son corsage opulent.

Nous devons le dire à la louange du marquis, jamais hôte émérite des prisons de Paris, jamais gibier de cour d'assises, jamais échappé du bagne, ne procéda de façon plus adroite et plus expéditive.

Les vieux forçats qui trônent aux galères dont ils sont les rois incontestés, les malfaiteurs illustres qui professent doctement dans les préaux des geôles, pour le plus grand profit des gredins en herbe, auraient applaudi des deux mains à sa dextérité triomphante.

Madame Amadis, anéantie par la stupeur et par l'effroi, et se croyant d'ailleurs irrévocablement perdue, se trouvait incapable de toute résistance.

En beaucoup moins de deux secondes, Georges se fut emparé de la montre, de la chaîne, des camées et de tout le reste.

Il s'agissait pour lui, maintenant, de remplir le véritable but de son expédition hasardeuse.

Le berceau dans lequel reposait l'enfant, se trouvait à côté du lit de la jeune mère...

Enhardi par sa première réussite, — certain désormais d'un succès complet, — il bondit vers ce berceau...

Il allait l'atteindre...

Il allait précipiter sur le parquet et fouler sous ses pieds la frêle créature dont la vie commencée à peine ne tenait qu'à un fil, — fil bien léger, bien facile à rompre...

Il n'en eut pas le temps.

Plus rapide que lui, et comparable à une lionne qui défend son lionceau, Esther, si faible, si anéantie un instant auparavant, se dressa furieuse et forte, s'élança de son lit de douleurs, se jeta entre le berceau et l'assassin, et faisant à son enfant un rempart de son corps elle cria, d'une de ces voix étranges qu'on entend dans les songes :

— Misérable !... vous ne passerez pas !...

Le marquis ne s'attendait point à rencontrer sur son chemin cet obstacle vivant.

Mais un obstacle, quel qu'il fût, ne pouvait l'arrêter... — il était allé trop avant pour ne pas continuer jusqu'au bout son œuvre de ténèbres.

Un sourire effroyable vint à ses lèvres.

— C'est elle qui l'aura voulu ! — pensa-t-il, — mère et le bâtard disparaîtront ensemble, — mieux vaut peut-être qu'il en soit ainsi !...

Son bras se leva, — son poing fermé retomba avec une irrésistible violence...

Il ne rencontra que le vide.

Esther, guidée par son inexplicable et mystérieux instinct, venait de se baisser tout à coup, de plonger pour ainsi dire sous le choc meurtrier, puis, se redressant soudain, souple comme une lame d'acier, elle saisit de ses deux petites mains M. de la Tour-Vaudieu par le cou et, dans un transport de cette foudroyante énergie que Dieu donne aux mères en péril, elle se mit en devoir de l'étrangler.

Georges, étourdi, stupéfait, se débattit en cherchant à se dégager, et tordit avec rage les bras et les poignets de la jeune femme... — Inutiles efforts! — les doigts d'Esther, ces doigts fragiles et qu'on eût dit ciselés dans l'ivoire, serraient de plus en plus sa gorge, rigides et inflexibles autant qu'un collier de fer.

Le marquis ne respirait presque plus, — il commençait à perdre la tête; — la frayeur et l'inquiétude lui montaient au cerveau, avec des flots de sang, et l'aveuglaient...

A ce moment précis sa situation vint se compliquer encore.

Madame Amadis, revenue de sa première épouvante et honteuse de son inaction en face du danger commun, se souvint fort à propos qu'elle était non seulement une forte femme, mais encore une femme forte.

En conséquence, introduisant par sa collaboration un élément comique dans un drame formidable, elle saisit un flambeau sur la cheminée, et se servant de ce flambeau comme d'une arme offensive, elle attaqua Georges par derrière, frappant à coups redoublés sur sa tête qui bientôt fut meurtrie et sanglante.

Tout en s'escrimant ainsi que nous venons de le dire, — tout en martelant le crâne du marquis avec une verve et une précision admirables, — la veuve du fournisseur poussait sans relâche des clameurs aiguës, des appels retentissants, parmi lesquels revenaient sans cesse ces mots :

— Au voleur!... à l'assassin!...

Georges râlait.

Des myriades d'étincelles passaient devant ses yeux, comme les gerbes éblouissantes d'un feu d'artifice.

Des tintements bizarres remplissaient ses oreilles.

— Je suis perdu... — se disait-il, — je suis perdu...

Les doigts d'Esther ne se disjoignaient point.

— Madame Amadis criait toujours et frappait plus fort que jamais.

Georges, complètement vaincu, ne pouvait même plus se débattre.

A ce moment la scène changea.

La sonnette de la porte d'entrée retentit, agitée avec une violence convulsive.

En même temps une tête pâle, — la tête de Claudia, — se montra au niveau de la fenêtre.

Un seul regard mit la pécheresse au fait de la position des trois personnages qui formaient dans les demi-ténèbres de la chambre un groupe presque fantastique.

Le bras de Claudia s'étendit vers ce groupe.

L'un de ses doigts s'appuyait sur la détente d'un petit pistolet.

— Le sort en est jeté!... — se dit-elle, — il faut jouer le tout pour le tout!...

Un éclair raya la nuit...

Une détonation retentit.....

Esther poussa un gémissement faible. — Ses mains, subitement amollies, se détendirent, et elle tomba à la renverse, entraînant le berceau dans sa chute.

Le bruit inattendu du coup de feu venait de replonger madame Amadis dans ses terreurs premières, en lui démontrant jusqu'à l'évidence qu'elle avait affaire, non point à un malfaiteur isolé, mais à une bande d'assassins.

Elle laissa tomber son flambeau et recula, folle d'épouvante.

On entendait dans l'escalier le bruit d'un pas rapide qui se rapprochait de plus en plus...

Quelques secondes encore et la porte de la chambre allait s'ouvrir.

Georges, debout, mais à demi asphyxié et chancelant comme un homme ivre, semblait ne point avoir conscience de ce qui se passait autour de lui.

Il respirait à pleins poumons et ne bougeait pas.

— Viens!...—lui dit Claudia d'une voix sourde.

Il ne parut pas l'entendre.

— Viens! — répéta la pécheresse un peu plus haut et avec une colère contenue, — mais viens donc!!..

Georges demeura immobile.

Sans le tremblement convulsif qui secouait ses membres, on aurait pu le croire changé en statue.

Claudia, frémissante, prit un parti suprême.

Elle enjamba le rebord de la fenêtre.

Elle courut à Georges, qu'elle saisit par la main et qu'elle entraîna en murmurant tout bas à son oreille :

— Malheureux !... tu veux donc nous perdre!...

Le marquis obéit passivement.

Claudia le poussa vers l'échelle. — Il descendit, ou plutôt il se laissa glisser comme une lourde masse le long des échelons, et atteignit ainsi le sol du jardin.

Sa complice s'élança derrière lui.

Il était temps.

Au moment où l'infernale créature venait de disparaître, la porte s'ouvrit et le docteur Leroyer franchit rapidement le seuil, une bougie allumée à la main.

Dans la pénombre de la pièce voisine on entrevoyait le visage livide et décomposé par la peur de Justine la cameriste.

Les lueurs vacillantes de la bougie du vieux médecin éclairèrent alors un triste, un effrayant spectacle.

Esther, à demi-nue, gisait inanimée sur le parquet, — sa figure, aussi pâle qu'un masque de cire, semblait porter déjà la sinistre empreinte de la mort. — A travers ses cheveux blonds dénoués on voyait le sang couler d'une profonde et large blessure.

Quelques gouttes du sang de la mère avaient rejailli sur l'enfant qui ne donnait aucun signe de vie.

—Malheureuse femme!...—balbutia le docteur, — assassinée lâchement!... Oh! mon Dieu!... mon Dieu!... pourquoi suis-je arrivé trop tard!...

Madame Amadis, accroupie dans un angle de la chambre et les yeux hagards, gémissait lamentablement et paraissait un peu plus qu'à moitié folle.

M. Leroyer s'agenouilla à côté d'Esther et appuya sa main sur le cœur de la pauvre enfant.

— Elle est vivante encore... — se dit-il à lui-même au bout d'un instant, — que Dieu en soit béni!...

Il examina ensuite la blessure de sa tête.

La balle du pistolet de Claudia avait contourné le crâne et entaillé le cuir chevelu sur une surface large à peu près de trois doigts, en produisant une commotion terrible et en déterminant une perte de sang très abondante, mais sans fracturer la boîte osseuse et sans déterminer une blessure infailliblement mortelle.

Le danger prévu de la fièvre cérébrale augmentait dans d'incalculables proportions, mais enfin tout espoir n'était pas perdu peut-être.

M. Leroyer, après ce rapide examen, releva le corps de l'enfant.

La pauvre petite créature, étourdie pendant quelques instants par sa chute, commençait à annoncer son retour à la vie en vagissant faiblement.

De ce côté, du moins, il n'y avait point péril immédiat.

Le docteur, un peu rassuré, réclama le concours de madame Amadis pour replacer Esther sur son lit.

Mais la grosse femme, dans son délire épouvanté, était absolument incapable de comprendre de quoi il était question et de se prêter à ce qu'on réclamait d'elle.

Heureusement Justine, un peu moins affolée que sa maîtresse, s'offrit pour la suppléer, et la jeune mère, presque aussi glacée qu'une statue de marbre ou qu'un cadavre déjà refroidi, fut étendue avec des précautions infinies sur cette couche que selon toute apparence, et l'on peut presque dire : *à moins d'un miracle*, elle ne devait plus quitter.

Le docteur lava la blessure de la tête avec de l'eau fraîche, puis il appliqua un bandage humide et serré étroitement, afin d'arrêter le sang qui coulait toujours.

Cette première tâche achevée, il s'approcha de la fenêtre brisée et il regarda dans le jardin.

Le jardin semblait absolument désert et l'échelle avait disparu.

## CHAPITRE IV.

### Leroyer à la rescousse!...

Il nous faut expliquer avant toutes choses à nos lecteurs le retour imprévu du docteur Leroyer, que nous avons vu se diriger en toute hâte vers sa maison après la communication menteuse faite à Justine, à travers la porte de la villa gothique, par Claudia déguisée en homme.

C'est facile et ce sera court.

Le digne homme, nous l'avons dit, s'était mis en marche aussi rapidement que son âge avancé et ses courtes jambes le lui permettaient.

Une consternation profonde se peignait sur son visage bouleversé car, malgré l'égoïsme naturel aux vieillards, et dont il avait sa bonne part, il éprouvait un véritable et profond attachement pour la fidèle servante dont nous connaissons le dévouement absolu et les qualités nombreuses.

L'idée qu'il allait trouver Suzanne foudroyée par l'apoplexie, mourante, morte peut-être, mettait M. Leroyer hors de lui-même, et son allure, au lieu de se ralentir, augmentait de vélocité de minute en minute.

Déjà il avait parcouru à peu près la moitié de la distance séparant sa modeste demeure de la villa gothique de madame veuve Rougeau-Plumeau.

Suant, soufflant, haletant, n'en pouvant plus, il continuait cette course insensée et peut-être, comme au soldat grec de Marathon, la respiration et la vie allaient-elles bientôt lui manquer à la fois, lorsqu'à un coude de la rue il se heurta contre un groupe de trois personnes qui venaient à sa rencontre, et faillit tomber à la renverse tant le choc fut violent.

Ce groupe était composé de deux cultivateurs de Brunoy et d'une jeune paysanne.

L'un des hommes portait un falot. — C'était sur lui que le médecin venait de se précipiter à corps perdu.

— Nom d'une pipe! — s'écria ce villageois d'un ton bourru, — que le diable emporte la *fichue bête* qui vient de se jeter dans mes jambes comme un chien fou dans un jeu de quilles !... — Faites donc attention où vous allez, mal avisé que vous êtes !!..

Le médecin ne répondit que par un sourd gémissement et voulut se remettre en route.

Mais en ce moment l'homme au falot le reconnut et, tout en ôtant son bonnet de coton bariolé pour le saluer avec une entière déférence, il lui barra respectueusement le passage et lui dit de l'air du monde le plus contrit et le plus dolent :

— Bien des excuses, m'sieu le docteur..., — Si j'avais pu m'*émaginer* que ce fusse vous, parole sacrée, j'aurais mieux aimé me mordre la langue, oui ma foi, plutôt que de vous appeler *fichue bête,* aussi vrai que je vous le dis, rapport au respect que je vous dois... — Ça va bien, m'sieu le docteur? — J'espère tout de même que vous ne vous êtes point fait de mal en vous *cognant,* sauf vot' respect, contre ma personne...

— Merci, mon ami, merci... — murmura M. Leroyer, — je ne me suis fait aucun mal... — laissez-moi passer, je vous en prie...

Le paysan ne bougea pas d'une semelle et reprit :

— Mais où donc que vous allez si vite que ça, à pareille heure, m'sieu le docteur. sans vous commander?...

— Chez moi.... et chaque minute de retard rend peut-être le malheur irréparable...

— Le malheur! quel malheur? — Le feu n'est point chez vous, j'en réponds, attendu que Lambinet, Tiennette et moi, nous venons de passer tous les trois devant vot'propriété... — rien ne bougeait...

— Eh! il ne s'agit pas du feu, — répliqua le médecin en se résignant à subir un interrogatoire inévitable, — il s'agit de Suzanne...

— Mam'zelle Suzon ! — s'écria le paysan, — elle se porte comme père et mère.

— Elle est mourante! — interrompit M. Leroyer.

— Mourante!! — répéta le villageois d'un air étonné ! — Et, de quoi ?

— D'une attaque d'apoplexie...

— Et, depuis quand ?

— Depuis une heure, et l'on vient de me prévenir à l'instant... — Vous voyez que la situation est terrible et que le temps presse... — Au nom du ciel, laissez-moi donc passer....

Un immense éclat de rire fut la seule réponse de l'interlocuteur du médecin.

Tiennette et Lambinet s'associèrent irrévérencieusement et bruyamment à ce rire.

Le docteur stupéfait ne savait s'il devait en croire ses oreilles.

— Ah! elle est bonne, *la farce!* — s'écria l'homme à la lanterne quand son hilarité convulsive lui permit de prononcer distinctement quelques mots. — Elle est même très bonne !... — On vous en a conté, m'sieu le docteur, et vous avez tout *bonifacement* avalé la *bourde*... — Oh! la! la!...

— Comment? — qu'y a-t-il?.. — de quoi, parlez-vous? — balbutia le vieux médecin, abasourdi, effaré, et se demandant s'il jouissait bien en ce moment de la plénitude de sa raison.

— De quoi je parle? — reprit le paysan, — je

parle de mam'zelle Suzon, nom d'une pipe!! — Ce qu'il y a? — il y a qu'à ce moment même où nous voici, elle est *tranquille comme Baptiste*, mam'zelle Suzon ! en train de faire la veillée chez la ménagère à Jean Grivet, d'où que nous sortons présentement, Lambinet, Tiennette et moi... — C'est-il la vérité, ça, les autres?...

— C'est la vérité ! — dirent à la fois le second paysan et la jeune fille.

— Et même à preuve, — ajouta l'homme à la lanterne, — que tout au moment où nous étions pour nous en aller de chez la ménagère à Jean Grivet, mam'zelle Suzon a dit comme ça :

— *Va falloir pourtant, mes enfants, que je m'en y retourne chez nous présentement tout à l'heure, car mon cher brave et digne homme de maître n'aurait qu'à avoir oublié de prendre la clef de la grille, comme ça lui arrive plus souvent qu'à son tour, attendu qu'il a la tête un peu faible par instants, vu son grand âge, et il se trouverait bel et bien dans la rue, faisant le pied de grue devant sa porte en m'attendant, ce qui ne le ferait point rire...* — Oui, m'sieu le docteur, elle a dit ça, parole sacrée!...—Demandez plutôt à Tiennette et à Lambinet...

— Elle a dit ça !...—répétèrent à la fois, comme un écho, Lambinet et Tiennette.

Cette affirmation nouvelle était d'ailleurs inutile.

Depuis un instant M. Leroyer se sentait convaincu et rassuré.

Il ne conservait plus l'ombre d'un doute.

Il s'avouait à lui-même qu'il venait d'être le jouet d'une mystification bizarre.

Mais dans quel but, dans quel intérêt cette mystification ?...

Voici ce qu'il se demandait vainement...

Il lui était impossible, malgré tous ses efforts, de répondre à cette double question.

Cependant, comme son retour chez lui n'avait plus de but, et que sa présence auprès de la jeune duchesse restait impérieusement nécessaire, il reprit sans tarder le chemin de la villa gothique, en compagnie des deux paysans et de la paysanne, qui ne tardèrent point d'ailleurs à se séparer de lui et à disparaître dans une ruelle latérale.

A mesure que M. Leroyer se rapprochait de la demeure vulgaire et prétentieuse où se sont jouées déjà plusieurs des scènes importantes de notre drame, une vague inquiétude s'emparait de lui, et des idées d'un ordre nouveau surgissaient dans son esprit.

— La chose est évidente, — se disait-il, — on a voulu m'éloigner... — Le prêtre et les témoins sont partis les premiers... — Le duc ensuite a quitté la maison... — En mon absence les trois femmes sont seules... Le moment serait bien choisi pour accomplir un crime...

En même temps l'étrange scène de la nuit précédente et l'effroyable proposition du jeune homme inconnu venaient à la mémoire du médecin.

A ce souvenir il se prit à frissonner, tandis que ses lèvres balbutiaient, presque à son insu, ces trois mots :

— Oui... un crime...

Et, instinctivement, il hâta le pas.

Bientôt il arriva sur la petite place qui formait un carré long devant la villa gothique.

Aucune des fenêtres donnant sur cette place n'était éclairée, tout paraissait tranquille, mais il sembla au docteur qu'un bruit singulier et d'une nature peu rassurante se faisait entendre.

Il prêta l'oreille et, après quelques secondes d'audition attentive, il acquit la certitude qu'il ne se trompait pas et que, dans l'intérieur de la maison qui se trouvait en face de lui, une voix de femme poussait sans relâche des cris aigus, assourdis par les vitrages et les murailles.

Cette voix, nous le savons, était celle de Mme Amadis appelant à l'aide de toute la puissance de deux poumons vigoureux, tandis que les blanches mains d'Esther étranglaient de leur mieux le marquis Georges de la Tour-Vaudieu.

Avec toute la vivacité d'un jeune homme qu'il n'était plus, et tout le courage d'un brave cœur qu'il était encore, le docteur Leroyer franchit les trois degrés du perron et agita violemment le cordon de la sonnette.

Ceci se passait au moment précis où la tête pâle de Claudia apparaissait en haut de l'échelle dans l'embrasure de la fenêtre.

Justine, à demi-folle de terreur, descendit en tremblant l'escalier et, croyant la maison envahie par une horde de brigands, demanda d'une voix presque indistincte :

— Qui est là ?... que voulez-vous ?...

Le docteur se nomma.

Justine poussa un cri de joie et ouvrit en toute hâte.

M. Leroyer saisit le bougeoir de la camériste et s'élança dans l'escalier.

Une détonation retentit alors...

Les clameurs de madame Amadis s'éteignirent...

Claudia venait de faire feu sur la malheureuse Esther, et la veuve du fournisseur, foudroyée par l'épouvante, n'avait même plus la force de pousser de sourds gémissements.

Le docteur, sans même réfléchir que selon toute apparence il courait à la mort, et que les assassins le frapperaient aussi s'ils étaient encore là, gravit les dernières marches de l'escalier, traversa la première pièce et, d'une main résolue, ouvrit la porte de la seconde.

Nous savons déjà quel effroyable spectacle s'offrit à ses regards.

Nous l'avons vu donner des soins rapides et intelligents à la pauvre Esther sanglante et évanouie...

Nous l'avons vu relever l'enfant, et s'assurer que la vie n'avait point abandonné ce corps si délicat et si frêle.

Nous l'avons vu, enfin, s'approcher de la fenêtre brisée par Georges de la Tour-Vaudieu, et se pencher vers le jardin, en s'efforçant de sonder du regard les ténèbres opaques.

L'échelle avait disparu et le jardin paraissait désert.

Voici ce qui s'était passé après que Georges, entraîné par sa maîtresse, eut franchi le rebord de la fenêtre et se fût laissé couler ainsi qu'une masse inerte le long des montants de l'échelle.

A peine les deux complices venaient-ils de toucher le sol que Claudia, d'une voix basse et impérieuse, ordonna au marquis de lui venir en aide pour saisir et pour renverser l'échelle, ce qui fut fait à l'instant même et sans bruit.

— Viens, maintenant, — ajouta l'infernale créature, en prenant par la main, pour l'entraîner de nouveau, M. de la Tour-Vaudieu qui semblait n'avoir plus ni force physique, ni volonté, ni intelligence...

— Que veux-tu faire de moi ? — balbutia-t-il en résistant passivement.

— T'emmener... — fuir avec toi...

— Fuir ?... — répéta Georges d'un air stupide — à quoi bon ?...

— Comment, à quoi bon ?... — tu le demandes !!!...

— Oui... — Quoi que nous fassions, nous sommes perdus...

Claudia haussa les épaules en laissant tomber sur le marquis un regard de profond mépris.

Pendant un instant elle eut la pensée de l'abandonner à son sort. — Mais l'abandonner, c'était se perdre elle-même, car elle connaissait bien Georges, elle avait la certitude qu'une fois aux mains de la justice, sa première action serait de dénoncer sa complice.

Donc il fallait le sauver, par égoïsme ; — mais, pour le sauver il fallait d'abord le convaincre — il fallait triompher de cette résistance inerte qu'il semblait prêt à opposer à toutes les tentatives, avec la brutale inintelligence résultant d'une trop longue strangulation.

A coup sûr Georges de la Tour-Vaudieu subissait une paralysie partielle et momentanée du cerveau... — Quelques secondes de plus auraient amplement suffi pour rendre cette paralysie complète et décisive.

Ceci faisait la tâche de Claudia bien difficile. — Cependant il était urgent d'agir, et d'agir vite.

Les minutes s'écoulaient et, d'un instant à l'autre, le jardin pouvait être envahi...

## CHAPITRE V.

### Après le crime.

Claudia se haussa sur la pointe des pieds, en appuyant ses deux mains à l'une des épaules du marquis.

Cette position permettait à ses lèvres de toucher presque l'oreille de son complice.

Elle mit alors dans les notes de sa voix, cependant basse et contenue, tout ce qu'il y avait d'énergie, de domination, et elle dit :

— Viens !... je le veux !... — M'entends-tu, Georges, je le veux ! !...

M. de la Tour-Vaudieu ne répondit rien, ne bougea pas et parut même ne point entendre.

Claudia frappa du pied avec une colère d'autant plus violente qu'il ne lui était pas permis de laisser cette colère éclater.

— Allons ! — murmura-t-elle ensuite en se parlant à elle-même — puisqu'il le faut, employons les grands moyens... et, si le marquis résiste encore, ma foi, tant pis pour lui !.. — Dans ce bas monde chacun pour soi !...

La courtisane, résolue à tenter ce qu'elle appelait : *les grands moyens*, tira de sa poche un petit pistolet pareil à celui qu'elle venait de décharger sur Esther.

Elle éleva ce pistolet jusqu'à la hauteur du front de Georges ; l'extrémité du tube meurtrier effleura la tempe.

— Suis-moi ! — reprit-elle alors, les dents serrées, la voix sifflante. — Suis-moi sans perdre une seconde, sinon, foi de Claudia, je te fais sauter le crâne !!

M. de la Tour-Vaudieu frissonna sous le contact glacial de l'acier. — Les menaçantes paroles de Claudia triomphèrent de l'engourdissement passager de son intelligence. — Toutes les cordes de l'épouvante vibrèrent à la fois chez lui. — Il écarta vivement le canon du pistolet, et il balbutia :

— Je t'obéis... je te suis... ne me tue pas...

La jeune femme poussa un soupir de soulagement.

Elle remit son arme dans sa poche et, saisissant de nouveau le marquis par la main, elle l'entraîna vers cette partie du mur de clôture qui faisait face à la maisonnette que nous connaissons.

L'escalade en était facile et d'une simplicité toute primitive, grâce aux treillages disposés contre la muraille et sur lesquels s'étendaient les rameaux noueux de la vigne, et les branches luxuriantes des abricotiers et pêchers.

Ces treillages formaient une sorte d'échelle parfaitement commode.

Claudia, la première, en gravit les échelons et, une fois assise sur le sommet du mur, elle rendit au marquis le service qu'elle avait reçu de lui lors de la précédente escalade, c'est-à-dire qu'elle lui tendit la main pour l'aider à franchir l'obstacle.

Un instant après les deux complices rentraient dans la maisonnette dont ils refermaient la porte sur eux. — Claudia battait le briquet, elle allumait une bougie et elle jetait sur son complice un regard investigateur.

Georges était effrayant à voir.

Sous la couche de noir de fumée qui couvrait les joues et le front, il était facile de deviner la pâleur morbide du visage.

Les yeux offraient une expression égarée.

Claudia rabattit le col de la chemise du marquis et approcha la flamme de la bougie en faisant avec la main gauche une sorte de réflecteur.

Le cou portait une empreinte violette, profonde et hideuse, comparable à ces sillons d'aspect sinistre que la corde de la potence trace sur la gorge des pendus.

Les mains fluettes d'Esther avaient, comme un étau d'acier, laissé d'ineffaçables stigmates.

Oui, *ineffaçables*, car des empreintes de cette

nature ne disparaissent jamais entièrement, et la courtisane le savait bien.

— Ah ! ah ! — mon cher marquis, — pensa-t-elle, — te voilà condamné à porter pendant tout le reste de ta vie un collier qui n'est pas précisément celui des commandeurs de la Légion d'honneur !..
— Ceci, j'en ai grand'peur pour toi, te gênera plus d'une fois dans l'avenir...

Georges porta la main à son cou.

— Est-ce que tu souffres ? — lui demanda Claudia.

— Oui... — répondit-il d'une voix rauque.

— Qu'éprouves-tu ?..

— Il me semble qu'on m'étrangle encore...

— Ce ne sera rien... du moins je l'espère...

— Mes oreilles tintent, j'y vois double, — continua Georges, — et tout mon corps est broyé, comme si j'étais tombé sous les roues d'un moulin...

Claudia se retourna vers la petite table sur laquelle étaient rangés les comestibles et les vins apportés de Paris par Georges.

Parmi les bouteilles de vin de Bordeaux au corps allongé et délicat, et celles de Champagne aux casques d'argent, se trouvaient deux flacons noirs et trapus dont la forme disait le contenu.

Ces flacons, d'aspect vénérable, contenaient à coup sûr le vin couleur d'ambre de Madère ou de Ténériffe.

Claudia voulut en déboucher un, mais Georges avait oublié de se munir d'un tire-bouchon.

La courtisane suppléa de son mieux à l'absence de cet utile instrument, en brisant d'un coup de couteau le goulot de la bouteille.

Elle remplit un verre et le présenta à M. de la Tour-Vaudieu, qui le vida d'un trait.

Presqu'aussitôt une sensation de bien-être ineffable amena sur les lèvres du marquis un vague sourire, en même temps que sa pâleur se colorait légèrement.

— Tu es mieux, n'est-ce pas? — dit la courtisane.

— Oui, — s'écria Georges, — beaucoup mieux...
— Je me sens renaître...

Claudia, pour ne point laisser sa cure inachevée, offrit à son complice une nouvelle rasade de vin de Madère.

L'effet du breuvage fut complet et immédiat.

M. de la Tour-Vaudieu, qui s'était laissé tomber anéanti sur une chaise, se leva d'un air délibéré et presque joyeux.

— Ah! par ma foi! — fit-il d'une voix qui conservait à peine un reste d'enrouement, — le vin de Madère est non seulement un divin breuvage, mais encore une panacée de premier ordre! — Me voilà ressuscité, ragaillardi, redevenu moi-même en un mot!.. — et je t'affirme que tout à l'heure je ne valais pas grand'chose.....

— Crois-tu me l'apprendre ? — demanda Claudia d'un air profondément ironique.

— Il me semble, — continua le marquis, — il me semble, ma chère amie, que dans le jardin de la villa gothique, aussitôt après notre malencontreuse expédition, tu m'as menacé de me brûler la cervelle...

— Il te semble bien, — répliqua la courtisane, — tes souvenirs sont exacts...

— Est-ce que tu l'aurais fait ?

— Sans hésiter.

Georges eut un petit frisson.

— Claudia, — reprit-il, — tu plaisantes...

— En ai-je l'air ?

— Quoi, tu m'aurais tué !!..

— Parfaitement.

— Mais, c'est horrible !..

— C'était nécessaire.

— Pourquoi ?..

— Pour t'éviter l'échafaud, — mon bon ami..

— Tu refusais obstinément de me suivre.. — Mieux valait livrer un cadavre à la justice que de laisser le marquis Georges de la Tour-Vaudieu s'abandonner lui-même au bourreau.. — Il me fallait ta mort ou ton salut, à tout prix, et tu vois bien que j'ai réussi, puisque tu es là, vivant et sauvé...

— Sauvé !.. — murmura le gentilhomme dont les terreurs étaient revenues et qui, n'ayant déjà plus la force de se tenir debout, se laissait tomber sur un siège. — Sauvé... — répéta-t-il, — en es-tu bien sûre, Claudia ?..

— Oui.

— Cependant j'ai été vu...

— Par des femmes, dont l'une doit être morte en ce moment, et qui d'ailleurs, dans aucun cas, ne sauraient te reconnaître, puisque tu étais déguisé et que j'avais rendu ton visage méconnaissable !.. — Oublies-tu que les bijoux de la grosse Amadis, arrachés par toi et répandus sur le plancher de la chambre, prouveront jusqu'à l'évidence que les auteurs de l'attentat de cette nuit n'avaient d'autre but que le vol ?..

— D'accord, mais enfin, ces voleurs, on les cherchera...

— Que nous importe, puisqu'on ne les trouvera pas ?...

— On viendra fouiller cette maison...

— Oui.. — demain, peut-être.. — et dans dix minutes nous n'y serons plus...

— Où serons-nous donc ?

— A l'auberge du *Cheval blanc,* dans nos chambres respectives...

Georges fit un brusque haut-le-corps.

— Malheureuse, — balbutia-t-il, — tu nous perds !!.

— Comment cela, je te prie ?

— Rentrer à l'auberge une demi-heure après ce

qui vient de se passer, c'est nous dénoncer nous-mêmes...

Claudia haussa les épaules.

— Mets-toi l'esprit en repos, une bonne fois pour toutes, mon pauvre Georges, — dit-elle ensuite d'un ton de pitié, — et laisse-toi conduire..

— Ce qui t'épouvante si fort nous procurera, je te le promets, un *alibi* incontestable et incontesté...

— Je ne comprends pas, je l'avoue...

— Eh! s'écria la courtisane avec impatience, — tu n'as pas besoin de comprendre... — J'ai un plan...

— Si tu as un plan, — murmura Georges vaincu et soumis, — tout est pour le mieux.. — Mais, au nom du ciel, exécutons-le sur-le-champ... ne perdons pas une minute...

Claudia se mit à rire involontairement.

— Modère cette ardeur... — dit-elle, — il nous reste quelques précautions à prendre avant de quitter la bicoque où nous voilà...

— Lesquelles?

— D'abord, il faut brûler ta blouse et ta casquette...

— Les voilà... — brûlons au plus vite!!

Claudia alluma dans la cheminée quelques débris de fagots abandonnés par le précédent locataire. — Elle jeta sur ce brasier improvisé les objets suspects qui flambèrent aussitôt.

— Maintenant, — reprit-elle, — lave ta figure

avec un soin scrupuleux.. — Une toute petite tache de suie suffirait pour nous compromettre...

— Je n'ai pas une goutte d'eau à ma disposition, tu le sais bien...

— Prends du vin de champagne...

— Excellente idée !...

M. de la Tour-Vaudieu fit sauter le bouchon d'une des bouteilles, et baigna son visage et ses mains dans la mousse parfumée du vin d'Ay. — Cette ablution abondante et originale suffit pour restituer à l'épiderme de son visage sa blancheur primitive.

— Et, à présent? — demanda-t-il.

— Brisons toutes les autres bouteilles, et enterrons au fond de la cave les excellentes choses qui nous deviennent inutiles et dont la présence dans cette maison pourrait détourner les soupçons de la ausse voie qu'ils vont suivre...

Ceci fut fait avec une merveilleuse rapidité.

— La jumelle et le carton qui contient mes robes sont restés en haut... — dit Claudia, je vais les prendre et nous partirons...

— Je monte avec toi... — s'écria Georges.

— Oh! oh !.. mon cher, sais-tu qu'on croirait presque que la solitude te fait peur...

— Il n'en est rien.. — répondit le marquis non sans embarras. — Je désire seulement jeter un dernier coup d'œil du côté de la villa gothique...

— Viens donc...

Les deux complices gagnèrent ensemble la petite pièce dont la fenêtre leur avait servi d'observatoire pendant la plus grande partie de la soirée.

Ils avaient laissé la lumière au rez-de-chaussée, car la moindre lueur pouvait les trahir en signalant la maisonnette à l'attention, et par conséquent à la défiance des hôtes de la villa.

La croisée de la chambre d'Esther était lumineuse comme avant le crime.

Claudia chercha la jumelle à tâtons, et ne tarda point à la trouver. — Elle l'approcha de ses yeux et elle en braqua le double canon vers le théâtre de l'épouvantable scène à laquelle nos lecteurs ont assisté.

— Eh! bien? — demanda Georges, — que se passe-t-il là-bas?..

— Tout semble tranquille, — répondit la courtisane. — Si je ne voyais distinctement la fenêtre brisée et une large tache de sang sur le plancher, je croirais presque que nous avons rêvé les événements de ce soir...

— Esther est-elle morte ou vivante?

— Je ne sais.. — les rideaux du lit me la cachent entièrement.

— L'enfant?

— Il n'est plus là.

— Le docteur?

— Assis auprès du lit, d'un air sombre...

— La grosse Amadis?...

— Disparue... — Bref, rien d'intéressant, rien de curieux... — Nous n'en savons pas plus long que si de triples volets fermaient cette fenêtre.. — Rien ne nous retient ici désormais, prends mon carton et partons sans perdre un instant.. — Il faut que nous soyons rentrés à l'auberge avant le retour de ton frère, qui sans doute en ce moment brûle le pavé sur la route de Paris à Brunoy...

— Partons... — répéta Georges.

Les deux complices redescendirent.

Ils s'assurèrent de nouveau que toute trace de leur présence passagère dans la maisonnette était anéantie.

Ils fermèrent avec soin la porte derrière eux — puis, l'œil aux aguets, l'oreille attentive au moindre bruit, — marchant à pas mesurés, — s'arrêtant d'instant en instant pour interroger les ténèbres, — ils prirent le chemin de l'auberge du *Cheval blanc.*

## CHAPITRE VI.

### A l'auberge du Cheval blanc.

En raison de la lenteur prudente et calculée de leur marche, Georges et Claudia mirent près de dix minutes à franchir la distance qui les séparait de l'auberge.

Enfin ils arrivèrent à quelques pas de la grande porte de la cour.

Là M. de la Tour-Vaudieu s'arrêta.

— Maintenant, — demanda-t-il à voix basse — par où allons-nous entrer ?..

— Par la porte tout simplement.. — répondit Claudia.

— Qui nous l'ouvrira ?.. — reprit Georges. — Si nous sonnons ou si nous frappons, nous allons réveiller toute la maison et, à moins que tu n'aies une fausse clef dans ta poche, ce qui ne me paraît point vraisemblable, je ne vois pas trop comment nous nous en tirerons...

Pour toute réponse. la pécheresse s'approcha de l'un des battants, qui céda aussitôt sous la pression de sa main.

On se souvient qu'après s'être introduite dans

la cour, afin d'y dérober sous le hangar une casquette et une blouse, au moment où Sigismond partait à cheval pour Paris, Claudia était ressortie en rouvrant la porte que le garçon d'auberge Denis venait de fermer.

— Tu vois !... — murmura la maîtresse de Georges.

— Je ne savais pas... — fit ce dernier. — Je croyais...

— Eh ! mon cher, mauvaise raison !... — interrompit Claudia. — Quand tu ne sais pas, devine si tu peux... — Mais, dans tous les cas, ne doute jamais...

Ces quelques paroles s'échangeaient dans la cour où les complices venaient de pénétrer.

Sur un signe de Claudia, Georges rapprocha les deux battants et poussa sans bruit les verrous intérieurs.

Ceci fait, le gentilhomme et la courtisane ouvrirent avec des précautions infinies la porte de la salle commune. — L'un des domestiques de l'auberge, tantôt Denis, tantôt une servante, restait chaque soir jusqu'à minuit, installé dans un vieux fauteuil au coin de la cheminée de cette salle. — Le plus souvent cette corvée incombait au pauvre Denis.

Ce dernier avait pris d'ailleurs sans trop de peine l'habitude du vieux fauteuil ; — il y dormait presque aussi bien que dans son lit, et parfois même il ne s'éveillait point pour aller se coucher et continuait son somme jusqu'au lendemain matin.

Ce soir-là, les ronflements sonores du garçon d'auberge résonnaient dans la salle commune comme les notes graves d'un trombone.

Il n'entendit ni ouvrir ni refermer la porte...

Georges et Claudia passèrent à côté de lui sans troubler son repos bruyant.

Une petite lampe de cuivre fumeuse répandait de vagues lueurs parmi les ténèbres opaques.

A la clarté de cette lampe, M. de la Tour-Vaudieu prit les flambeaux et les clefs des chambres numéros 1 et 2.

Suivi de Claudia, il gravit l'escalier avec des précautions infinies, afin de ne point faire craquer intempestivement sous ses talons les marches disjointes, et enfin nos deux personnages franchirent, sans avoir été vus ni entendus, le seuil de la chambre numéro 2.

La pécheresse, épuisée par les émotions de cette soirée terrible, se laissa tomber sur une chaise, tandis que Georges battait le briquet pour allumer une des *chandelles*.

— Eh ! bien, mon cher, — lui demanda-t-elle alors, — comprends-tu maintenant que, quoi qu'il arrive — tu entends bien : *quoi qu'il arrive !* — (et elle souligna pour ainsi dire ces quatre mots en les prononçant), — nous n'avons plus rien à craindre ?..

— Je le comprends à peu près...

— A peu près n'est pas assez... — Il faut le comprendre tout à fait, sans cela, d'un instant à l'autre, je te verrai dominé de nouveau par quelque crise de folles inquiétudes et de terreurs soudaines... — Écoute-moi donc avec attention...

— Eh! mordieu! ma chère, je suis tout oreilles...

— Je te préviens que mon raisonnement est inattaquable, et que les dents aiguës de la justice elle-même se briseraient contre lui si elles essayaient de l'entamer. — Tu vas voir : — Au moment où le duc, ton frère, a quitté la villa gothique, tout était parfaitement tranquille dans la chambre d'Esther, n'est-ce pas?

— Ceci est incontestable.

— Le duc ne s'est éloigné de sa maîtresse et de son bâtard — (je ne saurais donner d'autres noms à cette créature et à cet enfant) — le duc ne s'est éloigné, dis-je, que pour venir droit ici...

— Je l'ignorais...

— Eh! bien, je te l'apprends... — Il venait chercher son cheval pour courir à Paris. — Or, immédiatement après son départ, Denis a verrouillé avec un soin scrupuleux la porte cochère — l'unique issue de cette maison — il est rentré et il s'est endormi...

— Qu'en veux-tu conclure ?

— Ceci : — La porte est verrouillée plus que jamais — donc elle n'a pu être ouverte depuis le dehors — donc elle est restée fermée — donc toutes les personnes qui se trouvent dans l'auberge en ce moment s'y trouvaient déjà quand le duc est parti pour Paris — donc nous nous y trouvions — donc nous ne pouvions escalader tout à l'heure l'une des fenêtres de la villa — donc notre *alibi* est prouvé, et rien au monde ne saurait nous rendre responsables désormais des événements qui viennent de s'accomplir... — Que penses-tu de ces déductions ?

— Elles me paraissent solides, brillantes, indiscutables...

— Elles sont logiques. — Ce mot dit tout.

— Il me vient une idée au sujet de l'*alibi* en question.

— Laquelle ?

— Oh ! je te soumets cette idée avec une humilité complète, car ta supériorité m'écrase, je ne fais nulle difficulté d'en convenir...

— Trêve de modestie fausse, je t'en prie... et parle...

— Eh ! bien, ne serait-il pas à propos de faire constater notre présence ici par Denis ?.

— Sans doute. — J'ai déjà pensé à cela... — mais le moment n'est pas encore venu..

— Quand viendra-t-il ?

— Je ne saurais le dire, — mais, selon toute apparence, il ne tardera guère...

— Maintenant, qu'allons-nous faire?

— Attendre... — Va dans ta chambre et couche-toi..

Georges ne put dissimuler sa surprise.

— Me coucher? — répéta-t-il, — y penses-tu?...

— Cela est indispensable, et j'en vais faire autant de mon côté...

— Mais pourquoi?.

— Pour que nos lits soient bien authentiquement et bien notoirement défaits.. — Nous nous relèverons ensuite.

— Je commence à comprendre..

— C'est heureux!.

— Et j'obéis sans perdre une minute..

Georges ouvrit la porte de communication qui séparait les deux chambres et, au bout de quelques minutes, il se glissait en frissonnant dans son lit glacé.

Claudia, à demi dévêtue seulement, s'était déjà enveloppée de ses couvertures.

— C'est fait... — murmura le marquis, de façon à pouvoir être entendu de sa complice.

— Eh! bien, — répondit cette dernière, — dors si tu veux ou plutôt si tu peux... — je t'éveillerai quand il le faudra...

La recommandation de la pécheresse manquait

un peu d'à-propos, car nous prenons sur nous d'affirmer à nos lecteurs que Georges ne songeait point dormir.

Une heure s'écoula.

La nuit était profondément calme.

Au dehors, au dedans, pas un bruit, pas un murmure.

Soudain Claudia, toujours couchée, se dressa sur son séant et écouta.

Elle venait d'entendre un grondement sourd et presque indistinct, pareil à l'écho d'un tonnerre lointain...

Mais peut-être était-ce une illusion...

Elle prêta l'oreille avec un redoublement d'attention, et elle acquit bien vite la certitude qu'elle ne se trompait pas.

Ce bruissement sourd dont nous avons parlé, grandissait et se rapprochait de seconde en seconde.

Bientôt il devint possible de se rendre compte des sonorités de plus en plus distinctes qui composaient ce fracas grandissant.

Les sabots ferrés de plusieurs chevaux lancés au galop frappaient le sol que broyaient en même temps les roues d'une voiture. — Les claquements d'un fouet de poste déchiraient l'air. — Des grelots agités menaient grand tapage de notes aiguës et métalliques.

Un équipage conduit à toute vitesse allait

évidemment passer devant l'auberge du *Cheval blanc.*

— Que veut dire ceci? — se demanda Claudia, — je commence à ne plus comprendre....

L'étrange et dangereuse créature se jeta hors de son lit, s'enveloppa à la hâte de sa robe de chambre de velours noir, et courut à la fenêtre qu'elle ouvrit.

A cet instant précis une voiture s'arrêtait en face de la porte cochère.

Par-dessus le mur d'enceinte de la cour, Claudia entrevit le cercle de lumière projeté par les lanternes de cette voiture, et les nuages de vapeur blanche qu'exhalait, comme une chaudière en ébullition, l'ardente écume des chevaux.

Un murmure de voix se fit entendre. — Plusieurs coups vigoureux et retentissants furent frappés contre la porte.

La scène de la nuit précédente semblait être au moment de se renouveler.

Denis, comme la veille, dormait d'un sommeil à l'épreuve du canon. — Il ne se réveillait point et ronflait plus fort que jamais.

— Allons, — pensa la pécheresse, — le moment est venu de faire constater notre présence ici. — Ne le laissons point échapper.

Elle saisit le flambeau toujours allumé ; — elle quitta sa chambre ; — elle descendit l'escalier avec une incroyable vitesse ; — elle pénétra comme un ouragan dans la salle commune et, s'élançant jusqu'au dormeur, elle lui prit le bras qu'elle secoua de toutes ses forces.

Denis, réveillé d'une manière si inattendue et si violente, fit un bond ; — il roula dans leurs orbites ses yeux effarés, et il ouvrit la bouche pour crier : *Au voleur!*

Mais il n'eut pas le temps de pousser ce cri d'alarme.

Il reconnut le voyageur du numéro 1. — L'étonnement remplaça sans transition l'épouvante, et il murmura :

— Ah! bien, par exemple, en voilà une sévère!...
— Pourquoi que vous me bousculez comme ça, et d'où donc que vous sortez, vous, monsieur, dites donc?..

— Imbécile, je sors de mon lit!... — interrompit Claudia, — et j'en sors afin de vous éveiller! — Êtes-vous ivre ou sourd, double brute?..— Comment pouvez-vous ne pas entendre l'effroyable vacarme qui se fait à la porte de cette maison depuis cinq minutes? — Remuez-vous donc, mordieu! remuez-vous donc!...

Comme pour donner la réplique à la pécheresse le tapage, un instant interrompu, recommença avec un redoublement de violence, et d'intensité.

La porte cochère gémit, ébranlée par des chocs impétueux, et des cris d'appel retentirent, entrecoupés de jurons énergiques.

— C'est le diable! — balbutia Denis dont la stupidité naturelle prenait en ce moment des proportions homériques. — C'est le diable! — répéta-t-il.

Et il s'empressa d'ajouter d'une voix glapissante :
— On y va!... — N'enfoncez rien!... — On y va!...

En effet, il quitta la salle commune — il traversa la cour du pas incertain et irrésolu d'un somnambule — et il se mit enfin en devoir de faire jouer les verrous qui fermaient la porte cochère.

Déjà Claudia était remontée dans sa chambre et, debout auprès de la fenêtre, elle regardait.

Une voiture, attelée de deux chevaux de poste blancs d'écume, entra dans la cour.

— Qui donc va descendre? — se demanda Claudia. — Est-ce le duc?...

Mais sa curiosité ne devait point être satisfaite sur-le-champ.

Personne ne descendit.

La voiture était vide, et le postillon se mit paisiblement en devoir de dételer ses chevaux et de les conduire à l'écurie.

Disons tout de suite que Sigismond de la Tour-Vaudieu et les deux illustres médecins qui l'accompagnaient, avaient mis pied à terre en face de l'auberge du *Cheval blanc* pour aller droit à la villa gothique. — Nous allons les y accompagner, ou plutôt les y précéder.

## CHAPITRE VII

### Le retour.

La première pensée du docteur Leroyer, lorsque l'excellent homme, un peu remis de ses émotions foudroyantes, se trouva en état de rassembler ses idées et de réfléchir, fut de chercher quel rapport pouvait exister entre la démarche étrange hasardée auprès de lui, la veille, par un inconnu, dans le but d'acheter sa complicité, et la tentative d'assassinat qui venait d'avoir lieu.

Tout d'abord il lui sembla qu'une étroite connexité faisait de cette double action les deux anneaux d'une chaîne unique, et qu'à coup sûr le corrupteur et le meurtrier devaient être un seul et même scélérat.

Mais cette conviction ne tarda guère à se modifier.

Madame Amadis, dont nous avons constaté l'anéantissement moral absolu, sortit enfin de la torpeur où l'épouvante l'avait plongée, et à son mutisme absolu succéda une fiévreuse loquacité.

La veuve du fournisseur, non seulement répondit aux questions du vieux médecin, mais encore elle entra de son chef dans une foule de détails précis et circonstanciés sur la catastrophe dont elle venait d'être le témoin.

Elle raconta l'entrée formidable du bandit vêtu de haillons sordides et la figure noircie ou masquée.

Elle montra ce misérable se précipitant sur elle et la dépouillant de tous ses bijoux après avoir renversé la lampe et créé les ténèbres.

Elle dit enfin la courageuse lutte dans laquelle deux femmes, dont l'une était presque mourante, auraient triomphé de quelque féroce échappé des bagnes sans le coup de pistolet dirigé contre la malheureuse Esther avec une si funeste adresse.

De tout ceci, et de la vue des orfévreries enlevées à madame Amadis et gisant, tordues et brisées, sur le parquet, résulta pour le docteur la ferme croyance que le vol avait été l'unique mobile de l'attentat consommé si peu d'instants auparavant, avec effraction et escalade.

Le jeune homme de la veille, dont M. Leroyer ne pouvait oublier la beauté presque sinistre et la grâce vipérine, n'avait évidemment rien de commun avec le voleur nocturne au visage hideux que la veuve du fournisseur dépeignait avec une telle précision et un si grand effroi.

L'un offrait dix mille francs pour payer un crime.

L'autre commettait un crime pour s'emparer de quelques hochets d'or.

Ils étaient également infâmes, mais entre eux cependant se creusait un abîme... — Le premier devait être la fleur de l'aristocratie des bagnes, — le second en était la lie.

Le docteur se livrait à ces réflexions et à ces conjectures, assis à côté du lit sur lequel reposait Esther toujours inanimée, et qu'on aurait crue morte sans le souffle léger et presque imperceptible qui soulevait sa poitrine et faisait trembler ses lèvres.

En présence de l'état de la jeune femme, le vieux médecin s'avouait à lui-même son impuissance. — Toute tentative lui semblait dangereuse, et il attendait avec une impatience pleine d'angoisses le retour de Sigismond, qui allait ramener de Paris les plus célèbres parmi les princes de la science.

Nous savons déjà que cette attente ne devait pas se prolonger longtemps.

Pour la troisième fois depuis le commencement de cette nuit, la sonnette de la villa gothique retentit.

M. de la Tour-Vaudieu, descendu de sa chaise de poste à la porte de l'auberge du *Cheval blanc*, accourait, accompagné de deux géants de savoir et de renommée, l'immortel Dupuytren et un autre docteur non moins considérable et que nous ne pouvons nommer, par l'excellente raison qu'il est encore vivant aujourd'hui.

— Eh bien! — demanda vivement le duc à Justine, lorsque la porte fut ouverte par cette fille, — point de mauvaise nouvelle, n'est-ce pas?... — rien de fâcheux?... — rien d'inquiétant?...

Au lieu de répondre, la femme de chambre — (qui, au fond, était une bonne créature) — se mit à sangloter.

— Mon Dieu, — balbutia Sigismond, dont ce silence et ces larmes troublèrent l'âme et brisèrent le cœur, — mon Dieu, nous sommes arrivés trop tard!... — elle est morte!... — elle est morte!...

Sans adresser à Justine de nouvelles questions, il bondit dans l'escalier avec l'impétuosité du désespoir et, à demi fou de douleur, il s'élança vers la chambre à coucher.

Le docteur Leroyer l'attendait sur le seuil.

— Morte ou vivante? — lui cria le duc d'une voix décomposée, déchirante, d'une de ces voix qui semblent s'échapper du cœur par les lèvres d'une profonde blessure.

— Vivante encore... — répondit le vieillard.

— Mais perdue, peut-être!... perdue sans ressources?..

— Je l'ignore, et Dieu le sait!... — Si Dieu le permet, ceux qui vous accompagnent la sauveront...

— Dieu le permettra!! — murmura Sigismond, en écartant M. Leroyer et en pénétrant dans la chambre.

Mais presque en même temps il recula avec un gémissement sourd et un geste d'horreur.

D'un seul coup d'œil, d'un premier regard, il venait d'embrasser tout une scène de dévastation et de mort, la fenêtre brisée, le parquet taché de sang, et la malheureuse Esther, aussi pâle qu'une statue de marbre blanc, les yeux fermés, les mains jointes, la tête noyée dans ses cheveux blonds sur l'oreiller ensanglanté.

En face de cette vision horrible le duc frissonna. — Il sentit sa raison s'égarer, et serrant avec force le bras du vieillard, il se pencha jusqu'à son oreille et il balbutia :

— Tout cela c'est un mauvais rêve... un cauchemar... n'est-ce pas, docteur?... — au nom du ciel, éveillez-moi!...

— Du courage, monsieur le duc, — répondit le médecin de village, — du courage, car tout est vrai!... — Cependant, je vous le répète, rien n'est désespéré... — Je vous jure que cette pauvre jeune femme est vivante et que votre enfant n'a pas souffert.

Sigismond, en proie à un trouble indescriptible, cessa d'interroger ; il alla s'agenouiller auprès du lit — puis, saisissant la main d'Esther, il l'appuya contre ses lèvres avec l'horrible crainte de la sentir raidie et glacée.

Mais il se rassura à demi en trouvant dans cette main la tiède moiteur de la vie. — Il se leva et voulut approcher sa bouche du front livide de la jeune femme ; — alors il vit la blessure profonde de la tête et le sang vermeil qui coulait goutte à goutte...

Ce sang, cette blessure qu'il ne comprenait pas, lui persuadèrent de nouveau qu'il se trouvait en dehors de la réalité, qu'il était le jouet d'un rêve.

— Docteur, — s'écria-t-il, — est-ce réel?... est-ce possible?... — Voyez !...

— Malheureusement c'est réel... — malheureusement c'est possible... — murmura M. Leroyer.

— Que s'est-il donc passé, mon Dieu?...

— Un crime...

— Un crime !! — répéta Sigismond stupéfait. — Qui l'a commis ce crime?... — dans quel but?...

— De ténébreux bandits, qu'attirait un espoir de pillage, ont commencé par le vol et terminé par l'assassinat...

— Ainsi, cette blessure d'Esther?...

— C'est la balle d'un pistolet qui l'a faite...

Un cri déchirant s'échappa de la gorge contractée de Sigismond.

— Vous l'entendez, messieurs, — dit-il ensuite en s'adressant aux deux médecins célèbres, spectateurs silencieux et émus de ce drame de douleurs poignantes. — Vous l'entendez!... — votre tâche était trop facile!! — Ce n'était point assez d'avoir à combattre la maladie, il vous fallait encore lutter contre le meurtre!... — La main des hommes a frappé la pauvre enfant sur laquelle déjà la main de Dieu s'appesantissait!... —Rien n'est encore perdu, cependant, puisque vous voilà!... — Tout à l'heure je ne vous demandais qu'un seul miracle... maintenant il en faut deux!.. mais vous les ferez!... — Vous sauverez cette mourante!... vous la sauverez pour moi, qui vous demande à genoux sa vie!...

Dupuytren et son glorieux collègue s'approchèrent du lit qui semblait une couche d'agonie.

Ils attachèrent sur la malade cet infaillible regard pour lequel l'organisation humaine n'avait pas de secrets.

Ils étudièrent la blessure du crâne.

Ils interrogèrent longuement le docteur Leroyer et se firent mettre par lui au courant de tous les faits accomplis depuis la délivrance d'Esther; faits que nos lecteurs connaissent déjà.

Ils échangèrent enfin quelques paroles à voix basse, puis Dupuytren s'avança vers Sigismond qui, à bout de courage et de force, s'était laissé tomber sur un siège.

Le visage fier et tourmenté du plus grand médecin de notre siècle, exprimait une compassion profonde, une émotion sincère.

En voyant Dupuytren s'arrêter devant lui, Sigismond releva lentement la tête.

Il ne prononça pas une parole, mais l'expression de son regard équivalait à la plus claire, à la plus poignante des interrogations.

— Monsieur le duc, — commença Dupuytren, — vous êtes un homme et un homme de race, donc vous devez être fort et courageux... — C'est la vérité que vous voulez savoir, n'est-ce pas? c'est la vérité tout entière?...

Sigismond fit un signe affirmatif.

Hélas!... il ne la devinait que trop bien, cette vérité fatale.

L'illustre docteur continua :

— Tout à l'heure, vous nous avez parlé de miracles... — Dieu seul en fait quand il le veut... — Nous croyons fermement qu'il ne le voudra pas aujourd'hui... — la situation nous paraît désespérée, et nous regardons comme un devoir de ne point vous laisser une vaine et trompeuse espérance... — Avant que douze heures se soient écoulées, cette pauvre jeune femme aura cessé de vivre...

Dupuytren se tut.

Pendant quelques secondes Sigismond parut n'avoir pas entendu et n'avoir pas compris.

On eût dit qu'un voile épais venait de s'étendre

sur son intelligence. — Son regard devint atône. — Son visage n'exprima ni surprise ni douleur.

Cette insensibilité inouïe, impossible, dans une si déchirante situation, épouvanta Dupuytren qui crut à un commencement de folie.

— Monsieur le duc, — murmura-t-il en avançant sa main pour serrer celle de Sigismond — je viens de vous apprendre quelles sont nos convictions... Mais notre arrêt n'est pas sans appel... — la nature a parfois de mystérieuses, de magiques ressources, pour sauver ceux que la science condamne... — Peut-être, malgré tout, avez-vous le droit d'espérer encore.... même contre toute espérance...

M. de la Tour-Vaudieu pressa la main du médecin et secoua doucement la tête, tandis qu'un sourire plus navrant qu'un sanglot venait à ses lèvres.

— Non, docteur, — répondit-il d'une voix si changée que tous ceux qui l'écoutaient tressaillirent, — non, je n'espère plus... — Je sais trop bien que lorsque vous avez prononcé un arrêt de mort, tout est dit !.. — C'est par humanité, c'est par pitié, maintenant, que vous voulez rouvrir dans mon âme une porte à l'espérance... — A quoi bon? — je viens d'avoir un instant de joie... — j'ai cru soudainement, quand vous avez prononcé ces trois mots : *dans douze heures...* que quelque chose se brisait en moi et que j'allais mourir... — par malheur il n'enétait rien... — Mais qu'importe? — Au lieu de précéder mon Esther bien-aimée, je la suivrai, voilà tout... et je vous jure que je la suivrai de près...

— Monsieur le duc, — dit en ce moment une voix ferme et presque sévère, — vous n'en avez pas le droit...

Sigismond regarda d'un air étonné celui qui parlait ainsi.

C'était le docteur Leroyer.

— Comment, — demanda le duc, — je n'ai pas le droit de mourir...

— Non! cent fois non!...

— Et, pourquoi?

Le vieux médecin étendit la main vers le berceau où reposait l'enfant.

— Parce que vous avez un fils, — répondit-il ensuite, — et que vous devez vivre pour lui!...

## CHAPITRE VIII

### Transitions.

Laissons s'écouler le reste de cette nuit funeste, dont la première partie avait été si pleine d'événements et de douleurs.

Franchissons de nouveau le seuil de la chambre d'Esther dans la matinée du jour suivant, c'est-à-dire douze heures environ après la prédiction sinistre faite à M. de la Tour-Vaudieu par l'illustre Dupuytren.

Ni les deux médecins de Paris, ni le docteur Leroyer, ni Sigismond, ni madame Amadis, ne s'étaient éloignés un seul instant de cette couche qui, d'une minute à l'autre, pouvait devenir un lit mortuaire.

Le duc, sans même chercher à cacher ses larmes, faisait monter vers Dieu, avec une exaltation ardente, les prières qui s'échappaient de son cœur désespéré.

Dupuytren et son collègue échangeaient à voix basse quelques paroles pour se communiquer de brèves observations sur l'état de la malade.

M. Leroyer, écrasé de fatigue, luttait héroïquement contre le sommeil qui, malgré la résistance qu'il lui opposait, s'obstinait à jeter du sable dans ses yeux.

Madame Amadis, enfin, — (et c'est avec une joie vive que nous constatons la belle conduite de la veuve du fournisseur) — prodiguait à l'enfant nouveau-né les soins les plus tendres et les plus assidus.

Esther n'avait point repris connaissance depuis le moment où elle était tombée foudroyée par le coup de feu de Claudia. Dans sa pâleur et dans son immobilité elle ressemblait à ces belles statues de marbre blanc que la piété de nos aïeux couchait sur les tombeaux.

Si les prévisions de la science se réalisaient, la pauvre enfant ne devait sortir de cet anéantissement léthargique que pour s'endormir de ce sommeil profond qu'on appelle la mort.

Le délai fatal expirait. — Depuis douze heures Esther était condamnée sans appel.

Soudain, elle fit un mouvement léger...

Ses yeux s'entr'ouvrirent...

Ses mains ébauchèrent ce geste de funèbre augure, compagnon presque inséparable des affres de l'agonie, et que connaissent si bien tous ceux qui ont vu mourir...

Les deux médecins illustres se penchèrent l'un vers l'autre.

— Voici la fin... — murmura le premier.

Un signe tristement affirmatif fut la réponse du second.

Ils se trompaient tous deux.

La nature, par un de ces caprices étranges dont les exemples ne sont pas rares, se préparait à donner un démenti formel aux oracles d'une science cependant presque infaillible.

La jeune femme se souleva sur son lit. — Ses mains n'achevèrent point le geste commencé; — un sourire vint à ses lèvres et ses regards s'arrêtèrent successivement, avec une expression tout à la fois vague et joyeuse, sur chacun de ceux qui l'entouraient.

— Comme cette musique est douce... — dit-elle ensuite d'une voix faible et basse, — comme elle est douce et combien je l'aime... — Ne reconnaissez-vous pas cet air?... —il est facile à retenir, cependant... — Rappelez vos souvenirs... — l'Opéra... — *la Muette*... — ne savez-vous pas qu'on jouait *la Muette* le soir où Sigismond m'a vue pour la première fois..

Et la pauvre enfant se mit à chanter lentement les paroles et les notes de la mélodie si justement célèbre :

> Amis, la matinée est belle,
> Sur le rivage, assemblons-nous...
> Livrons aux vents notre nacelle
> Et des flots bravons le courroux...

— Esther, — s'écria Sigismond avec une angoisse facile à comprendre, — au nom du ciel, regarde-moi... réponds-moi... donne-moi ta main...

— Ni cette contredanse, ni la prochaine, monsieur... — murmura la fille du colonel, d'un ton de froide politesse. — Je suis engagée... engagée pour toute la soirée...

Et elle ajouta, plus bas encore et comme se parlant à elle-même :

— Engagée par M. le duc de la Tour-Vaudieu, dont cette bonne Madame Amadis m'a parlé si souvent... et dont il me semble maintenant que mon cœur me parlera plus souvent encore...

Sigismond, sentant redoubler sa stupeur et son effroi, prit dans son berceau la frêle créature endormie, et la présenta à Esther en disant d'une voix suppliante :

— Je t'en conjure, embrasse ton enfant...

La radieuse étincelle de la tendresse maternelle ne brilla point dans les yeux doux et mornes de la jeune femme ; — rien ne vibra dans son âme ; — elle n'étendit point les bras vers le nouveau-né, et elle répondit :

— Que puis-je, hélas! pour le pauvre enfant qui n'a plus de mère ?... — Le plaindre... le secourir... Oh! oui... mais non pas l'aimer... — Je n'aimerai jamais, je le sens bien, qu'un enfant qui sera la chair de ma chair et l'âme de mon âme... — Celui-là... oh! celui-là, je l'aimerai plus que ma vie... — Aux autres, je donnerai de la pitié, mais je ne donnerai pas d'amour...

— Docteur, — balbutia Sigismond altéré, en s'adressant à Dupuytren dont le regard profond et sagace étudiait avec une inquiétante fixité le visage d'Esther, — docteur, vous le voyez, elle ne reconnaît ni moi, ni son enfant!.. — C'est la fièvre, n'est-ce pas?.. c'est le délire?..

L'illustre médecin s'approcha du lit.

Il appuya son doigt sur le poignet de la malade et il interrogea les pulsations de l'artère.

Après quelques secondes d'examen, il secoua la tête.

— Point de fièvre.. — dit-il ensuite, — le pouls est calme et la peau fraîche... — Cette déraison qui vous épouvante, monsieur le duc, ce n'est pas le délire...

— Qu'est-ce donc? — demanda M. de la Tour-Vaudieu dont le cœur cessa de battre.

— C'est la folie, — répondit Dupuytren d'une voix sourde.

— La folie!! — répéta Sigismond qui sembla frappé de la foudre. — Oh! mon Dieu!.. mon Dieu!.. serez-vous donc à ce point sans pitié!..

— Monsieur le duc, — reprit le médecin célèbre,

— je comprends toute votre douleur et, certes, il n'en fut jamais de plus légitime.. — Permettez-moi cependant de vous faire remarquer que la situation terrible de cette malheureuse jeune femme n'avait que deux issues, la mort ou la folie... — J'ajouterai que la première me semblait certaine et et que je ne prévoyais même pas la seconde... — Il me semble qu'à tout prendre mon erreur est heureuse et que ce qui se passe doit vous apporter une consolation.. — Au lieu d'un cadavre, il vous reste une vivante, et souvenez-vous qu'on guérit parfois une folle, tandis que nulle puissance ne peut ressusciter une morte !...

— Docteur, — s'écria Sigismond, passant subitement d'un immense désespoir à une joie sans bornes, — vous venez de prononcer le mot de guérison, donc vous croyez la guérison possible... — Docteur... docteur, vous guérirez Esther, n'est-ce pas ?... vous me promettez de la guérir ?...

— Monsieur le duc, je vous en conjure, — répliqua vivement l'homme illustre, — ne vous méprenez point au sens de mes paroles...

— Ai-je mal entendu ?... ai-je mal compris ?...

— Je vous ai parlé d'une espérance et non d'une certitude... — Bien des jours, bien des mois peut-être, s'écouleront avant qu'il me soit permis de vous dire si cette espérance est fondée, ou si le mal est incurable...

La flamme un instant allumée dans les regards

de Sigismond s'éteignit ; sa tête retomba sur sa poitrine avec un sombre découragement.

Esther continuait à murmurer des paroles incohérentes et des phrases sans suite.

Une heure environ après ce moment, les deux grands médecins reprenaient la route de Paris dans la chaise de poste de M. de la Tour-Vaudieu.

Georges et Claudia, cachés derrière les rideaux du vitrage de la chambre n° 1, assistaient à ce départ.

— Comment savoir ce qui s'est passé cette nuit à la villa gothique ? — demanda le marquis à sa complice.

— Interroger est impossible... — répondit cette dernière. — Une simple question suffirait pour nous compromettre, mais il est probable que la rumeur publique nous mettra bien vite au courant des événements... — Les médecins amenés par ton frère retournent à Paris, donc leur présence est inutile ici désormais... — De ceci nous pouvons conclure, avec une certitude absolue, qu'Esther est morte ou hors de danger... — Si elle est morte, nous verrons passer le convoi... — Si, au contraire, elle est sauvée, il est clair comme le jour que le duc s'empressera de l'emmener aussitôt que la chose sera possible, et nous le saurons forcément... — Agissons avec prudence et patience... — Ne nous montrons pas et sachons attendre... — Le moment d'agir est passé ; — la mauvaise chance ne nous a pas permis d'en profiter cette fois comme il l'aurait fallu, — mais il reviendra, et sans doute alors nous serons plus heureux...

— Ainsi, — murmura Georges, — nous allons rester dans cette auberge ?...

— Nous nous garderons bien de la quitter jusqu'à nouvel ordre... — Où trouver ailleurs un pareil poste d'observation ?...

— Soit ! — fit le marquis en étouffant un bâillement. — Mais si cette assommante existence doit se prolonger, et si jamais les millions de mon frère tombent entre nos mains, il faudra convenir que nous les aurons bien gagnés ! !...

Claudia haussa les épaules et ne répondit pas.

Dans l'après-midi de ce même jour, Sigismond prit un grand parti.

Il se dit que la loyauté ne lui permettait point de faire au colonel Derieux un plus long mystère des événements qui venaient de s'accomplir, et qu'en des circonstances si graves et si solennelles la place de ce vieillard était au chevet de sa fille, purifiée de toute tache et devenue duchesse de la Tour-Vaudieu.

En conséquence Sigismond, sans révéler ses intentions à madame Amadis, qui s'y serait opposée de tout son pouvoir — (la veuve du fournisseur éprouvant un effroi immense et parfaitement naturel à la seule pensée de se trouver face à face avec le colonel Derieux)—Sigismond, disons-nous, se fit délivrer par le maire et par le curé de Brunoy un double des actes constatant la double célébration du mariage civil et du mariage religieux, — puis, après avoir annoncé que son absence ne durerait que quelques heures, il se dirigea vers l'auberge du *Cheval blanc*.

Georges et Claudia le virent entrer dans la cour et l'entendirent appeler Denis.

La nuit précédente, Sigismond avait laissé à Paris son cheval surmené par une course vertigineuse, et il était revenu en chaise de poste avec les médecins.

Denis s'empressa d'accourir.

— Mon ami, — lui demanda le duc, — louez-vous des chevaux et des voitures dans cette auberge ?

— Oui, monsieur, tout de même, pendant la saison d'été... — répondit le naïf serviteur. — Sitôt qu'il arrive ici des gens huppés et des gros bourgeois, le patron achète deux petits bidets pour les promener.... — Mais il les envoie vite au marché, les deux bidets, avec un bouquet de paille à la queue, quand le monde décampe.. — Vous comprenez que ça serait un fichu commerce de garder à l'écurie des animaux tout un hiver, les bras croisés, à manger sans rien gagner...

— Ne pouvez-vous, du moins, me procurer

chez quelque habitant du village un cheval et un cabriolet?.. — reprit Sigismond.

Denis se gratta l'oreille.

— Le voisin Jacob, — dit-il au bout d'un instant, — a dans sa grange un tape-cul très bien rembourré, et une petite jument rouge qui marche d'un bon pas tout de même... — Mais...

Denis s'interrompit.

— Mais, quoi? — demanda le duc.

— C'est-il pour aller loin ?...

— A Paris.

— Dans ce cas, le voisin Jacob vous prendra dix francs.. — pas un sou de moins...

— En voici cinq pour vous et vingt pour lui, — mais qu'il attelle sur-le-champ... j'ai hâte d'arriver...

Denis, enthousiasmé de l'aubaine qui lui tombait du ciel sous la forme d'une pièce de cinq francs, s'élança hors de la cour en s'écriant:

— Ça va-t-être fait à l'instant, monsieur... — Donnez-vous cinq minutes de patience...

Avant que les cinq minutes se fussent écoulées, la carriole attelée du cheval rouge et conduite par le voisin Jacob en personne s'arrêtait devant la grande porte de l'auberge, et pour la première fois de sa vie le duc de la Tour-Vaudieu s'asseyait sur les coussins médiocrement moelleux d'un aussi champêtre équipage.

## CHAPITRE IX

### De Brunoy à la rue Saint-Louis.

A peine le bidet rouge traînant la carriole du voisin Jacob venait-il de se mettre en mouvement, que Claudia ouvrit la fenêtre, se pencha au dehors et appela Denis.

Le garçon d'auberge accourut.

— Que désire monsieur ? — demanda-t-il.

— Sellez et bridez à l'instant un de nos chevaux, — répondit la pécheresse.

— Lequel ?... — le grand ou le petit ?

— Le grand.

— Ça suffit, monsieur... — d'ici à trois minutes l'animal aura la selle sur le dos et la bride dans la bouche.

Et Denis s'éloigna avec toute la rapidité dont sa lenteur habituelle le rendait susceptible.

Ce digne serviteur, mis en goût par la pièce de cinq francs de Sigismond, rêvait déjà de nombreux et splendides *pour boires*.

— Ah ! ça, ma chère, — s'écria Georges aussitôt

qu'il se trouva seul avec Claudia, — que signifie cela?..

— Il me semble que la chose est claire, et n'a nul besoin d'explication...

— Qui donc va monter à cheval?...

— Toi, pardieu !

— Pour aller où ?

— A Paris.

— Es-tu folle ?..

— Je ne crois pas...

— Mais c'est à Paris que va mon frère...

— Eh bien ?..

— Si je le dépasse en route, il me verra..

— Naturellement..

— Et, s'il me voit, il me reconnaîtra, ce que nous devons, ce me semble, éviter à tout prix.

— C'est mon avis comme le tien.

— Mais alors je ne comprends pas....

La courtisane interrompit son amant.

— Comment ! — dit-elle avec impatience, — tu ne comprends pas qu'il faut, non point dépasser le duc, mais le suivre!.. — Rien n'est plus facile que de te maintenir à une assez grande distance de ton frère, pour qu'il lui soit impossible de te reconnaître, sans cependant le perdre de vue toi-même un seul instant.

— Mais, dans quel but agir ainsi ?..

— Dans le but de savoir où il va, et ce qu'il va faire...

— Que nous importe ?... — il me semble qu'ici seulement les choses qui se passent sont pour nous d'un grand intérêt...

— Il te semble mal. — Ai-je besoin de t'expliquer que si, par exemple, le duc ton frère se décidait à avouer son mariage *in extremis* à votre mère, et s'il installait sa femme et son enfant à l'hôtel de la Tour-Vaudieu, tout serait à peu près perdu pour nous.

— Malheureusement tu n'as que trop raison...

— Ceci n'est d'ailleurs qu'une supposition, et j'aime à la croire sans fondement... — Enfin il ne faut pas rester dans le doute, et c'est pour cela que je t'envoie à Paris..

— Lorsque mon frère se mettra en route pour revenir à Brunoy, faudra-t-il le suivre ou le précéder ?

— Tu es sûr de la vitesse de ton cheval, j'imagine?.

— Parfaitement sûr..— Cromwell est un stepper de premier ordre.. il distancerait sans peine les trotteurs les plus vites de Paris..

— Dans ce cas, reviens le premier..

— C'est convenu...

En ce moment Denis sortit de l'écurie, conduisant Cromwell par la bride.

Il leva les yeux vers la fenêtre du premier étage et, apercevant Georges et Claudia, il leur cria :

— La chose est faite.. voilà la bête...

Le marquis mit ses gants et prit sa cravache et son chapeau.

— Bon voyage et bonne chance, — lui dit la pécheresse.

— Merci, — répondit Georges

Et il descendit.

Dans la cour le cheval, plein de race et d'ardeur, surexcité par deux jours d'inaction, et d'ailleurs assez maladroitement tenu par Denis, faisait des voltes et des pointes, au grand effroi du garçon d'auberge qui ne cessait de lui répéter, mais vainement, de sa voix la plus mielleuse :

— Oh! la.. la... — tout beau la bébête... tout beau donc!.. qu'il est gentil le dada... oh!.. la... la...

En voyant arriver Georges, Denis changea de ton.

— Au nom du ciel, monsieur, — fit-il, — arrivez vite! — Je ne puis plus jouir de ce brigand-là!... Ça n'est pas un cheval, c'est le diable!.. — Vrai comme je suis un brave garçon, vous m'offririez dix écus pour l'enfourcher, que je refuserais... — Dix écus sont bons à prendre, mais je tiens à ma peau.

Georges était un excellent écuyer.

Il s'approcha de Cromwell, qui reconnut son maître et, se calmant aussitôt, tourna de son côté sa tête intelligente, comme pour lui faire accueil et solliciter une caresse.

La marquis passa la main à deux reprises sur l'encolure souple et satinée du cheval puis, saisissant la crinière et rassemblant les rênes, il se mit en selle sans même toucher les étriers.

— Mazette !! — murmura Denis avec une profonde admiration, — il est plus solide que moi, le numéro 2!.. — Il a dû servir dans la cavalerie, cet homme-là !..

Georges fit un signe d'adieu à Claudia avec sa cravache, et sortit de la cour au galop de chasse.

A peine venait-il, de dépasser les dernières maisons du village qu'il aperçut, à quelques centaines de pas devant lui, le bidet rouge trottant de son mieux entre les brancards de la carriole.

Il ralentit aussitôt l'allure de Cromwell, et contraignit le noble animal à marcher tantôt au pas, tantôt au trot le plus modéré, de façon à ne jamais laisser s'amoindrir la distance qui le séparait de Sigismond.

Nous allons rejoindre ce dernier, qui s'abandonnant mélancoliquement à ses pensées, ne soupçonnait guère qu'il fût suivi de si près par un espion et que cet espion fût son propre frère!...

Or, les pensées de M. le duc de la Tour-Vaudieu, — avons-nous besoin de le dire ? — étaient de la nature la plus sombre...

Sigismond évoquait le souvenir de toutes les douleurs, de tous les déchirements de sa vie, depuis cette soirée à jamais funeste où, pour la première fois, il avait senti sous un regard distrait tombé des yeux d'Esther battre et se fondre tout à coup son cœur jusqu'alors inerte et glacé.

Où l'avait conduit cet amour fatal ?

A la honte d'une séduction, rachetée à peine par l'union tardive dans laquelle le prêtre avait cru joindre la main d'un vivant à la main presque glacée d'une morte...

Et ce mariage, commandé par le plus sacré de tous les devoirs, ce mariage contracté près d'une couche d'agonie, allait peut-être attirer sur sa tête une double malédiction, celle de la duchesse de la Tour-Vaudieu, — celle du colonel Derieux !..

Le colonel Derieux....

Sigismond frissonnait en prononçant tout bas le nom de ce soldat sans tache, de cet homme honnête et rigide...

En quels termes allait-il annoncer au vieillard tant de malheurs imprévus et foudroyants ?..

Comment allait-il dire à ce père :

— Cette Esther que vous aimez plus que votre vie, et dont vous croyiez connaître toutes les pensées, toutes les actions.... — cette jeune fille que vous regardiez, il y a trois jours à peine, presque comme une enfant, vous allez la retrouver mariée et mère, mourante et folle !...

Sigismond plaçait sa tête dans ses deux mains et balbutiait :

— Mon Dieu.. mon Dieu.. je n'aurai jamais le courage d'avouer à ce malheureux père tout le mal que j'ai fait à sa fille !...

Et de grosses larmes coulaient à travers ses doigts entrelacés..

Le voisin Jacob ne s'apercevait de rien.

Il chantonnait du bout des lèvres, avec une infatigable persistance, une foule de petites chansonnettes populaires : — *J'ai du bon tabac,* — ou bien: *Malbrougk s'en va-t'-en guerre!*— ou encore: *Au clair de la lune, mon ami Pierrot!* et de temps en temps il caressait avec la mèche de son fouet la croupe du bidet rouge, qui n'en allait pas plus vite pour ça...

Le marquis suivait toujours, et conservait sa distance avec une précision mathématique.

Cependant la carriole avait dépassé Villeneuve-Saint-Georges...

Elle traversa Charenton...

Elle entra dans Paris et atteignit la place de la Bastille. — Au point central de cette place, l'édilité parisienne venait d'élever la colonne monumentale destinée à transmettre aux siècles futurs les noms des victimes populaires de juillet 1830.

Sigismond fit arrêter la carriole.

Il mit un louis dans la main du voisin Jacob.

Il héla un cabriolet qui passait à vide, et il donna l'ordre au cocher de le conduire au n° 14 de la rue Saint-Louis. — C'était une course de dix minutes.

Le cocher fouetta son cheval et brûla le pavé.

M. de la Tour-Vaudieu mit pied à terre en face du vaste hôtel que nous connaissons, et dont Mme Amadis et le colonel occupaient les appartements principaux.

Un étrange et lugubre spectacle s'offrit à ses regards.

La haute et large porte cochère était entièrement tendue de draperies noires semées de larmes d'argent.

Au couronnement de cette porte se voyait un écusson noir, encadré d'argent, et au milieu de cet écusson la lettre : D.

Dans la cour enfin, un catafalque, auprès duquel plusieurs prêtres agenouillés priaient, supportait un cercueil revêtu d'insignes militaires.

Une quantité considérable de cierges brûlaient à l'entour, formant une sorte de chapelle ardente.

Sigismond se sentit remué jusque dans les plus mystérieuses profondeurs de son être...

Il s'approcha du catafalque. — Il trempa le goupillon dans le bénitier et laissa tomber sur le cercueil quelques gouttes d'eau sainte.

Ensuite, se penchant vers l'un des prêtres qui murmuraient les versets des psaumes de la pénitence, il demanda d'une voix basse et tremblante :

— Qui donc est mort dans cette maison?...

— Un homme dont le nom a fait autrefois du bruit dans le monde, monsieur, — répondit le prêtre, — le colonel Jean Derieux...

Sigismond pâlit et chancela comme s'il venait de recevoir un coup de foudre en plein cœur.

— Le colonel Derieux... — répéta-t-il, — le colonel...

La soudaine et effrayante décomposition de son visage frappa le prêtre, qui se leva vivement et s'écria :

— Vous sentez-vous malade, monsieur?... — vous paraissez avoir peine à vous soutenir...

Sigismond fit un appel à toute sa force d'âme et parvint à dominer l'émotion qui l'écrasait.

— Ce n'est rien... — balbutia-t-il, — un étourdissement, je crois... — Merci de votre intérêt, monsieur... je vais mieux...

En effet, la livide pâleur du pair de France se dissipait par degrés.

— Vous connaissiez le colonel Derieux, monsieur ? — demanda le prêtre au bout d'un instant, avec un vif et naturel sentiment de curiosité.

— Je le connaissais... oui, monsieur...

— Beaucoup?...

— Assez, du moins, pour lui porter un profond intérêt...

— Peut-être, ignorant comme vous l'étiez de

l'événement funeste, est-ce le colonel que vous veniez voir aujourd'hui?...

Sigismond ne répondit pas, mais il fit un signe affirmatif.

— Hélas!... — reprit le prêtre, — rien de plus triste!! — Ceci prouve bien que l'homme est poussière!... — *Memento homo quia pulvis es et in pulverem reverteris!*... — et, comme dit le psalmiste : — *Je n'ai fait que passer! il n'était déjà plus!*... — Le colonel était un homme jeune encore, plein de force, à ce qu'on assure, et personne, paraît-il, ne prévoyait une fin si prompte... Sa mort a surpris tout le monde...

— Monsieur, — murmura Sigismond d'une voix éteinte, — la cause de cette mort?...

— Une attaque d'apoplexie foudroyante... — Le colonel a été tué avant-hier, dans la soirée, par un coup de sang, comme par un coup de fusil... — Ni un mouvement, ni une parole!... — rien!..

— tout était fini... — Hélas! cet homme honorable était-il en paix avec Dieu?... — Nul ne le sait?.. — Souhaitons-le de toute notre âme, et demandons-le au Très-Haut dans nos prières...

— Foudroyé!! — balbutia le duc.

— Oui, monsieur... — l'apoplexie frappe généralement comme l'épée de l'ange exterminateur... — On dit beaucoup de choses à propos de cette mort terrible du colonel... on raconte une histoire étrange.

— Une histoire étrange... — interrompit le duc haletant, — laquelle?...

— Je ne saurais vous la répéter...

— Pourquoi?...

— Le caractère dont je suis revêtu ne me permet point de devenir l'écho de certains bruits qui, — si grande que soit leur vraisemblance, — peuvent cependant n'être que calomnieux... et je désire ardemment qu'ils le soient!... — Mais vous trouverez sans peine, dans cette maison même, des gens qui vous instruiront de tout et vous renseigneront à merveille...

Sigismond n'écoutait plus.

Un tremblement convulsif venait de s'emparer de lui et secouait ses membres comme ceux des fiévreux de la campagne de Rome...

De grosses gouttes de sueur coulaient sur son front...

Il lui semblait sentir la terre trembler et se dérober sous ses pieds...

— Si le colonel a tout appris... — se disait-il, — si quelque révélation funeste est venue le foudroyer, — c'est moi qui ait tué ce vieillard et je suis un assassin!!...

## CHAPITRE X.

### Le colonel Derieux.

M. de la Tour-Vaudieu s'agenouilla dans la poussière, et, d'une main que l'émotion rendait vacillante il laissa de nouveau tomber quelques gouttes d'eau bénite sur les marches du catafalque.

Il traversa ensuite d'un pas lent et incertain les groupes pressés qui remplissaient la cour. — Il gravit, en s'appuyant à la rampe, les degrés de pierre du large escalier et il sonna à la porte de l'appartement du premier étage.

Cet appartement, — nos lecteurs le savent, — était celui de madame Amadis.

Le domestique qui vint ouvrir fit un geste d'étonnement en reconnaissant Sigismond.

— Monsieur le duc, — lui dit-il, — madame n'est point à Paris... — elle est partie pour Orléans il y a trois jours... nous ne savons pas quand madame reviendra...

— J'étais instruit de ce voyage... — murmura M. de la Tour-Vaudieu en s'efforçant de commander à son trouble... — mais, comme je viens d'apprendre à l'instant même la mort imprévue du colonel Derieux, je suis monté pour vous prier de me donner quelques détails au sujet de cet événement déplorable... Vous est-il possible de me satisfaire ?...

— Oh ! très certainement !... — répliqua le domestique tout épanoui de joie et d'orgueil, — très certainement, monsieur le duc !... — Si monsieur le duc veut bien prendre la peine de passer au salon, j'aurai l'honneur de lui apprendre tout ce que je sais... or, personne n'en sait plus long que moi...

Sigismond suivit le valet, et ce dernier commença une narration longue et prolixe qu'il nous paraît au moins inutile de reproduire ici.

Disons seulement quels faits principaux en ressortaient.

Le colonel Derieux, — ainsi que nous l'avons précédemment appris à nos lecteurs, — était l'un des membres les plus dévoués et les plus actifs des sociétés secrètes si nombreuses et si remuantes pendant les premières années du règne de Louis-Philippe.

Au moment où commence ce récit, un complot républicain allait éclater.

Le colonel comptait parmi les chefs de ce complot.

La trahison de l'un des affiliés, ou la clairvoyance de quelque agent subalterne, mit entre les mains de la police la liste des principaux conspirateurs, précisément la veille du jour où la mine allait faire explosion.

Cette liste était la clef de la conspiration entière.

La police ne perdit pas un instant.

Séance tenante, des mandats d'amener signés par le procureur du roi furent lancés dans Paris.

Les agents chargés d'opérer l'arrestation du colonel se présentèrent à onze heures du soir à l'hôtel de la rue Saint-Louis, accompagnés d'un commissaire de police.

Une escorte de gardes municipaux gardait l'entrée de l'hôtel, avec la consigne de ne laisser sortir personne, et de faire usage de ses armes au besoin.

M. Derieux, accablé de fatigue et un peu souffrant, venait de se mettre au lit au moment où son appartement fut envahi.

En voyant la porte de sa chambre s'ouvrir brusquement pour laisser le passage libre à un flot d'hommes de mine suspecte, le colonel saisit sur sa table une paire de pistolets tout armés et les dirigea vers les assaillants.

— Colonel, — s'écria le commissaire de police en exhibant son écharpe — ne souillez pas vos mains de meurtres inutiles!... — La force et le droit sont de notre côté... — Nous agissons au nom de la loi, et vous voyez que nous sommes nombreux...

Voici le mandat d'amener. — J'ajouterai que ma seule présence doit vous prouver qu'il est en règle...

— Je me rends... — balbutia M. Derieux en laissant tomber ses pistolets dont les agents s'emparèrent aussitôt.

Puis il ajouta au bout d'une seconde :

— Qu'allez-vous faire de moi ?

— Mais, — répondit le commissaire — vous conduire à la Conciergerie, où vous passerez la nuit..

— Le juge d'instruction vous entendra demain...

— Soyez assuré, colonel, que j'aurai pour vous tous les égards compatibles avec mes devoirs...

M. Derieux désigna les agents.

— Faites retirer ces hommes, je vous prie... — dit-il ensuite d'une voix assez ferme. — Je désire ne point m'habiller devant eux..

— Me donnez-vous votre parole d'honneur de ne faire aucune tentative pour nous échapper ?...

— Je vous la donne.

— C'est bien.

Sur un geste du commissaire les agents sortirent de la chambre.

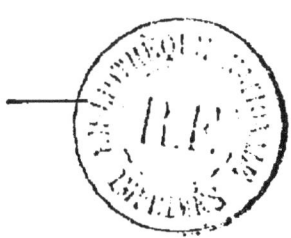

## CHAPITRE XI

### Le colonel Derieux (suite).

Le vieillard rejeta aussitôt les couvertures de son lit, et se mit en devoir de s'habiller silencieusement.

— Colonel, — demanda tout à coup le magistrat, — souhaitez-vous que je fasse atteler votre voiture ?...

— Une voiture de place suffira... — répondit M. Derieux dont la toilette était presque achevée.

Le commissaire entr'ouvrit la porte et donna tout bas un ordre aux agents restés dans la pièce voisine.

Quand il se retourna, au bout d'une seconde, il vit avec une profonde surprise que le vieillard chancelait et semblait ne se tenir debout qu'à grand'peine.

— Ah ! monsieur, — s'écria-t-il, — qu'avez-vous donc?...

En même temps il s'élança pour soutenir le colonel.

Mais, si rapide qu'eût été son mouvement, il arriva trop tard.

M. Derieux poussa une sorte de gémissement sourd...

L'une de ses mains se porta convulsivement à son front...

Il tourna à demi sur lui-même comme un homme frappé d'une balle dans un duel...

Et enfin il s'abattit de toute sa hauteur sur le tapis où son corps resta immobile.

Le commissaire, très surpris et très effrayé, appela.

Les agents accoururent.

On souleva le corps et on le plaça sur le lit. — Les yeux, largement ouverts, offraient une fixité étrange et que nous pourrions appeler cadavérique.

Le cœur, interrogé, resta muet.

— Monsieur le commissaire... — dit l'un des agents, — voilà une affaire bâclée!... — Je vous réponds que la Chambre des pairs ne jugera pas celui-là...

Et il fredonna :

> Quand on est mort, c'est pour longtemps,
> Dit un vieil adage
> Fort sage.

— Je ne puis croire à cette mort foudroyante!.. — murmura le magistrat. — Qu'on aille requérir un médecin...

Le médecin demandé ne se fit pas longtemps attendre.

Il déclara qu'il ne lui restait rien à faire, si ce n'est de constater un décès causé par une attaque d'apoplexie.

Le cadavre, en effet, se refroidissait rapidement.

Le commissaire de police rédigea son procès-verbal et quitta l'hôtel après avoir apposé les scellés partout et préposé deux agents à leur garde.

Un troisième reçut l'ordre d'aller, à l'église la plus proche, chercher un prêtre qui vînt passer la nuit auprès du défunt.

Les domestiques du colonel témoignaient bruyamment leur douleur. — Ils déploraient surtout l'absence de mademoiselle Derieux dans ce moment terrible et suprême...

On savait bien qu'Esther avait quitté Paris avec madame Amadis ; — on savait même, ou du moins on croyait savoir, qu'Orléans était le but du voyage des deux femmes...

Mais où devaient-elles descendre dans la ville de Jeanne d'Arc ? — Voilà ce que tout le monde ignorait...

Le valet de chambre prit un cheval de poste et partit sans retard, avec l'espoir bien vague de ramener la jeune fille avant que les restes mortels du vieillard eussent disparu pour jamais...

Hélas ! — nos lecteurs ont la certitude que cet espoir ne pouvait être réalisé...

Bref, une journée et une nuit s'étaient écoulées, et M. de la Tour-Vaudieu arrivait à Paris une heure avant la cérémonie funèbre.

Si triste qu'il fût, le récit dont nous venons de reproduire les faits principaux n'en apporta pas moins un soulagement immense au cœur de Sigismond...

Maintenant, du moins, le pair de France cessait d'être plongé dans un doute affreux et désespérant.

Il acquérait la certitude de sa complète innocence en ce qui concernait la mort du colonel Derieux, puisque jusqu'à la dernière minute le vieillard avait ignoré le drame dans lequel Esther jouait un rôle si capital et si désolant.

Sigismond remercia le valet.

Il lui mit un louis dans la main et il retourna se mêler à la foule de plus en plus compacte qui s'entassait autour du catafalque.

L'heure était venue de conduire le cercueil à l'église.

M. de la Tour-Vaudieu suivit à pied le convoi qu'escortait une multitude presque innombrable.

La plupart de ceux qui rendaient ainsi un pieux hommage à la dépouille du vieux soldat ne connaissaient pas — même de nom — le colonel Derieux...

Mais le bruit des circonstances qui avaient accompagné la mort de ce hardi et incorrigible conspirateur s'était répandu dans tout Paris, et cette multitude dont nous avons constaté la présence métamorphosait une cérémonie funèbre en une manifestation politique, — manifestation calme et silencieuse d'ailleurs, quoique passionnée.

Sigismond s'isola dans un coin de l'église, tandis que les hymnes sacrées et les accents tantôt voilés, tantôt éclatants de l'orgue, retentissaient sous les voûtes, et du fond de l'âme il pria pour ce malheureux père d'une malheureuse enfant

Quand tout fut achevé, — quand le convoi se mit en marche vers le cimetière, — Sigismond ne suivit point le flux sans cesse grossissant.

Il gagna le boulevard. — Il monta dans un cabriolet de place et il se fit conduire à la rue Saint-Dominique.

Le marquis Georges qui, fidèle aux recommandations de Claudia, n'avait pas perdu un seul instant la trace de son frère le vit, non sans une vive inquiétude, franchir le seuil de l'hôtel la Tour-Vaudieu.

Cette inquiétude fut d'ailleurs de courte durée.

Sigismond ne passa que quelques minutes à l'hôtel.

Complètement incapable d'affronter en ce moment la présence de sa mère et de répondre aux questions qu'elle ne manquerait pas de lui adresser, il donna l'ordre aux valets de ne point instruire de sa brève apparition la duchesse douairière, — il se fit seller un cheval et il reprit la route de Brunoy.

— Allons! — se dit Georges en se frottant les mains joyeusement, — les inquiétudes de Claudia étaient sans motifs... aucun péril immédiat ne menace nos espérances... — Mon frère cache plus que jamais la vérité à notre mère, et je puis me permettre quelques heures de repos et de distraction puisqu'il serait imprudent et dangereux de retourner à Brunoy et de reparaître à l'auberge du *Cheval blanc* avant la nuit tombée...

. . . . . . . . . . . . . . . . . . . . . . . . . . .

Cependant Sigismond franchissait la distance au trot le plus rapide d'un admirable cheval anglais et, tout en laissant flotter la bride sur le cou de son ardente monture, il se disait à lui-même :

— Oh! comble de douleur et d'amertume ! — me voici réduit à remercier Dieu d'avoir mis un nuage sur la raison d'Esther !... — Si la pauvre enfant, dans un moment pareil, pouvait entendre et comprendre l'affreuse vérité, elle n'aurait ni la force ni le courage de survivre à son père!.. — elle est folle, mais elle est vivante!. — Oui, je vous bénis, mon Dieu; vous qui me frappez si cruellement, car vous pouviez me frapper plus cruellement encore, et vous ne l'avez pas fait !...

## CHAPITRE XII

### Le neveu du docteur.

Le moment est venu d'introduire dans notre récit de nouveaux personnages qui doivent y jouer un rôle important.

Il nous faut donc abandonner pour un instant Esther et Sigismond, madame Amadis et le docteur Leroyer, Georges et Claudia, et prier nos lecteurs de nous accompagner dans l'une de ces vieilles maisons, bâties en pierre de taille et en briques, qui donnent une physionomie si pittoresque à la place Royale, ce lieu déchu, que les bonnes d'enfants du Marais affectionnent aujourd'hui et que hantaient jadis les gentilshommes et les *raffinés*.

Gravissons l'escalier aux marches de granit usées par les pas de nombreuses générations, — montons jusqu'à l'étage le plus élevé, et franchissons le seuil d'un logement vaste et bien aéré, mais meublé avec une simplicité extrême.

Dans une pièce dont les deux fenêtres prenaient jour sur la place Royale, et qui servait tout à la fois de salon et de cabinet de travail, une femme très jeune encore, d'une figure charmante et sympathique, achevait un ouvrage en tapisserie, et s'interrompait de minute en minute pour attacher des regards chargés de tendresse sur deux beaux enfants qui jouaient à ses pieds.

Ces deux enfants étaient le frère et la sœur.

Le premier achevait sa cinquième année. — La seconde avait trois ans tout au plus.

Le petit garçon s'appelait Abel. — La petite fille se nommait Berthe.

La sonnette de la porte d'entrée retentit.

— Voici Paul... — murmura la jeune femme, et une expression joyeuse se peignit sur son doux visage.

Presqu'au même instant un homme de trente-cinq ans, d'une taille haute, d'une physionomie ouverte et intelligente, entra dans le salon.

Les deux enfants coururent à lui, en criant : *Papa!... papa!...* et se dressèrent sur la pointe de leurs petits pieds afin qu'il lui fût plus facile de les prendre dans ses bras, ce qu'il fit tout aussitôt, et il ne les reposa par terre qu'après les avoir embrassés à dix reprises ; ensuite, s'approchant de la jeune femme, il appliqua ses lèvres sur le front qu'elle lui tendait.

Cet homme se nommait Paul Leroyer. Il était le propre neveu de notre vieille connaissance le docteur Leroyer.

Ce n'est pas la première fois qu'il est question dans ce livre du neveu du docteur, mais nos lecteurs ont oublié, sans aucun doute, qu'ils ont au début de ce récit entendu parler de lui.

Afin de leur éviter la peine de remonter jusqu'au premier chapitre du premier volume, nous allons remettre sous leurs yeux quelques lignes du long monologue auquel se livrait Suzon, pour tuer le temps et exhaler sa mauvaise humeur en attendant son maître qui ne revenait pas, malgré la nuit noire et le mauvais état de l'atmosphère et des chemins.

— Un homme de son âge a besoin de repos !... — s'écriait la fidèle mais acariâtre servante, — il ne peut plus aller et venir du matin au soir et du soir au matin !.. — Il faudra que nous nous mettions à la retraite !.. — Nous ferons venir un jeune médecin à qui nous vendrons notre clientèle, mais nous garderons la maison... elle me plaît, et j'aurais quelque peine à prendre mes habitudes dans une autre... — Nous sommes assez riches pour vivre de nos rentes... d'ailleurs pour qui ferions-nous des économies ? — Notre unique héritier est un neveu qui invente, à ce qu'il paraît, des choses superbes, des mécaniques surprenantes...il deviendra millionnaire et n'a pas besoin de nous...

C'est ce neveu, *inventeur de choses superbes, de mécaniques surprenantes* — dont nous faisons la connaissance en ce moment.

Suzon ne se trompait pas, — ou du moins elle ne se trompait qu'à demi.

Entre Paul Leroyer et le million prédit par la vieille servante il y avait un abîme sans doute infranchissable, mais enfin le neveu du médecin de Brunoy était bien véritablement un inventeur, c'est-à-dire un de ces pauvres et obscurs grands hommes dont la vie s'use en luttes obstinées, presque toujours stériles, contre l'ignorance et la routine ; — un de ces *David Séchard* inconnus, pour qui la couronne du génie est une couronne d'épines, et qui épuisent leur corps, leur intelligence et leur bourse, sans parvenir à mettre en lumière, et surtout à exploiter fructueusement les idées simples et grandes enfantées par eux, et grâce auxquelles un million d'imbéciles s'enrichissent en riant à leurs dépens, sans même leur jeter une miette du gâteau splendide préparé par eux et dévoré par d'autres.

Paul Leroyer, rêvant la gloire, la fortune, marchait à grands pas vers la ruine mais, entouré de ces brillantes illusions qui sont l'apanage des inventeurs et des poètes, il n'arrivait point encore à la période de découragement et il comptait sur l'avenir avec une persistance admirable.

Le passé de Paul Leroyer peut se raconter en un bien petit nombre de lignes.

Son père, — le frère aîné du docteur — le destinant à la carrière d'architecte, lui avait fait faire de fortes et profondes études et, au moment où ces études s'achevaient, était mort presque subitement, lui laissant une modeste fortune de cent mille francs à peu près.

Le jeune homme, devenu ainsi tout à fait indépendant, s'était abandonné corps et âme au goût ou plutôt à la passion qui le poussait vers les sciences mécaniques.

A vingt-cinq ans il était devenu amoureux d'une jeune fille parfaitement belle et honnête, mais complètement pauvre, et il en avait fait sa femme.

Deux enfants, Abel et Berthe, avaient été les doux fruits de cette union.

Aucun ménage ne pouvait être plus heureux et plus uni que celui de Paul Leroyer. — Jamais, depuis dix ans, l'ombre d'un nuage n'avait plané sur le bonheur des deux époux. — Paul adorait Angèle — (c'était le nom de sa femme) — et Angèle, — chose rare! — croyait fermement et aveuglément au génie de son mari et au resplendissant avenir que ce génie leur préparait à tous les deux.

L'existence de Paul se partageait entre son logis de la place Royale et un vaste atelier loué par lui dans un de ces terrains vagues qui abondaient en 1835 aux alentours de la place de la Bastille et sur les bords du canal Saint-Martin.

Là, sept ou huit ouvriers intelligents, menuisiers et forgerons, exécutaient, sur les dessins et sous la direction du jeune homme, de nombreuses machines, admirablement combinées pour la plupart, mais dont le vulgaire se refusait à reconnaître les avantages et à admettre la valeur, incontestables cependant.

Un bien petit nombre d'acheteurs constituaient la clientèle de Paul Leroyer, et nous sommes en mesure d'affirmer que chaque fois qu'une mécanique de son invention sortait de ses ateliers pour aller prendre place dans quelque usine, le prix de revient de cette mécanique était toujours supérieur au prix de vente.

On comprend qu'avec des opérations de ce genre souvent renouvelées la ruine était inévitable.

Nous devons ajouter qu'elle était imminente, ou pour mieux dire qu'elle était à peu près complète.

Paul ne l'ignorait point — mais il ne s'en inquiétait pas.

Nos lecteurs savent déjà combien était épais et solidement tissé le bandeau de ses illusions.

Le neveu du docteur mettait la dernière main à une invention capitale — à une machine de premier ordre — supérieure à tout ce qu'il avait créé jusqu'alors — utile, indispensable même à cent industries différentes qui trouveraient dans son emploi une fabuleuse économie — et cette fois — (il en avait la conviction inébranlable) — son triomphe allait être complet, décisif, et ses bénéfices énormes...

Qu'importait donc un instant de gêne?...

## CHAPITRE XIII

**Le neveu du docteur** (suite).

Cependant, au moment où nous venons de voir Paul Leroyer rentrer chez lui, il y avait non pas précisément une inquiétude mais une légère préoccupation dans son esprit.

Un accident imprévu, arrivé dans la journée à un rouage d'acier, retardait forcément de plusieurs jours l'heure trois fois bénie où la nouvelle machine fonctionnerait pour la première fois devant un public de connaisseurs étonnés et enthousiasmés.

Or, au succès de cette tentative — qui aurait dû avoir lieu dès le lendemain — était subordonné un prêt d'une certaine importance consenti par un riche capitaliste, prêt qui devait permettre de commencer sur une échelle assez vaste l'exploitation de la triomphante machine...

Mais enfin ce n'était qu'un retard, et sans doute il restait en caisse plus d'argent qu'il n'en fallait pour attendre les capitaux promis.

Aucune chose n'échappe à l'œil d'une femme aimante et dévouée.

Angèle, du premier regard, remarqua le pli presque imperceptible creusé entre les sourcils de son mari.

— Paul, — s'écria-t-elle, — qu'est-il arrivé?.

— Mais, rien que je sache, ma chère Angèle... — répondit le jeune homme un peu surpris.

— C'est impossible ! — Tu sais bien que je lis sur ton visage comme en un livre ouvert ! — Tu as un chagrin, ou du moins un souci...

— Un chagrin, non pas ! — Tout au plus un souci, ou plutôt une contrariété... — J'allais d'ailleurs t'en parler...

— Tu m'affirmes que ce n'est pas grave ?.

— Je te l'affirme, et tu en auras la preuve à l'instant..

Paul raconta l'accident dont nous venons de faire mention, et il ajouta qu'un retard de huit jours environ serait la conséquence de cet accident.

— Mais, — demanda madame Leroyer après avoir écouté, — il me semble que M. Lebreton devait t'avancer dix mille francs sur ta nouvelle machine, le jour même de l'expérience...

— Il te semble à merveille...

— Eh bien ?..

— Eh bien ! ma chère Angèle, je toucherai ces dix mille francs la semaine prochaine au lieu de les toucher demain... voilà tout...

— Ceci ne te préoccupe point ?

— En aucune façon.

— Tu sais que c'est après-demain samedi et la fin du mois ?

— Naturellement, puisque c'est aujourd'hui jeudi et le 28 novembre...

— N'as-tu pas des billets à payer ?..

— Sans doute, j'en ai...

— Pour quelle somme ?..

— Oh ! pour une somme insignifiante...

— Le chiffre ?

— Je vais prendre mon carnet d'échéances et nous allons voir..

Paul ouvrit un secrétaire dont il avait la clef dans sa poche et feuilleta un petit registre.

— Nous disons : *Fin novembre*... — murmura-t-il. — Ah ! diable !.. — ajouta-t-il avec une vivacité de mauvais augure. — Ah ! diable !!...

— Combien ? — demanda la jeune femme, d'un ton rempli d'anxiété.

— Beaucoup plus que je ne croyais... — Cinq effets... — En tout, douze cents francs...

— Et la semaine des ouvriers ?

— Comme de coutume, 280...

— Ce qui fait quatorze cent quatre-vingts francs, mon ami.

— Tu me vois surpris de ce résultat. — J'aurais parié qu'il n'y avait pas plus de trois ou quatre cents francs d'échéances à la fin de ce mois... — Mais, en somme, c'est indifférent... — Ce qui se paie en novembre ne revient pas en décembre... — Ceci est naïf comme la vérité !

— Mais, avec quoi paieras-tu ?..

— Avec de l'argent, pardieu ! — Nous avons ici plus de quatorze cent quatre-vingts francs, j'imagine...

— Nous avons six cents francs, mon pauvre ami..

— Six cents francs !! — répéta Paul stupéfait.

— Veux-tu vérifier mes livres et ma caisse ?..

— Ah ! diable ! ah ! diable !... ah ! diable ! — fit le jeune homme sur trois tons différents et avec une physionomie bouleversée.

Mais presque aussitôt son visage reprit sa sérénité habituelle et le sourire revint sur ses lèvres.

— Après tout, chère Angèle, — dit-il, — voilà un bien petit malheur... — Je vais aller chez le notaire...

Angèle secoua doucement la tête.

— Le notaire n'a plus rien à nous... — murmura-t-elle au bout d'une seconde.

Paul pâlit légèrement.

— Quoi ! — s'écria-t-il, — plus rien !!...

— Ni cent francs — ni cinq francs. — Rien...

— Tu en es sûre ?

— Trop sûre, mon ami... — N'avais-je pas ta procuration pour retirer l'argent peu à peu, et faire face à tout...

— Voilà cent mille francs qui sont allés vite!!

— Les dépenses étaient bien lourdes et les recettes bien modiques...

— Pourquoi ne me prévenais-tu pas?

— A quoi bon t'inquiéter?... — Ne valait-il pas mieux te laisser à ton travail... aux inspirations de ton génie... — Le premier de tous les biens, pour toi, n'était-il pas une complète tranquillité d'esprit?

— Tu as raison, chère Angèle... toujours raison... — Mais enfin, nous voilà ruinés...

— Oh! bien complètement...

— Ruinés!... C'est un vilain mot, et qui me produit un drôle d'effet.. — Mais bah! — Qu'importe cette ruine, après tout? — Cent mille francs ne constituaient pas une fortune, et dans six mois nous serons vraiment riches...

— Je le crois comme toi... comme toi j'en suis sûre... Aussi je ne m'inquiète pas de l'avenir... — Une seule chose, en ce moment, me préoccupe...

— Laquelle?

— C'est de savoir comment nous payerons après-demain...

— Nous avons ici six cents francs, dis-tu? — Il ne s'agit donc que de trouver mille francs. —

Cette somme est une bagatelle.. — Je l'emprunterai.

— A qui?

— Au premier venu de mes fournisseurs habituels...

— Paul, au nom du ciel, ne fais pas cela !!...

— Pourquoi?

— Parce qu'un pareil emprunt décélerait ta détresse, détruirait tout crédit, te ferait échouer au port...

— Eh bien ! le notaire...

— As-tu des garanties à lui donner?

— Il me semble que je suis un honnête homme...

— Tout le monde le sait, et le notaire comme les autres... — Il ne te refusera point son estime, mais il gardera son argent...

— Cependant, ces mille francs, il me les faut?...
— Où les chercher? — où les trouver?— A qui les demander?...

Paul se laissa tomber sur son siège et se mit à réfléchir profondément.

— Sauvés ! — s'écria-t-il tout à coup. — Nous sommes sauvés !... — Demain j'aurai les cinquante louis nécessaires...

— Qui te les donnera ?

— Qui ? — Pardieu, le meilleur des hommes en général et des parents en particulier! — Mon oncle, mon excellent oncle, le docteur Leroyer ! C'est une merveilleuse inspiration qui m'est venue là !... — On peut se passer de moi à l'atelier, demain... — Dès le matin je partirai pour Brunoy...

## CHAPITRE XIV

### L'enfant.

Madame Leroyer accueillit avec joie et avec confiance l'idée de son mari.

Le vieux et digne médecin de Brunoy aimait son neveu d'une tendresse toute paternelle. — Il était par conséquent vraisemblable, il était probable, il était presque certain, qu'il ne refuserait point de lui venir en aide et de lui prêter la somme minime suffisante pour faire face à l'échéance de la fin du mois.

Donc le lendemain, dès sept heures du matin, Paul prit place dans une sorte de patache délabrée qui stationnait sur la place de la Bastille et faisait le service de Villeneuve-Saint-Georges.

Une fois dans cette localité, le neveu du médecin suivit pédestrement le chemin de Brunoy, et dix heures sonnaient à l'église du village au moment où il s'arrêtait devant la grille de la maison de son oncle.

D'une main un peu émue, — (car pour la première fois de sa vie, il venait solliciter un service d'argent), — Paul agita la petite chaîne qui mettait la cloche en branle.

Aucune réponse ne fut faite à cet appel. — La maison n'était point déserte cependant, car le jeune homme entendait d'une façon très distincte des voix de femmes, au bruit desquelles se mêlaient par intervalles les vagissements d'un enfant nouveau-né.

Cette dernière circonstance remplit Paul d'étonnement.

C'est à peine s'il pouvait en croire ses oreilles...

Un enfant chez son oncle !...

Un enfant dans le logis du plus endurci des célibataires !!

Ceci dépassait les limites de l'invraisemblance, il faut en convenir...

En moins de quelques secondes une foule d'imaginations bizarres et d'une nature inquiétante traversèrent l'esprit du jeune homme, mais ces imaginations disparurent presque aussi vite qu'elles étaient venues. — Paul se rassura de façon complète en se disant que sans doute la présence de cet enfant n'était qu'accidentelle, et qu'elle lui serait expliquée dans un instant par le docteur lui-même.

Deux minutes s'étaient écoulées, — la porte restait close.

Paul sonna pour la seconde fois.

Une voix, que le jeune homme reconnut pour celle de la vieille servante, cria depuis l'intérieur :

— Qui est là ?

— C'est moi... — répondit le visiteur.

— Qui ça, vous ?

— Paul Leroyer...

— C'est bon, j'y vais...

Suzanne en effet sortit aussitôt de la maison, et se dirigea vers la grille dont elle ouvrit un des battants, en disant d'un ton qu'elle s'efforçait, mais en vain, de rendre bienveillant et hospitalier :

— C'est vous, monsieur Paul... — Excusez-moi de vous avoir fait attendre... il n'y a pas de ma faute... tout est sens dessus dessous là-dedans ! Ça va bien, monsieur Paul, j'espère, et tout le monde chez vous pareillement ? — Ah ! par ma foi, monsieur Paul, vous arrivez dans un bon moment !!...

— Vous me paraissez singulièrement agitée, Suzon... — répliqua le visiteur. — Est-ce que mon oncle serait malade ?...

— Lui, malade ! allons donc ! — il se porte comme le Pont-Neuf...

— Alors, qu'y a-t-il ?

— Ce qu'il y a ? — Vous me demandez ce qu'il y a ? — Doux Jésus ! bonne sainte Vierge Marie ! vous allez bien le voir de vos propres yeux...

Ces quelques paroles s'étaient échangées tandis que le jeune homme et la vieille servante traversaient le jardin.

Suzon s'engagea la première dans le couloir, et franchissant le seuil de la grande pièce que nous connaissons et qui servait au docteur tout à la fois de salle à manger, de salon et de bibliothèque, elle désigna du geste à Paul une robuste et fraîche paysanne, pareille à une statue païenne de la Charité, et donnant le sein à un nourrisson d'aspect chétif.

— Voilà ce qu'il y a !!—s'écria-t-elle impétueusement, — regardez !!

— Un enfant... — murmura le jeune homme.

— Oui, monsieur Paul, ni plus ni moins ! — Nous ne sommes plus dans une maison tranquille ni paisible... nous sommes dans un bureau de nourrices !! — Voilà ce qui m'attendait, à mon âge !...

— Mais, — demanda Paul, dont toutes les inquiétudes revenaient, — depuis quand cet enfant est-il ici ?

— Depuis hier.

— A qui appartient-il ?

La vieille servante haussa les épaules.

— Foi d'honnête fille, — dit-elle avec aigreur, — je n'en sais pas le premier mot !

— Qui l'a apporté ?

— Belle question !! — Qui pourrait avoir fait

un pareil chef-d'œuvre, si ce n'est votre oncle !!

— Enfin, il vous a expliqué...

Suzon interrompit Paul.

— Rien !... — s'écria-t-elle, — rien de rien ! — Je l'ai questionné, je l'ai retourné de toutes les manières... — Ah ! bien, oui !.. — On tirerait plutôt une réponse d'une borne que de lui arracher un mot quand il ne veut pas parler... — Et comme je ne me lassais point, il s'est mis en colère et m'a envoyée promener ! — et j'irai, monsieur Paul... oui, j'irai... et je me promènerai si loin qu'il ne me reverra jamais... — C'est décidé... c'est un parti pris... — puisqu'on n'a plus confiance ici dans la vieille Suzon, la vieille Suzon partira d'ici...

Tout en prononçant ces dernières paroles, la gouvernante du docteur fondit en larmes et éclata en sanglots.

— Décidément, — se disait Paul à lui-même, — je commence à croire que je suis arrivé fort mal à propos...

A la minute précise où le jeune homme formulait cette réflexion, un coup de sonnette magistral retentit à la grille.

— C'est votre oncle... — murmura Suzon au milieu de ses gémissements. — Je vais dans ma chambre... je ne me sens point le courage de soutenir sa vue...

— Eh ! bien, — demanda Paul, — qui lui ouvrira ?

La servante ne répondit pas et disparut.

M. Leroyer sonnait avec une énergie croissante.

Paul prit son parti. — Il sortit de la maison — traversa le jardin en courant et ouvrit la grille.

A la vue de son neveu le docteur poussa un cri de joyeuse surprise.

— Quel heureux hasard, cher enfant ! — dit-il ensuite en tendant les bras à Paul : — je suis l'homme du monde le plus enchanté de ta visite !

— Nous allons déjeuner ensemble et tu me donneras des nouvelles de tout ton monde... d'excellentes nouvelles, j'espère...

— Oui, mon bon oncle, excellentes...

— Tu m'en vois ravi ! — Ma nièce est une charmante femme que j'aime de tout mon cœur, et tes chers petits enfants aussi... — Rentrons vite, je meurs de faim... — La table doit être prête, et Suzon n'aura point manqué d'ajouter un couvert à ton intention.

Illusion profonde !!!

Non seulement la table n'était point dressée, mais encore Suzon avait jugé convenable de ne s'occuper en aucune façon du déjeuner. — Elle venait de s'enfermer dans sa chambre et elle ne répondit pas à son maître qui l'appelait.

Le docteur se mit en colère. — Il jura. — Il frappa du pied.

Tout fut inutile.

Comme Achille au siège de Troie, la vieille fille fut inexorable et resta sous sa tente.

M. Leroyer, ne conservant aucun espoir de triompher d'une si complète obstination, fit contre mauvaise fortune bon cœur.

— Viens... — dit-il en prenant le bras de son neveu.

— Où me conduisez-vous ?

— Je te conduis à l'hôtel du *Cheval blanc*, mon pauvre garçon... — Nous y déjeunerons mal, j'en ai la triste certitude, mais enfin nous déjeunerons, ce qui ne nous arriverait point ici... — Tu dois t'apercevoir que ma modeste demeure est en révolution ce matin...

— Oui, mon oncle... je m'en aperçois... et j'avoue que je serais curieux de connaître les causes de ce bouleversement domestique...

— Eh bien! je vais satisfaire ta curiosité, sinon complètement, du moins en partie... — Je te dirai tout ce qu'il m'est possible de te dire... — je ne te cacherai que ce que j'ai promis de taire...

— Il s'agit donc d'un secret, mon oncle?

— Oui — et d'un secret dont l'importance est capitale...

— A propos de cet enfant que je viens de voir chez vous?

— Oui.

— Un secret!... — Un enfant!... — Un mystère!... — murmura Paul en souriant. — Savez-vous, mon oncle, que tout ceci ressemble fort au commencement d'un roman de ce bon M. Ducray-Duménil.

— Pardieu!... à qui le dis-tu ? — Depuis huit jours, moi qui te parle, je vis absolument en dehors de la réalité... — Il me semble que je m'agite au milieu d'une fiction étrange, et tu n'as plus sous les yeux ton oncle, le docteur Leroyer, mais un véritable personnage de roman ou de drame...

— Je vous écoute avec stupeur, et ma curiosité prend des proportions énormes !!!

Tout en causant de cette façon, l'oncle et le neveu se dirigeaient à grands pas vers l'auberge que nous connaissons.

M. Leroyer se fit ouvrir le garde-manger et, si incomplètes que fussent les ressources mises à sa disposition, il trouva cependant moyen, grâce à la profondeur de ses connaissances culinaires, d'organiser et de faire exécuter un déjeuner très passable, qu'arrosèrent amplement les meilleurs vins de la cave du *Cheval blanc.*

Une fois le premier appétit satisfait, le docteur, les coudes sur la table, raconta à Paul Leroyer la plus grande partie des faits que nos lecteurs connaissent déjà. — Seulement il ne lui révéla ni le nom du duc de la Tour-Vaudieu, ni celui d'Esther.

## CHAPITRE XV.

### L'enfant (suite).

Ce silence était le résultat d'une promesse faite par lui à Sigismond dans des circonstances que nous allons dire.

Au moment où les nécessités de notre récit nous ramènent à Brunoy, sept jours s'étaient écoulés depuis le mariage *in extremis* de mademoiselle Derieux, la naissance de son enfant et la mort du colonel.

Sigismond, en revenant de Paris, mit le docteur et madame Amadis au fait des nouvelles si imprévues et si terribles qu'il apportait. — M. Leroyer et la veuve du fournisseur furent d'accord pour déclarer qu'en présence des faits qui venaient de s'accomplir et qui, à leur suite, avaient amené pour Esther une folie peut-être incurable, il fallait attribuer la fin du colonel à une faveur spéciale de la Providence.

En effet, — disaient-ils, —(et non sans raison) — le vieillard qu'une arrestation politique avait frappé comme un coup de foudre, n'aurait certes pas eu la force de résister à un épouvantable malheur domestique. — Il serait tombé en maudissant Sigismond, et ce dernier, pendant tout le reste de sa vie, aurait entendu retentir à ses oreilles cette malédiction.

Dieu, dans sa miséricorde, épargnait donc au jeune pair de France une angoisse sans fin et un éternel remords...

Cependant il fallait prendre un parti.

Si Esther, devenue duchesse de la Tour-Vaudieu, n'avait point perdu la raison, aucune hésitation n'eût été possible. — La route à suivre était toute tracée.

Sigismond, ne pouvant et ne devant pas courber plus longtemps la tête devant les préjugés et les oppositions de sa mère, aurait hautement déclaré son mariage et installé sa femme légitime dans l'hôtel de ses ancêtres.

Mais la folie d'Esther rendait la situation bien différente.

A quoi bon remplir de trouble et d'amertume les derniers jours de la duchesse douairière ?...
— A quoi bon lui apprendre que son fils avait désobéi à ses ordres et bravé sa malédiction ?...

Sigismond pouvait-il présenter à sa mère une pauvre insensée, en lui disant :

— Voilà celle que j'ai choisie... — elle est maintenant votre fille... — Il faut l'aimer et la bénir...

Non, cent fois non!... — Une telle démarche était impossible, et, bien plus, elle était inutile.

Le pair de France décida qu'il fallait attendre et que le mieux était de laisser les choses dans l'état où elles se trouvaient. — Il fut convenu qu'aussitôt qu'Esther pourrait supporter le voyage, elle serait ramenée à Paris par madame Amadis qui consentait de grand cœur à se constituer sa compagne de tous les instants.

Restait l'enfant.

La place de la frêle créature n'était ni auprès de sa mère, ni auprès de son père...

Sigismond demanda au docteur Leroyer de se charger de veiller sur ce rejeton ignoré d'une grande race, — de se constituer son gardien, son protecteur, presque son père...

Le médecin refusa d'abord avec épouvante. — Il reculait tout à la fois, et devant la responsabilité qu'il lui faudrait assumer en acceptant, et devant des embarras sans nombre qu'il introduirait dans sa vie jusque-là si calme.

Sigismond ne se tint point pour battu.

Il fit un appel au cœur du vieillard et mit sous ses yeux la position touchante du pauvre enfant plus abandonné qu'un orphelin, quoique son père et sa mère fussent vivants l'un et l'autre.

Le docteur, — nous le savons depuis longtemps, — était incapable de résister à de telles paroles. — Il s'attendrit et il accepta.

M. de la Tour-Vaudieu, pénétré de reconnaissance, voulut alors traiter avec lui la question des honoraires.

Mais le médecin l'interrompit en s'écriant :

— Ah ! monsieur le duc, je vous en supplie, pas un mot de plus à ce sujet !... — Ce que vous ferez sera bien fait, et je me trouverai toujours trop payé...

Sigismond n'insista pas.—Il changea de conversation et demanda à M. Leroyer de ne point prononcer son nom lorsqu'il faudrait expliquer la présence dans sa maison du nouveau-né et répondre aux questions sans nombre qui ne manqueraient pas de lui être faites.

Le médecin promit de garder vis-à-vis de tout le monde un silence absolu. — Or, quand M. Leroyer promettait, il tenait parole.

A la fin de la semaine, c'est-à-dire le vendredi, madame Amadis et la pauvre Esther, complètement hors de danger mais plongée dans une folie douce et persistante, partirent pour Paris dans une voiture que Sigismond conduisait lui-même afin d'éviter toute révélation indiscrète.

Ce même jour le docteur, qui s'était procuré à Villeneuve-Saint-Georges une jeune et très avenante nourrice, regagna son logis en portant l'enfant dans ses bras.

A la vue de cet hôte inattendu, Suzon poussa des cris d'étonnement qui se métamorphosèrent en cris de colère, lorsqu'elle apprit que l'enfant et la nourrice allaient vivre auprès d'elle pendant un temps indéfini.

Le docteur la laissa crier.

Fatiguée de clameurs sans résultats, elle essaya de satisfaire au moins sa curiosité, et elle fit subir à son maître un véritable interrogatoire.

Tentative inutile!... amère déception!...

Le docteur Leroyer resta muet. — Suzon ne put tirer de lui un seul mot! — L'indignation de la vieille servante grandit en se doublant de désappointement. — Elle perdit le sentiment de toute convenance et, dans un langage infiniment peu mesuré, elle alla jusqu'à faire entendre que M. Leroyer pourrait bien n'être point étranger à la naissance de l'enfant anonyme qu'il recueillait ainsi...

Le médecin se contenta de hausser les épaules et d'imposer silence à Suzon.

Cette dernière, un instant dominée, se taisait en grondant sourdement, quand la nourrice fit irruption dans la salle et s'écria :

— Eh! m'sieu... voyez voir un peu, pour voir, ce que je viens de trouver dans les langes du petit... — quó drôle d'affiquet, pas vrai!...

Et elle montrait un petit paquet très léger, fermé par cinq cachets de cire rouge timbrés de la couronne ducale.

Sur ce paquet se lisaient ces mots :

« *Pour monsieur le docteur Leroyer.* »

Suzanne cessa tout aussitôt ses murmures et s'approcha vivement de son maître, afin d'assister à l'ouverture du mystérieux envoi.

Déception nouvelle et plus amère encore !...

Le médecin, au lieu de déchirer immédiatement l'enveloppe, monta dans sa chambre où il s'enferma.

Là il brisa les cachets et il aperçut avec une profonde surprise une petite liasse de six billets de banque de mille francs chacun.

A ces lignes était joint un carré de papier porant quelques lignes d'écriture.

Voici ces lignes :

« Cher docteur; vous trouverez ci-joints six mille franc que je vous prie de vouloir bien accepter pour le premier semestre, et comme faible indemnité de la perte de temps résultant pour vous des bons soins que vous donnerez à mon fils Pierre-Sigismond-Maximilien. — J'ai cru devoir fixer cette indemnité à la somme de douze mille francs par an. — Ce chiffre est minime sans doute, mais votre désintéressement m'est connu. — Je n'ignore point que je resterai votre débiteur, car rien ne saurait payer dignement ce qu'en ce moment vous faites pour moi... — Je m'efforcerai de m'acquitter par une reconnaissance éternelle, n'en doutez pas...

« Votre très affectionné et absolument dévoué,

« Duc S. de la T.-V. »

— Douze mille francs !... — murmura le docteur, — peste !!.. — trois mille auraient amplement suffi !... — Enfin, ce duc est un grand seigneur très riche et très généreux... — Je ne veux point le désobliger et j'accepte... — Ah ! si la pauvre Suzon, qui aime tant l'argent, savait le *fin mot* de tout ceci, elle ne crierait pas si fort !... — mais elle ne le saura pas...

§

Les faits que nous venons de mettre d'une façon sommaire sous les yeux de nos lecteurs doivent leur expliquer d'une façon suffisante la discrétion relative du docteur Leroyer vis-à-vis de son neveu, et son mutisme absolu vis-à-vis de Suzanne.

Et maintenant nous allons rejoindre le médecin et Paul Leroyer à l'auberge du *Cheval blanc*, où nous retrouverons aussi Georges et Claudia.

# CHAPITRE XVI

### L'oncle et le neveu.

— Bref, mon cher neveu, — dit le médecin au jeune homme, après avoir épuisé le sujet de conversation relatif aux faits accomplis que nous connaissons, — c'est assez nous occuper des autres... — parlons un peu de nous maintenant... — et d'abord explique-moi les motifs de ta visite imprévue qui me surprend, je l'avoue, autant qu'elle m'enchante...

— Mais, mon oncle, — balbutia Paul avec un extrême embarras, car il voyait approcher le moment difficile, — il me semble que le désir de vous voir... de vous embrasser...

— Oui... oui... — interrompit M. Leroyer en riant. — Je sais que tu m'aimes, et en m'aimant tu ne fais que ton devoir, car je suis ton unique parent sur cette terre et je te chéris de tout mon cœur... — Donc j'accepte le désir de me voir comme principal motif de ta visite... — Mais n'y en avait-il pas quelque autre encore?...

— Eh bien! oui, mon oncle, c'est vrai... — répondit le jeune homme en rougissant jusqu'au blanc des yeux, — il y en avait un autre...

— Dans ce cas, mon cher enfant, parle vite... — de quoi s'agit-il ?...

— D'un service à vous demander...

— Un service ? — répéta le docteur.

— Oui, mon oncle...

— Tu m'en vois ravi !... — Mais pourquoi ce trouble... cette hésitation ?...

— C'est que, mon cher oncle... c'est un peu difficile à dire...

— Ta !... ta !... ta !... voilà bien des façons, ce me semble, avec le propre frère de ton père !... — Explique-toi donc, ou je me fâche !... — Que puis-je faire pour toi ?...

En face d'une question si nette et d'une si encourageante bienveillance, Paul ne pouvait hésiter plus longtemps.

Il répondit en baissant la tête :

— Vous pouvez, — du moins je le crois, — me prêter une somme de mille francs dont j'ai le besoin le plus absolu...

Le jeune homme ajouta vivement :

— Je suis certain d'ailleurs, mon cher oncle, d'être en mesure de vous rendre cet argent d'ici à un petit nombre de jours...

Pour toute réponse M. Leroyer tira de sa poche le portefeuille contenant les six mille francs envoyés la veille par le duc de la Tour-Vaudieu.

Il ouvrit ce portefeuille.

Il y prit un billet de banque et il le posa sur la table devant son neveu, en lui demandant :

— Te faut-il plus ?

— Non, mon cher oncle, non !... — s'écria le jeune homme. — Ces mille francs suffisent pour me sortir de tout embarras.. — Je vous remercie du fond du cœur...

— En vérité, — murmura le vieillard, — cela n'en vaut pas la peine...

Après ces paroles échangées il y eut quelques instants de profond silence.

M. Leroyer semblait préoccupé et soucieux.

— Qu'avez-vous donc, mon bon oncle ? — demanda Paul. — Vous voilà devenu triste...

— C'est vrai... — répliqua le docteur, — je sens bien que je chercherais vainement à te le cacher...

— Pourquoi cette tristesse soudaine ?.. — est-ce moi qui la cause ?...

— Écoute ton vieil oncle, mon enfant, et ne te blesse point de ses paroles... — Je suis heureux je te le jure, tu n'en doutes pas, d'avoir pu te rendre un service... mais je suis en même temps très affligé, et surtout très inquiet de ce qui se passe...

— Que se passe-t-il donc ?.

— Évidemment tes affaires vont mal...

— Mais non !.. — s'écria Paul, — mais non !...
— Je vous affirme que non, mon oncle...

Le docteur l'interrompit.

— A quoi bon nier?... — L'évidence parle!... — Tu viens de m'emprunter mille francs. — Donc, tu es à bout de ressources...

Le jeune homme essaya une nouvelle et timide dénégation.

M. Leroyer reprit :

— Raisonnons... — Ton père avait fait d'heureuses spéculations... — Il possédait une petite fortune... — A sa mort, tu as hérité de cent mille francs...

— Oui, mon oncle.

— Que sont devenus ces cent mille francs?

Paul ne répondit pas.

— Ils sont perdus! — continua le docteur. — Est-ce exact?

— Non, mon oncle.. — balbutia le jeune homme, — ce n'est point exact...

— Comment?

— Les cent mille francs sont dépensés, mais non pas perdus...

— La distinction me paraît subtile...

— Elle est cependant inattaquable.

— Explique-toi.

— Pour recueillir il faut semer, n'est-ce pas, mon oncle?.. — Le laboureur qui répand dans ses sillons le blé ou l'orge à pleines mains, n'est point un fou, mais un homme sage...

— Je te l'accorde.. — mais quel rapport?..

— Celui-ci : — J'ai suivi l'exemple du laboureur. — Le moment des semailles est passé, et celui de la moisson est proche...

— En d'autres termes, tu as semé les cent mille francs...

— Oui, mon oncle.

— Que te rapporteront-ils?

— La fortune et la gloire.

— Peste! comme tu dis cela avec conviction!

— Je dis cela avec la conviction d'un homme sûr de lui-même et de ses œuvres...

— Je serais très heureux de te croire, mon cher enfant. Mais j'ai besoin de savoir d'abord sur quelles bases reposent tes ambitieuses espérances..

Paul, à l'exemple de tous les inventeurs du temps passé et du temps présent, ne demandait pas mieux que de parler de lui-même, de ses créations et de ses rêves.

Il mit son oncle au fait de tous ses travaux. — Il fit étinceler devant ses yeux les illusions sans nombre qu'il prenait pour des réalités.

Le docteur Leroyer l'écouta avec une profonde attention et un intérêt extrême mais, éclairé par son admirable bon sens, il n'ajouta point une foi aveugle aux radieuses utopies de son neveu.

Cependant il ne voulut pas le décourager en exprimant tout haut le doute qui restait au fond de son âme.

— Tu mérites de réussir, — lui dit-il, — et j'espère fermement que tu réussiras...

— Oh! cela est plus que certain! — interrompit Paul, — les résultats sur lesquels je compte sont positifs et indiscutables comme l'algèbre...

— Soit! mais enfin, ici-bas, les prévisions les plus logiques sont parfois déjouées par des événements imprévus et invincibles... — Si l'un de ces événements survenait, si tes espérances s'écroulaient, souviens-toi que pour le présent aussi bien que pour l'avenir tu peux, à toute heure, compter sur moi.. — Tu es presque mon fils... tu es mon unique héritier.. — A ce double titre je dois et je veux te venir en aide.. — Je crois d'ailleurs que si quelque jour, et pour quelque motif que ce puisse être, il te plaisait de renoncer à la carrière que tu suis, je crois, dis-je, qu'il me serait possible et facile de te procurer, dans une administration publique, une position honorable...— Le hasard m'a mis à même d'être utile, en une circonstance très grave, à un personnage éminent, à un duc et pair... — Ce grand seigneur est le plus excellent des hommes... — J'ajoute foi sincèrement à sa reconnaissance et à son désir de me la prouver...— Ce que je lui demanderais de faire, il le ferait, et il mettrait à mon service et au service des miens son influence et son crédit, qui sont l'un et l'autre sans bornes...

— Merci de nouveau, mon oncle, — répondit

Paul, — merci cent fois! mais je n'aurai besoin de recourir ni à votre bienveillance, ni à la bonne volonté de ce grand seigneur, votre obligé...

Et il ajouta, en portant la main à son front avec le geste d'André Chénier :

— Il y a là quelque chose.. — J'ai reçu de Dieu le plus beau, le plus précieux de ses dons... — L'avenir me garde la richesse et la renommée, et cet avenir est proche...

— Que Dieu le veuille...— murmura le docteur assez bas pour n'être point entendu de son neveu.

Deux heures après l'entretien auquel nous venons de faire assister nos lecteurs, Paul Leroyer reprenait pédestrement le chemin de Villeneuve-Saint-Georges, et son oncle l'accompagnait jusqu'à un quart de lieue des dernières maisons de Brunoy.

Ne quittons point l'auberge du *Cheval blanc* et, ce même jour, un peu avant la tombée de la nuit, franchissons le seuil de la chambre numéro 2 dans laquelle nous allons retrouver Georges et Claudia.

Cette dernière, vêtue en homme selon sa coutume, le chapeau sur la tête, la cravache à la main, les éperons aux bottes, se tenait debout devant la cheminée, laissant tomber un regard dédaigneux et moqueur sur son complice, assis au coin du feu et qui, la tête inclinée et les yeux baissés, semblait se livrer à des méditations profondes et pleines d'amertume.

— Voyons, Georges — dit tout à coup la pécheresse, — combien de fois faudra-t-il te répéter de payer la note de l'auberge et de faire seller nos chevaux !!

—Ainsi—demanda le marquis en relevant la tête, — c'est bien décidé? Nous partons?

— Oui! cent fois oui! — J'en ai assez de Brunoy, j'en ai trop, et je vais me retrouver avec un bonheur inouï dans mon petit nid si bien capitonné de l'avenue des Champs-Élysées...

— Claudia, — murmura Georges d'une voix sourde, — que sommes-nous venus faire ici?..

— Pardieu, mon cher, tu le sais bien...

— Et, qu'avons-nous fait?

— Un peu moins que nous n'avions le droit de l'espérer, j'en conviens...

— C'est-à-dire que nous n'avons rien fait... Rien! rien!.. rien!..

— Tu te trompes... — Nous avons rendue folle la femme de ton frère, ce qui, je crois, est bien quelque chose...

— Peut-être, mais ce n'est pas assez...

— Que veux-tu de plus en ce moment?

— Je voudrais ne pas quitter ce village sans avoir écrasé l'enfant maudit qui ne nous a échappé une première fois que par un miracle, et qui cette fois ne nous échapperait pas...

La pécheresse haussa les épaules.

— Mon cher Georges,—fit-elle, — s'il me plaisait de suivre ton exemple et de te répéter ce que je t'ai déjà dit vingt fois, nous aurions une conversation bien intéressante!! — Heureusement j'ai les redites en horreur et je le prouve de mon mieux. — Suppose donc que je t'ai répondu de nouveau et, pour en finir, écoute mon *ultimatum*... — Je suis fatiguée, au-delà de toute expression, de tes résistances sourdes et de tes continuelles velléités de révolte contre les résolutions sages prises par moi dans un intérêt commun... — J'ajouterai que je tremble sans cesse de te voir commettre quelque imprudence qui nous jetterait tous deux en pâture au procureur du roi... — Donc prends le parti, si tu veux continuer à marcher dans ma voie, de soumettre en toute chose ton jugement au mien et ta volonté à la mienne... — Sinon séparons-nous, et qu'il n'y ait plus rien de commun entre nous, ni dans le présent ni dans l'avenir... — Te sens-tu capable de jouer seul contre ton frère et de gagner la partie commencée? — Si cela est, tant mieux pour toi... — Je vais te tendre la main sans rancune et sans arrière-pensée, te dire adieu et te souhaiter bonne chance... — Décide... — J'attends...

— Reste! — s'écria le marquis.
— Alors, tu te soumets?
— Oui.
— A tout?
— A tout.

— Je serai la pensée qui conçoit…— Tu seras la main qui agit ?

— Oui.

— Tu me jures une soumission illimitée ?… une obéissance passive ?

— Je le jure.

— C'est bien.

— Et, de ton côté, — demanda Georges — tu me promets ?…

— Beaucoup de choses qui peuvent s'exprimer en peu de mots… — interrompit Claudia. — Voici le programme : — L'enfant disparaîtra sans risque pour toi… — Tu seras duc… tu seras pair de France et tu deviendras seul possesseur de la fortune des la Tour-Vaudieu… — Cela est clair et précis, je pense, et si tu n'es pas satisfait c'est que véritablement tu y mets de la mauvaise volonté…

— Je suis satisfait.

— Ainsi, nous sommes d'accord ?…

— Parfaitement.

— Dans ce cas nous n'avons plus rien à faire ici, tu en conviens toi-même… — Demande donc les chevaux et partons…

## CHAPITRE XVII

### Le pavillon de Neuilly.

Près de deux ans avaient passé depuis les derniers événements que nous venons de mettre sous les yeux de nos lecteurs.

Ces événements s'accomplissaient à la fin du mois de novembre 1835.

La suite de ce récit va nous conduire au commencement du mois de septembre 1837.

Voici quelle était, à cette époque, la situation de quelques-uns de nos principaux personnages.

Esther et madame Amadis habitaient toujours l'une auprès de l'autre le vieil hôtel de la rue Saint-Louis.

La veuve du fournisseur continuait à prodiguer à sa jeune compagne les soins les plus assidus et les plus tendres.

L'état de la pauvre Esther restait à peu près le même ; — cependant de vagues éclairs de raison semblaient illuminer par instants, et de loin en loin, les profondes ténèbres de sa douce et calme folie.

Les médecins ne donnaient à Sigismond qu'un espoir bien incertain, bien faible; — mais, si douteux que fût cet espoir, le pair de France s'y cramponnait néanmoins de toutes les puissances de son âme, et ce qui n'était peut-être qu'une consolante illusion lui permettait de jeter sur l'avenir un regard moins désolé.

Une fois chaque mois Sigismond, dans le plus strict incognito, à cheval et sans domestique à sa suite, se rendait à Brunoy.

Il descendait à l'auberge du *Cheval blanc*.

Le docteur Leroyer, prévenu la veille par une lettre, venait l'y rejoindre.

Les deux hommes sortaient de compagnie, et le vieux médecin s'arrangeait de façon à faire rencontrer à son compagnon, comme par hasard, la nourrice et l'enfant.

Sigismond avait cru devoir prendre le parti prudent de ne jamais franchir le seuil de la maisonnette du docteur, afin de ne point donner matière aux suppositions de Suzanne et aux commérages des gens du pays.

Le fils d'Esther grandissait à vue d'œil et devenait de jour en jour aussi charmant qu'un amour ou qu'un chérubin.

Déjà l'on pouvait deviner que son visage réunirait la suprême distinction des traits de son père à la délicate beauté de ceux de sa mère.

Sigismond idolâtrait cet enfant et, dans ces

courtes entrevues, il le pressait sur son cœur avec les plus fougueux élans de la plus ardente tendresse.

— Cher docteur, — s'écriait-il ensuite, — jamais, non jamais, je ne pourrai vous payer l'immense dette de reconnaissance que je contracte envers vous...— Il me semble qu'en donnant pour vous la moitié de ma fortune et la moitié de ma vie, je resterais encore, et pour toujours, votre obligé !...

Le vieux médecin ne répondait à ces paroles enthousiastes que par un sourire ému et par une affectueuse pression de main.

Le moment approchait d'ailleurs où, quoi qu'il advînt, Sigismond pourrait déclarer hautement son mariage et appeler son enfant auprès de lui.

La duchesse douairière de la Tour-Vaudieu s'affaiblissait d'une manière rapide.

L'ange de la mort planait depuis longtemps au-dessus d'elle, et semblait prêt sans cesse à la toucher du bout de son aile.

Une paralysie complète la clouait sur le lit de douleur que désormais elle ne devait plus quitter ; — mais les souffrances et l'anéantissement de son corps laissaient à son intelligence toute sa lucidité, et à sa volonté toute son énergie. — L'enveloppe mortelle était déjà presque un cadavre...
— L'âme survivait seule, entière et forte comme autrefois.

L'heure était proche, nous le répétons, où cette âme si vigoureusement trempée allait abandonner le corps ; — Sigismond et Georges le savaient bien, et la duchesse ne l'ignorait pas.

Nous venons de prononcer le nom de Georges.

Les faits eux-mêmes nous mettront tout à l'heure au courant des changements survenus dans la position de ce misérable.

Nous allons le rejoindre.

Nous retrouverons en même temps que lui, Claudia, son inséparable compagne.

Puis, ensuite, il nous faudra ramener nos lecteurs auprès de Paul Leroyer, l'inventeur incompris, le neveu du vieux médecin de Brunoy.

En 1837, Neuilly n'avait point, à beaucoup près, la même physionomie qu'aujourd'hui.

Il y a vingt-cinq ans, la riche bourgeoisie et le haut commerce parisien n'étaient pas encore en proie aux accès d'une véritable fièvre de villégiature. — Neuilly, Passy, Auteuil et toutes les autres localités de la petite et de la grande banlieue de Paris, n'avaient point été adoptées, transformées, et enrichies par la mode.

Lorsque après avoir franchi l'une des lourdes barrières, maintenant disparues, qui flanquaient à droite et à gauche l'Arc de Triomphe de l'Etoile, on avait parcouru dans toute sa longueur la célèbre avenue de Neuilly, on apercevait sur sa gauche, un peu avant d'arriver au pont, d'immenses terrains, les uns complètement en friche, les autres utilisés par des maraîchers, et s'étendant jusqu'aux bords de la Seine.

Ces terrains, dont la valeur a plus que centuplé depuis cette époque, étaient presque tous à vendre et ne trouvaient pas d'acheteurs.

Personne n'avait l'instinct ou plutôt le bon sens de deviner que quelques milliers de mètres de ce sol si profondément dédaigné, représenteraient vingt-cinq ans plus tard une fortune.

Nous avons vu des propriétaires, besoigneux pendant les trois quarts de leur vie, et maudissant une propriété inféconde, se réveiller tout à coup millionnaires avec un étonnement sans pareil.

Des palissades en planches vermoulues, des haies d'épine mal entretenues, séparaient seules les héritages. — Chacun reculait, et non sans raison, devant les dépenses inutiles d'un mur de clôture.

De distance en distance, de longs espaces vides se prolongeaient entre les haies et les palissades. — A l'entrée de chacun de ces espaces, un poteau indicateur supportait une planchette peinte en blanc.

Sur cette planchette on lisait un nom de rue...

Etrange rue, à laquelle il ne manquait que des maisons !...

Cependant, au milieu de ce Sahara, qu'une

lieue à peine séparait de la capitale du monde civilisé, existait un oasis de verdure, auquel on arrivait par un chemin inégal et poudreux pendant les chaleurs de l'été, à peu près impraticable pendant l'hiver.

Un jardin assez vaste, entouré de murailles en mauvais état et planté de vieux arbres magnifiques, entourait un pavillon carré, bâti en pierres de taille et couvert en ardoises.

Ce pavilllon avait été construit, au commencement du siècle, pour y cacher une passion mystérieuse.

L'ameublement primitif n'existait plus, mais les plafonds et les boiseries conservaient les traces d'une magnificence prodigue.

Un grand nombre de statues mythologiques, les unes en marbre, les autres en terre cuite, ornaient le jardin et se détachaient de la manière la plus pittoresque, sur les masses sombres du feuillage épais.

Le pavillon, garni par son propriétaire actuel d'un vulgaire mobilier de noyer et d'acajou, se louait tout meublé pour une somme relativement très minime — quand un locataire se présentait, ce qui n'arrivait pas tous les ans.

C'est dans le jardin du pavillon que nous allons conduire nos lecteurs.

Neuf heures venaient de sonner au clocher de l'église.

La soirée était magnifique, tiède et transparente comme une soirée de Provence ou d'Italie.

Des myriades d'étoiles étincelaient sur le firmament bleu ; la lune émergeait à l'horizon, ronde et blanche comme un bouclier d'argent, éclairant vivement une moitié du jardin et plongeant l'autre moitié dans une obscurité profonde.

Un homme était assis sur un banc de bois peint en gris, placé sous un immense marronnier dont les branches formaient un large berceau de verdure.

Cet homme appuyait au dossier du banc le haut de son corps ; sa tête se renversait en arrière.

Un rayon de la lune, égaré entre les feuillages du marronnier, tombait sur le visage du rêveur nocturne, illuminant ainsi les traits pâles et contractés du marquis Georges de la Tour-Vaudieu.

Le frère de Sigismond n'était plus le même.

Depuis deux années il avait inconcevablement vieilli. — Des rides profondes, qui paraissaient ineffaçables, se creusaient maintenant sur son front. — De nombreuses mèches blanches se mêlaient à ses cheveux bruns, dont les touffes éclaircies laissaient à découvert tout le sommet du crâne.

Georges tenait entre ses lèvres un cigare éteint, qu'il mâchait distraitement sans songer à le rallumer.

Sa main gauche disparaissait dans l'ouverture

de son gilet. — Sa main droite reposait inerte sur le banc.

Tout, dans la pose du complice de Claudia, décelait un abattement complet, un découragement sans bornes.

Quelques minutes s'écoulèrent.

Le marquis ne faisait pas un mouvement et continuait à s'absorber dans des pensées qui devaient être amères et sinistres.

Soudain, il releva la tête et prêta l'oreille.

Un bruit léger — qu'il attendait sans doute avec impatience — venait d'arriver jusqu'à lui.

Ce bruit, c'était le pas lointain d'un cheval qui le produisait, non pas la marche lente et lourde d'un cheval de charrette ou de charrue, mais l'allure élégante et cadencée d'un animal plein de race et de souplesse.

Après deux ou trois secondes d'attention Georges murmura :

— Je suis certain de ne pas me tromper... il n'y a que miss Judith qui marche de cette façon... — d'ailleurs le chemin ne dépasse point le pavillon... — où donc un promeneur fourvoyé pourrait-il aller aussi tard ?..

Tout en se disant à demi-voix ce qui précède, le marquis quitta le banc et s'engagea dans l'allée circulaire qui dessinait un grand cercle autour du jardin.

Les pas se rapprochaient rapidement et devenaient de plus en plus distincts.

Bientôt ils résonnèrent de l'autre côté de la muraille.

Georges hâta sa marche et ne tarda guère à arriver à une petite porte pratiquée dans la clôture, et fermée depuis l'intérieur par deux verrous notablement rouillés qui mordaient la pierre et tenaient lieu de serrure.

Au moment où le marquis atteignait cette issue, et où déjà il étendait la main vers l'un des verrous, le cavalier arrêtait sa monture.

Georges attendit avant d'ouvrir.

Son attente fut courte. — Le visiteur encore invisible frappa trois coups contre la porte avec le pommeau de sa cravache.

— Qui est là ? — demanda M. de la Tourdieu en anglais.

— Pardieu ! — répondit une voix féminine dans la même langue, — c'est moi !.. ta bonne étoile, ton démon familier !.. — Ouvre vite !...

Les deux verrous furent aussitôt tirés et Claudia, vêtue en homme et tirant par la bride la jument irlandaise miss Judith, entra dans le jardin dont la porte se referma derrière elle.

— Enfin, c'est toi !! — murmura Georges.

— Est-ce que tu m'attendais plus tôt ? — demanda la pécheresse. — Est-ce que tu m'accusais de lenteur ou d'inexactitude ?

— Tout ce que je sais, c'est que je t'attendais avec une ardente impatience...

— Songe que je ne pouvais, avant la nuit tombée, sortir à cheval en costume masculin sans attirer sur moi l'attention...

— Songe à ton tour que je me consume, que je me brûle le sang, que je me meurs d'inquiétude et d'ennui dans cette solitude forcée, où je n'ai, où je ne puis avoir de nouvelles que par toi...

— Je comprends tout cela, mon cher ami, et je te réponds : — Plus que patience désormais... L'heure approche...

— Vrai?? — s'écria Georges avec un transport de joie fiévreuse.

— Oui, foi de Claudia!...

— Parle donc, alors... parle vite!...

— Oh! j'en ai long à te dire... — Conduisons d'abord miss Judith à l'écurie... nous causerons ensuite... — Nous avons devant nous la nuit tout entière...

— Allons... — répondit le marquis, — et, je t'en supplie, hâtons-nous...

En même temps il prit par la bride la jument irlandaise, et il l'entraîna rapidement dans la direction de l'écurie.

## CHAPITRE XVIII

### Entretien.

L'écurie était un joli petit bâtiment situé à l'une des extrémités de l'enclos. — Elle pouvait contenir quatre chevaux.

Au moment où miss Judith, guidée par le marquis, en franchit le seuil, elle fut saluée par un hennissement joyeux auquel elle répondit avec empressement.

C'était le cheval anglais Cromwell qui saluait la bienvenue de la jument irlandaise, sa compagne habituelle.

Georges alluma une lanterne.

Il débrida et il dessella lui-même miss Judith ; — il l'installa devant un râtelier qu'il eut soin de garnir de fourrage, et prenant une fourche d'écurie il mit en bon ordre, de sa propre main, la litière des deux nobles animaux.

Pour que le marquis de la Tour-Vaudieu ne dédaignât point de se livrer à de pareils soins, il fallait évidemment qu'il n'eût avec lui au pavillon aucun domestique.

Pourquoi cette inexplicable solitude ?

Nous allons le savoir.

— Et maintenant, — dit Georges en rejoignant Claudia après avoir achevé sa besogne de palefrenier, — rien ne nous empêche plus, ma chère amie, de causer à notre aise.

— Rien absolument, en effet...

— Veux-tu entrer dans la maison ou rester dans le jardin ?...

— Je préfère cent fois le jardin... — La soirée est admirable, et cet air si pur et si tiède me semble délicieux à respirer...

— Dans ce cas, allons prendre place sur le banc rustique que je ne quitte guère depuis mon installation ici...

— Volontiers...

Georges conduisit sa complice sous le marronnier.

Claudia s'assit. — Elle ôta son chapeau d'homme et s'éventa pendant quelques secondes avec son mouchoir parfumé.

— J'écoute et j'attends... — murmura le marquis.

— Je dois te prévenir d'abord, mon cher Georges, — commença la pécheresse, — que mes nouvelles sont déplorables, et que le courage me manquerait pour te les apprendre, si nous n'avions entre les mains un moyen sûr de corriger la fortune, comme disent les joueurs adroits, et de faire tourner la mauvaise chance en notre faveur...

— Puisque nous avons ce moyen, et puisqu'il est infaillible, — répliqua le marquis, — qu'importe ?...

— Tu as raison, et voilà de la bonne philosophie ! — Le général en chef, sûr de la victoire, s'inquiète peu d'un insuccès au début de la bataille !... — Procédons par ordre... — J'ai vu Salomon ce matin...

— Il ne t'a pas donné d'argent ?

— Il m'a purement et simplement rendu les lettres de change que tu lui avais envoyées il y a trois jours...

— Ainsi, ce misérable usurier, depuis si longtemps gorgé de mes dépouilles, refuse aujourd'hui de prendre ma signature, même à cent pour cent d'intérêts !!!

— Veux-tu connaître sa réponse dans toute son insolente crudité ?...

— Oui, certes, je le veux !!!

— *C'est en vérité bien grand dommage,* — a-t-il dit, — *d'avoir ainsi gâché pour une si mauvaise besogne tout ce bon papier timbré !...* — *Sur les cinquante mille francs de signature de monsieur le marquis, je ne prêterais pas cent écus...*

— Cent écus !!! — répéta Georges anéanti, — cent écus !!!

— Hélas, oui !

Le marquis serra les poings avec un geste de rage.

— Allons ! — balbutia-t-il ensuite,— l'humiliation est encore plus complète que la ruine ! — Mais quand la fortune sera revenue, comme je me vengerai joyeusement de toute cette vermine infâme !!!

— Et comme tu feras bien ! — appuya Claudia avec conviction.

— Continue... — dit Georges au bout d'un instant de silence.

La pécheresse reprit :

— Après avoir reçu la visite de Salomon, je suis allée, ainsi que tu me l'avais demandé, chez ton homme d'affaires...

— Qu'a-t-il fait ?

— Il s'est conformé scrupuleusement aux injonctions de ta dernière lettre... — Il a convoqué les plus acharnés de tes créanciers, — ceux qui depuis un mois ont mis à tes trousses tous les gardes du commerce et tous les recors de Paris, en promettant une forte prime à celui de ces *officiers ministériels* qui viendrait à bout de te coffrer à Sainte-Pélagie...

— A-t-il obtenu quelque chose de tous ces Shylocks affamés de chair humaine ?...

— Il n'a rien obtenu, — rien...

— Quoi, pas même un sursis de quinze jours ?... d'une semaine ?...

— Pas seulement un sursis d'une heure... — Tu es traqué, mon pauvre Georges, ni plus ni moins qu'une bête fauve dans une forêt, et chaque fois que je me mets en route pour venir, je prends des précautions sans nombre afin d'avoir la certitude qu'aucun espion n'est à mes trousses...

— Mais cet imbécile d'homme d'affaires n'a donc point expliqué aux créanciers dont il s'agit que la duchesse douairière, ma mère, était dans un état désespéré et ne pouvait désormais vivre plus de quelques semaines...

— Il leur a très bien expliqué cela, et cette révélation a produit sur eux un résultat diamétralement opposé à celui que tu croyais devoir en attendre...

— Comment cela ?...

— Eh! mon Dieu, c'est bien simple... — Tu sais comme moi que ces drôles, quand on les a quelque peu bernés, deviennent horriblement défiants et n'ajoutent foi qu'à ce qui leur est prouvé plus clairement que l'existence du soleil...

— Eh bien ?

— Eh ! bien, il paraît que tes créanciers, sachant la duchesse douairière à la dernière extrémité, sont allés aux informations...

— Auprès de qui ?...

— Auprès du notaire ou de l'avoué de ta mère et de ton frère, sans aucun doute... — Bref, ils ont acquis la certitude que tu ne possèdes absolument rien, ni pour le présent, ni pour l'avenir, puisque tu as dévoré, non seulement l'héritage de ton père, mais encore, et au delà, ta part future dans la succession maternelle, succession qui doit être d'ailleurs relativement peu importante.. — De cette certitude ils ont conclu que s'il leur restait un vague et faible espoir d'être payés, cet espoir ne pouvait se réaliser qu'à la condition de te faire mettre en prison pour dettes à l'instant même et du vivant de ta mère... — Peut-être dans ce cas cette dernière, obéissant à un sentiment de pitié suprême, consentirait-elle, une dernière fois, à ouvrir sa bourse pour toi... — C'est une chance... — Pour ma part, je n'y crois guère, mais les créanciers sont d'un autre avis... — En conséquence ils ont donné de nouveaux ordres, plus impératifs, plus pressants encore que les premiers, et tu n'as rien à attendre d'eux, je te le répète, exactement rien... — Ce n'est pas tout...

— Quoi donc encore ?...

— La perspective de Sainte-Pélagie serait peu de chose...

— Ah! tu trouves ?... — interrompit le marquis avec amertume.

— Mon Dieu, oui... — reprit Claudia. — Par malheur il en est une autre, plus inquiétante, et de beaucoup...

— Laquelle ?...

— Celle de la Conciergerie et de la Force ! !...

— Une vilaine prédiction que je te faisais à Brunoy, dans la chambre n° 2 de l'auberge du *Cheval blanc*, se réalise en ce moment... — Deux plaintes en escroquerie vont être déposées contre toi au parquet du procureur du roi...

— Par qui ? — s'écria Georges, haletant et les sourcils contractés.

— Par l'orfèvre Prieur, et par Hirsch le joaillier...

— Ah ! les gredins ! ! — balbutia le marquis avec rage. — Les infâmes gredins ! !

— Eh ! non, cher Georges, ces gens-là ne sont pas des gredins le moins du monde... — Ce sont des commerçants, voilà tout... — Que veux-tu ?... — Ils savent ce que tu as fait de l'argenterie et des diamants qu'ils t'ont vendus... — Ils se croient volés et ils se plaignent... — Franchement, nous en ferions autant à leur place...

— Et tu dis que ces plaintes sont déposées ?...

— Prieur et Hirsch avaient signifié à l'homme d'affaires qu'elles le seraient aujourd'hui, mais attendu l'imminence du péril je suis allée voir moi-même ces honorables négociants... — J'ai prodigué les belles promesses, à défaut d'autre monnaie, et j'ai obtenu huit jours de grâce...

— Claudia, tu es ma Providence ! !

— Je le sais depuis longtemps...

— Mais huit jours, c'est bien peu... c'est trop peu...

— Je m'inscris en faux contre ce que tu dis, mon cher Georges. — Huit jours, c'est quelquefois l'avenir tout entier...

— Dans une semaine le danger reviendra, car rien ne pourra plus désormais arrêter ces plaintes maudites!...

— Dans une semaine, si tu le veux, tes créanciers les plus féroces s'empresseront de t'apporter de l'argent, et aucun d'eux ne songera à t'en demander...

— Et, d'où viendra ce changement miraculeux?...

— De la chose du monde la plus naturelle... — Aujourd'hui, tu es plus que pauvre, tu es misérable... on te persécute, on te pourchasse, on t'accable... — Dans huit jours tu seras riche... On fléchira le genou devant toi...

— Riche! — répéta Georges.

— Mon Dieu, oui...

— Ce mot m'éblouit comme un éclair trop ardent dans une nuit sombre. — Après tant de découragements et de déceptions, c'est à peine si j'ose espérer... — Il me semble que l'espérance n'est qu'un rêve, et que le réveil sera proche et sera terrible...

Claudia haussa les épaules.

— Le réveil est proche, en effet, — dit-elle ensuite, — mais il sera splendide... — Ce qui te semblera bientôt un rêve, un mauvais rêve, c'est l'existence d'expédients, de privations, d'humiliations, que tu mènes depuis si longtemps et que j'ai partagée, je crois, avec un assez patient héroïsme... — Avant huit jours, la réalité dépassera tes plus ambitieuses espérances!... — Te souviens-tu des sorcières abordant Macbeth dans les bruyères d'Écosse, pour le saluer roi?... — Moi aussi je suis magicienne... — Moi aussi, je veux être la première à te saluer du titre qui va t'appartenir !...

— Duc Georges de la Tour-Vaudieu, salut !...

Les yeux du gentilhomme infâme brillèrent d'un feu sinistre.

Mais ce fauve rayonnement de la convoitise et de l'orgueil s'éteignit presque aussitôt.

— Comment serais-je dans huit jours duc de la Tour-Vaudieu, puisque mon frère est vivant encore ? — demanda-t-il d'une voix lente.

Claudia eut aux lèvres un sourire d'une indéfinissable expression.

— Que ceci ne t'inquiète point... — répondit-elle d'un ton insouciant. — Je compte aller demain faire une petite visite à l'un de mes vieux amis, le capitaine Corticelli, ce digne gentilhomme italien dont je t'ai parlé plus d'une fois...

— Ce réfugié napolitain si fort à l'épée ?... — fit le marquis.

— Lui-même. — Ce cher capitaine possède —

(pour parler le langage des spadassins du bon vieux temps) — une douzaine de *bottes secrètes* dont la plus faible est infaillible... — Il est de plus tout à fait sur la hanche, et de très irritable humeur...

— Je comprends... — Mais où diable rencontrera-t-il le duc pour lui chercher querelle ?...

— Je n'en sais rien... — ceci est son affaire... — Seulement ne t'inquiète point, et sois sûre qu'il trouvera moyen de gagner en conscience ses cinquante louis...

— Sans doute, mais l'enfant existe, c'est-à-dire l'héritier légitime de la fortune et du titre...— que feras-tu de lui ?...

— Ah ! l'enfant t'inquiète !...

— Est-ce à tort ?...

— Entrons au pavillon, je te prie, et allume une bougie... —j'ai quelque chose à te montrer...

— Quoi donc ?...

— Une lettre du duc Sigismond de la Tour-Vaudieu, ton frère, au docteur Leroyer, médecin de Brunoy... — Ou je me trompe fort, ou cette lettre aura le don de te rassurer...

## CHAPITRE XIX.

### Une nuit au pavillon.

Ainsi que venait de le demander la pécheresse, Georges et sa complice entrèrent dans le pavillon.

Un vestibule dallé en pierres polies, alternativement blanches et rouges, donnait accès dans un salon meublé d'une façon médiocre, mais dont les boiseries étaient sculptées et dorées, et le plafond peint à fresque.

Georges plongea une allumette dans le petit flacon de phosphore d'un de ces briquets si embarrassants et si infects qu'un chimiste venait de mettre à la mode, et qui passaient à cette époque pour une invention merveilleuse.

Le marquis alluma la bougie de l'un des flambeaux qui flanquaient à droite et à gauche une pendule d'un goût suspect, et il posa ce flambeau sur une petite table ronde.

Claudia déboutonna son habit de cheval... — Dans la poche de côté elle prit un portefeuille.

Elle ouvrit ce portefeuille et elle en tira une lettre cachetée qu'elle présenta à Georges en lui disant :

— Connais-tu cette écriture ?

— Parfaitement, — c'est celle de mon frère... — répondit le marquis, après avoir lu tout haut la suscription ainsi conçue : —*Monsieur le docteur Leroyer, à Brunoy.*

Puis il ajouta :

— Comment cette lettre se trouve-t-elle entre tes mains ?...

— Je te le dirai tout à l'heure, quand tu auras pris connaissance de son contenu...

Georges déploya le billet.

Il ne renfermait qu'un petit nombre de lignes.

Voici ces lignes :

« Cher docteur,

« Des circonstances imprévues changent tous mes projets, modifient toutes mes résolutions. — *Je ne sais encore si je dois m'en affliger ou m'en réjouir.*

« Quoiqu'il en soit, j'ai besoin, une fois de plus, de ce dévouement dont vous m'avez donné tant de preuves, et que je n'hésite pas à mettre de nouveau à l'épreuve. — Trouvez-vous demain, à dix heures du soir, avec l'enfant, sur la place de la Concorde, près du Pont-Tournant, — un homme de confiance vous attendra avec une voiture et vous amènera près de moi. — Aucune erreur n'est possible, car cet homme s'approchera de vous et vous appellera par votre nom.

« Discrétion absolue, comme par le passé. — Ne répondez point à cette lettre, votre réponse ne pourrait me parvenir en temps utile.

« Que personne à Brunoy ne connaisse le motif de votre voyage. — Faites en sorte de n'arriver à Paris qu'à l'heure convenue et ne voyez personne avant de m'avoir vu moi-même... — Ceci est de la plus haute importance.

« A demain donc, cher docteur. — Votre très affectionné et absolument dévoué,

« Duc S. de la T.-V. »

— Tu as lu ? — demanda Claudia, quand elle crut voir que Gorges avait achevé.

— J'ai lu, — répondit le marquis, — mais je ne comprends pas...

— Oh ! sois tranquille... — l'explication ne se fera point attendre.

— Ce billet est sans date...

— C'est ce qu'il faut.

— Quand a-t-il été écrit ?

— Aujourd'hui.

— Quel jour doit-il être remis ?

— Demain, après-demain, ou un peu plus tard, selon que nous en déciderons...

— Mais alors, quand donc le docteur Leroyer viendra-t-il à Paris avec l'enfant ?...

— Le lendemain du jour où il aura reçu le billet.

— C'est insensé ! — s'écria Georges.

— Pourquoi ?

— Parce que, de deux choses l'une : — ou le docteur arrivera exactement au rendez-vous, et dans ce cas, il trouvera près du Pont-Tournant l'homme de confiance de mon frère, — ou il ne recevra pas le billet en temps utile pour se mettre en route, et alors Sigismond, inquiet de ce retard, courra dès le lendemain à Brunoy afin d'en connaître la cause...

— Rien de tout cela n'arrivera...

— Je comprends de moins en moins, et j'attends le mot de l'énigme...

— Ce mot, le voici : — Ton frère ignore complètement l'existence du billet que tu viens de lire...

— Mon frère l'ignore, dis-tu ?

— Oui.

— Sérieusement ?

— Foi de Claudia !...

— Mais, alors, ce n'est donc pas par lui que cette lettre a été écrite...

— En effet, ce n'est pas par lui...

Georges reprit la feuille de papier, et il l'examina pendant quelques secondes avec une profonde attention.

— Allons donc! — s'écria-t-il ensuite, — ce n'est pas possible! — Je reconnais chaque mot, chaque lettre, chaque virgule... — Jamais, non, jamais, l'art de l'imitation ne saurait être poussé aussi loin!..

— Cela prouve, tout simplement, l'incomparable habileté des gens que j'emploie... — Je te le répète encore une fois, et je te l'affirme, entends-tu, je te l'affirme, ce billet n'est pas de ton frère...

— Je te crois, puisqu'il le faut, mais qui t'a déniché le précieux coquin capable d'un tel chef-d'œuvre?...

— Moi seule! — répondit orgueilleusement Claudia. — J'ai cherché... J'ai fouillé Paris, je me suis donné beaucoup de peine, et j'ai fini par mettre la main sur un bien brave homme, un ex-notaire, retour de Brest, où il avait été envoyé pour la bagatelle de deux cent quatre-vingts et quelques faux.. — Cet honorable tabellion a l'amour de la calligraphie et la bosse de l'imitation..
— Il reproduit en se jouant les écritures les plus difficiles, les signatures les plus illisibles, les paraphes les plus compliqués.. — Dans son talent de faussaire il met sa joie, sa vanité, sa gloire! — Il raconte à qui veut l'entendre, qu'un jour, au

bagne, il a été mis en liberté sur un ordre venu de Paris, arrivant du ministère de la justice, ordre parfaitement en règle, couvert de timbres et de signatures.. — Signatures et timbres, tout était faux.. — Mon notaire ne fut repris que trois jours plus tard, lorsque le télégraphe eut signalé la prodigieuse mystification dont les autorités du bagne venaient d'être victimes...

— Voilà ce qui s'appelle un faussaire consciencieux !! — dit Georges en riant. — Un tel homme pourrait devenir fort utile, le jour où l'on aurait besoin de produire un testament olographe.

— Pardieu ! — répliqua la pécheresse. — Crois-tu donc que je n'y ai pas pensé déjà ?.. — Sois bien persuadé que je ne perdrai point de vue mon brave notaire.. — Le billet de ton frère m'a coûté dix louis... c'est pour rien...

— Où as-tu pris un modèle d'écriture ?...

— J'ai trouvé chez toi, dans un tiroir, une liasse de vieilles lettres du duc.. — J'ajouterai qu'en prévision de ce qui se passe aujourd'hui, et sachant que Sigismond écrivait tous les quinze jours au docteur, j'ai chargé il y a deux mois ma femme de chambre, une fine mouche, de séduire le valet de chambre chargé de mettre les lettres à la poste... — Ceci m'a permis d'avoir une de ces missives entre les mains pendant une heure, et m'a mis à même de reproduire exactement les formes avec lesquelles ton frère écrit au vieux médecin.. — Oh! je suis prudente, et je pense à tout...

— Mes compliments, ma chère!.. — Une seule chose cependant m'inquiète encore...

— Laquelle?

— Le duc peut aller à Brunoy le jour même où le docteur recevra cette lettre..

— Cela est possible en effet, mais nous avons pour nous mille chances contre une que cela n'arrivera point... —Sigismond fait le voyage une fois par mois, à des époques fixes...— Or, sa dernière visite a eu lieu la semaine passée... — Souviens-toi, en outre, que je verrai dès demain le capitaine Corticelli, et que ce vaillant homme se chargera de donner de l'occupation à ton frère..

— A merveille! — Tu es convaincue que le docteur arrivera sans défiance?..

— De quoi veux-tu qu'il se défie?.. — Je te garantis qu'il obéira ponctuellement.

— Dans ce cas rien ne nous empêche, ce me semble, d'envoyer la lettre dès demain, afin d'en finir après-demain...

— Tu vas trop vite.. — Il nous manque, pour agir, un indispensable instrument... — Nous aurons besoin d'un homme sûr, d'un bandit de sac et de corde, qui pour quelques pièces d'or nous débarrassera sans scrupule du veilliard et de l'enfant...

— Un pareil homme n'est pas facile à trouver.

— Tu te trompes...

— Sais-tu donc où le prendre ?..

— Oui... mais je ne puis l'aller chercher moi-même, et c'est toi que cela regarde...

Georges fit un geste de contrariété.

— Eh ! mon cher ami, — reprit Claudia, — tu serais bien mal venu à te plaindre d'agir une fois, lorsque moi j'agis sans trêve et sans relâche ! — Tu sais d'ailleurs que quand je recule devant une démarche, c'est que cette démarche est impossible pour moi...

— Je ferai ce que tu voudras... — murmura Georges. — Donne-moi ma tâche, je l'accomplirai...

— A la bonne heure ! — Tu vas d'abord revêtir un déguisement.

— Quoi !... cette nuit ?

— A l'instant même... — Il n'est pas encore dix heures du soir..

— Soit... — Mais comment me déguiser ?

— De la manière la plus naturelle...

— Il n'y a rien ici...

— Il y a bien, à l'écurie, une blouse de palefrenier ?

— Je le crois.

— Mets cette blouse par-dessus tes vêtements, — salis le bas de ton pantalon de toile avec de la terre, — déforme et brise ton chapeau et roule-le dans la poussière...— J'ai dans ma poche de quoi compléter ton déguisement en rendant ton visage méconnaissable..

Lorsque Claudia commandait, Georges ne savait qu'obéir.

Il alluma une seconde bougie, et il quitta le salon d'un air résigné.

Quánd il revint, au bout de quelques minutes, son apparence était celle d'un bandit parfaitement déguenillé.

## CHAPITRE XX

### Une nuit au pavillon (suite.)

La pécheresse manifesta hautement son approbation, et se mit ensuite en devoir d'opérer la métamorphose du visage de Georges.

Elle venait de tirer de sa poche et de placer sur la table divers petits pots contenant du rouge, du noir et du bleu.

Avec un mouchoir et une patte de lièvre elle combina d'heureux mélanges, et traça sous les yeux du marquis des sillons livides et violacés.
— Des plaques rougeâtres marbrèrent les joues.
— Le nez s'empourpra comme un nez d'ivrogne émérite.

Bref, le visage devint digne du costume, et lorsque Georges leva son regard sur la glace en face de laquelle il était placé, il ne put retenir un mouvement de surprise et de dégoût.

— C'est exact! — s'écria la pécheresse en riant, — tu es parfaitement hideux!.. Je suis enchantée de mon travail!... je n'ai rien vu de plus réussi!..

— J'ai l'air d'un échappé du bagne...

— Tel est, en effet, le résultat que je désirais obtenir... — Combien as-tu d'argent sur toi?...

Le marquis tira sa bourse et il en vérifia le contenu.

— Trente louis, environ, et quelques francs, — répondit-il ensuite.

— Laisse ici ta bourse et vingt-sept louis.. — Ne garde dans ton gousset que trois pièces d'or et la monnaie..

Georges obéit passivement.

La pécheresse continua :

— Débarrasse-toi aussi de ta montre... — Tu ne saurais prudemment l'emporter..

— Pourquoi ?

— Parce qu'on te la volerait sans doute...

— Diable !!

— En revanche mets dans les poches de ton pantalon tes petits pistolets tout armés.

— Dans quel but?

— Dans le but de te défendre si l'on t'attaque...

— Ah! çà, ma chère Claudia, quel épouvantable enfer m'envoie-tu donc visiter?...

— *Enfer*, le mot est juste, car il s'agit d'un repaire de la pire espèce... un coupe-gorge... un rendez-vous de voleurs, d'assassins, de forçats en rupture de ban...

Georges pâlit sous la peinture qui couvrait son visage.

— Affronter un tel endroit, — balbutia-t-il — c'est jouer sa vie !...

Claudia haussa les épaules dédaigneusement.

— Si tu as peur, — répliqua-t-elle, — il est encore temps de reculer... — Adieu fortune !... adieu la pairie !... adieu le titre de duc !... — On mettra monsieur le marquis de la Tour-Vaudieu à Sainte-Pélagie, et voilà tout !. — On vit fort bien à Sainte-Pélagie, dit-on, et d'ailleurs il est vraisemblable que monsieur le duc, dans sa générosité, ne manquera pas de faire passer quelques petits secours mensuels à monsieur le marquis... — C'est encore un avenir, cela... — Sans compter que messieurs les juges de la police correctionnelle se chargeront sans doute de loger gratuitement monsieur le marquis pendant deux ou trois ans, lorsqu'il sortira de Sainte-Pélagie...

Georges frappa du poing sur la table.

Il ouvrit une armoire.

Dans cette armoire il saisit une bouteille de vin d'Espagne, — il la déboucha violemment, — il approcha le goulot de ses lèvres et il but à pleines gorgées.

Quand la bouteille reprit sa place au fond de l'armoire, elle était vidée aux deux tiers.

Claudia ne disait mot et souriait.

— Adieu, — s'écria Georges, — me voici prêt...

— Je n'ai pas peur ! — Non, de par tous les diables, je n'ai pas peur ! — Un gentilhomme n'a jamais peur ! — Où faut-il aller ? — Parle vite... J'ai hâte de partir...

La pécheresse savait que cette fougue durerait peu — aussi se hâta-t-elle de la mettre à profit.

— Tu vas, — dit-elle, — gagner le pont de Neuilly...

— Bien.

— Tu le traverseras — tu prendras le quai, à droite, et tu le longeras jusqu'à la dernière maison de Courbevoie.. — Cette maison, séparée de celles qui la précèdent par un espace de deux cents pas à peu près, n'a qu'un étage. — Au-dessus de sa porte peinte en rouge pend une touffe de bruyères desséchées. — C'est un cabaret. — Tu entreras — tu te feras servir une *chopine* d'eau-de-vie — (n'oublie pas le mot) — et parmi les buveurs attablés dans ce repaire tu seras bien maladroit si tu ne trouves point, en cinq minutes, l'homme qu'il nous faut...

— Comment entamerai-je la conversation avec le gredin que sa physionomie me désignera ?...

— Tu lui proposeras de boire avec toi... — Il n'aura garde de refuser,..

— Que lui dirai-je ?

— Qu'il y a un bon coup à faire et dix louis à

gagner pour lui s'il le veut. — Il acceptera avec enthousiasme, garde-toi d'en douter...

— Et, alors ?

— Alors tu lui donneras trois louis d'à-compte, et tu prendras rendez-vous avec lui pour après-demain, à huit heures du soir, dans un endroit voisin d'ici que tu pourras choisir à ton gré...

— Et si, après-demain, il nous manque de parole...

— Il n'aura garde ! — Dix louis sont une somme énorme pour des gens de cette espèce...

— C'est convenu... — Je pars.

— Bonne chance et bon courage... — Tu réussiras, j'en réponds. — Dans deux heures tu peux être de retour...

— Que vas-tu faire en mon absence?...

— Je suis épuisée de fatigue... — Je vais me coucher et dormir...

— Tu n'auras pas peur toute seule dans ce pavillon isolé?...

— Peur, mon cher Georges !... Allons donc ! Je connais le mot, mais je ne connais pas la chose...

— Si tu es endormie, qui m'ouvrira ?

— Toi-même. — Enferme-moi dans la maison et emporte la clef... — Tu prendras aussi celle de la grille... — Je laisserai dans le vestibule une bougie allumée... de cette façon tu trouveras de la lumière en rentrant...

M. de la Tour-Vaudieu sortit, et Claudia l'entendit fermer la porte à double tour derrière lui, et retirer la clef de la serrure.

— Il me semble que j'ai faim... — se dit la jeune femme restée seule. — Si je soupais un peu avant de me mettre au lit ?...

Elle fouilla dans un placard. — Elle en tira le reste d'un pâté et d'un pain qu'elle avait apportés la veille à Georges. — Elle prit aussi une bouteille de vin. — Elle posa tout cela sur la table ronde et elle se mit à manger de bon appétit.

Nos lecteurs ont compris sans doute les raisons de la solitude absolue dans laquelle vivait le marquis au pavillon de Neuilly.

Dans tous les cas, nous allons donner de cette solitude une brève explication.

Forcé de se cacher pour fuir les recors qui le traquaient, et ne voulant pas s'éloigner de Paris où le retenaient les graves intérêts que nous connaissons, M. de la Tour-Vaudieu avait chargé Claudia de louer pour lui quelque maisonnette introuvable.

Le hasard ayant conduit la pécheresse au pavillon, elle avait fait prix aussitôt avec le propriétaire et payé d'avance un mois de location.

L'endroit, nous le savons, était heureusement choisi. — On pouvait défier dans cette retraite tous les gardes du commerce de la terre.

Georges n'avait aucune confiance en ses domestiques, qu'il savait parfaitement capables de le vendre aux huissiers pour quelques louis.

En conséquence il résolut de n'amener personne au pavillon, de panser lui-même son cheval, et de se contenter des provisions que Claudia lui apporterait.

Ce projet fut mis à exécution, et l'isolement du marquis n'avait point d'autres causes.

La pécheresse acheva rapidement son repas frugal.

Elle quitta le salon, elle alla placer une bougie dans le vestibule, ainsi qu'elle l'avait promis à Georges, — puis, prenant le second flambeau, elle gagna la chambre à coucher, située comme le salon au rez-de-chaussée.

Claudia s'assura que les volets des fenêtres donnant sur le jardin étaient intérieurement fermés par leurs crochets de fer.

Elle posa sur la table de nuit la montre de Georges et la sienne, le briquet phosphorique, et deux petits pistolets de poche qui ne la quittaient jamais quand elle était revêtue de son costume masculin.

Elle glissa sous son chevet la bourse du marquis et sa propre bourse.

Elle se déshabilla rapidement, ne conservant que sa chemise empesée et un caleçon de fine batiste qu'elle portait sous son pantalon d'homme. — Elle éteignit la bougie — sa tête s'appuya sur l'oreiller et, avant que trois minutes se fussent écoulées, elle dormait.

Une heure se passa.

Au bout de ce temps Claudia fit un mouvement brusque. — Elle ouvrit les yeux — elle se souleva sur son coude et elle écouta.

Un bruit bizarre venait de la réveiller.

## XXI

### L'homme à la blouse blanche.

Georges de la Tour-Vaudieu, déguisé en bandit de bas étage, suivit à la lettre les instructions de Claudia.

Un quart d'heure lui suffit pour gagner le pont de Neuilly.

Il traversa ce pont.

Il s'engagea sur le quai, à droite, et il continua à marcher jusqu'à ce qu'il se trouvât vis-à-vis la dernière maison de Courbevoie.

Cette maison, ou plutôt cette masure, clairement désignée par la pécheresse, était facile à reconnaître.

Sa porte, peinte en rouge vif, attirait le regard comme une tache sanglante dans les ténèbres transparentes.

Une touffe de bruyères desséchées, suspendue au-dessus de l'entrée, la désignait comme un cabaret.

A la gauche de la porte une seule fenêtre, munie d'un volet très épais, trouait la muraille. —

Un faible rayon lumineux s'échappait d'une lézarde profonde qui traversait de part en part ce volet déjeté.

Le marquis s'arrêta.

Il regarda pendant quelques secondes la construction décrépite et menaçant ruine à laquelle il faisait face, et il se sentit frissonner involontairement à l'aspect de ce logis sinistre.

Il savait bien qu'il allait affronter un antre, — un repaire, — un tapis-franc — (c'étaient les expressions de Claudia),— mais aucune tanière de voleurs et d'assassins ne pouvait offrir une apparence plus hideuse et plus effrayante. — Le cabaret de Courbevoie faisait penser à ces coupe-gorge légendaires du moyen âge, où chaque nuit on égorgeait de nouvelles victimes, dont les cadavres disparaissaient à tout jamais par des trappes ouvertes sur des oubliettes mystérieuses.

Pendant une seconde Georges eut la tentation de ne point frapper à la porte rouge et de retourner en arrière...

Mais que dire à Claudia pour lui faire comprendre et lui faire excuser une faiblesse qu'elle ne manquerait pas d'appeler lâcheté?

D'ailleurs où trouver, si ce n'est dans un lieu pareil, le hardi complice indispensable pour l'exécution du crime projeté?...

L'impérieuse nécessité triompha des hésitations du marquis.

Georges se rassura de son mieux en se démontrant à lui-même que son costume le mettait à l'abri de toute agression. — En outre, il était armé, — il tenait dans ses mains la vie de deux hommes !...

Et ses doigts tremblants caressaient au fond de ses poches les crosses de ses pistolets...

Bref, il franchit l'espace de quelques pas qui le séparait encore de la porte rouge, et il allait frapper quand cette porte s'ouvrit tout à coup, laissant jaillir sur la route déserte la fumée aveuglante d'une dizaine de pipes, et l'odeur âcre et nauséabonde des chandelles charbonneuses et des breuvages frelatés.

Un des habitués du cabaret sortit brusquement, et se heurta sans le vouloir contre Georges.

— Eh ! faites donc attention ! — dit-il d'une voix rauque, — il me semble que je ne suis pas invisible !.. — Quand on est posté vis-à-vis des maisons, comme un mouchard ou comme un chien de fayence, on crie : *gare !..* au moins, ou bien on s'orne le physique d'un lampion, à l'instar des *pochards* ou des démolitions !.. nom d'un nom !...

— Ne nous fâchons pas, camarade, — répliqua Georges en s'efforçant de donner à ses paroles une allure triviale et populaire, — vous sortiez, j'entrais.. — vous êtes fautif aussi bien que moi, car, moi aussi, je suis visible !... — Mais après tout, il n'y a point d'offensé... — Vous n'avez rien de cassé, ni moi non plus... — Allez donc à vos affaires, et au plaisir de vous revoir...

L'inconnu, sans doute, avait réellement des affaires et des affaires pressées; il ne répondit rien et il s'éloigna d'un pas rapide dans la direction du pont de Neuilly.

Nous allons le suivre et nous laisserons le marquis pénétrer sans nous dans le cabaret de Courbevoie.

L'inconnu était un jeune homme de vingt-quatre ou vingt-cinq ans, de taille moyenne, mais qui paraissait grand tant sa maigreur atteignait des proportions exagérées et invraisemblables.

Sa blouse blanchâtre couvrait un torse étriqué et quasi diaphane. — Ses jambes de héron se trouvaient à l'aise dans un vieux pantalon aussi étroit qu'un fourreau de parapluie.

Les pieds seuls paraissaient énormes, chaussés de lourds souliers à larges semelles constellées de clous comme la porte d'une prison.

Une casquette de drap d'une couleur indéfinissable se perchait sur le haut de sa tête petite et pointue, ornée d'une chevelure d'un blond douteux, coupée très courte à l'exception de deux longues mèches huilées qui se tordaient en accroche-cœurs le long des joues.

Le visage, d'une pâleur blafarde et terreuse, éclairé par de petits yeux d'une expression intelligente et cynique, offrait le type particulier au *voyou* de Paris, au bâtard né des hideuses amours de la borne et du ruisseau, et devenu *rôdeur de barrières*.

Certains industriels de nos boulevards, les ramasseurs de bouts de cigares, — les marchands de contremarques, — les vendeurs de chaînes de sûreté et d'*habitants de la lune*, — offrent des exemplaires plus ou moins réussis de ce type infiniment curieux, qu'on est à peu près sûr de retrouver dans toute sa pureté sur les bancs de la police correctionnelle, lorsque messieurs de la sixième chambre jugent des associations de jeunes malfaiteurs.

Nous le répétons, l'inconnu à la blouse blanche était la vivante incarnation de cette physionomie effroyablement originale et essentiellement parisienne. — Il représentait le *pur sang* de cette race immonde.

Rien n'y manquait, ni le front bombé, ou plutôt bossué, dénotant une intelligence très réelle mais applicable seulement au mal...

Ni le nez capricieusement retroussé, aux narines larges et mobiles, semblant flairer sans cesse le garde-manger d'autrui...

Ni les yeux, d'une nuance indécise et si pâle que leur prunelle semblait à peu près incolore...

Ni la bouche largement fendue, aux lèvres pâles; bouche gouailleuse, — gourmande, — luxurieuse...

Ni le menton pointu et moqueur...

Ni les quelques poils d'un blond blanc, formant sous le nez un simulacre de moustaches...

Ni, enfin, l'expression indiciblement pillarde, goguenarde et astucieuse, donnant à tout le visage un cachet tranché et indélébile.

Tel était l'inconnu et, nous prenons sur nous de l'affirmer, jamais photographie ne fut plus ressemblante que le rapide croquis tracé dans les lignes précédentes.

Notre personnage marchait d'un pas rapide, mais inégal. — Toutes les deux ou trois minutes il ralentissait son allure, regardait en arrière et prêtait l'oreille, — selon toute apparence afin de s'assurer s'il n'était point suivi. — Il paraissait porter quelque chose sous sa blouse.

Il traversa le pont de Neuilly, — il s'engagea parmi les haies de clôture et les terrains vagues dont nous avons parlé dans l'un des précédents chapitres.

Sans la moindre hésitation apparente il suivait le chemin parcouru peu d'instants auparavant par M. de la Tour-Vaudieu, et il semblait se diriger vers le pavillon isolé.

Tel était en effet son but.

Il ne tarda guère à atteindre l'un des angles du mur d'enceinte qui régnait autour du jardin.

Là, au lieu de continuer à marcher en ligne droite, ce qui l'aurait amené soit auprès de la petite porte, soit auprès de la principale entrée, il quitta le chemin frayé et il côtoya la muraille à travers champs.

Il arriva bien vite à un endroit où cette muraille, fort mal entretenue depuis bien des années, se dégradait dans sa partie supérieure. — Un éboulement important diminuait de plus d'un quart sa hauteur totale, qui néanmoins restait encore imposante.

L'inconnu s'arrêta.

Il retroussa sa blouse.

Autour de son corps il avait roulé une corde qui l'enlaçait comme une liane enlace un jeune chêne.

Cette corde était terminée, à son extrémité supérieure, par un fort crochet de fer. — A ce crochet se suspendait une lanterne sourde.

L'inconnu déroula la corde, qui pouvait avoir une vingtaine de pieds de long.

Il détacha et posa par terre la lanterne d'où ne s'échappait aucune lueur. — Il s'approcha du mur et il lança son crochet sur le sommet.

L'homme à la blouse blanche, sans nul doute, était un adroit gaillard, possédant une grande expérience de ces sortes de choses.

Après deux tentatives sans résultat, le crochet de fer mordit le couronnement de la muraille.

L'inconnu pesa sur la corde, afin de contrôler la solidité de cette échelle d'un nouveau genre.

Rien ne bougea.

Il saisit alors des deux mains le câble à la fois frêle et fort, après avoir attaché la lanterne à son bras gauche, et il grimpa avec l'habileté et la promptitude d'un élève émérite du gymnase Triat.

Pendant quelques secondes il se tint à cheval sur la crête de la brèche, afin de changer la direction du crochet, de tirer à lui la corde, de la laisser tomber du côté du jardin, et de pouvoir s'en servir pour descendre comme il s'en était servi pour monter.

Une minute après il mettait pied à terre sur le sol de l'enclos, derrière un massif très épais de lilas, de seringats et de boules-de-neige.

— Allons! — se dit-il à lui-même, la moitié de la besogne est faite... — mais, par malheur, c'est la moins difficile... — Ah! bah! — ajouta-t-il, — j'aurai la chance! — et puis, après tout, au petit bonheur!...

Il traversa le massif qui le séparait seul de l'allée circulaire — il suivit cette allée et il se trouva en face du pavillon.

Là, il eut quelques secondes d'hésitation.

— Par où entrer? — se demanda-t-il, — par une porte ou par une fenêtre?

Mais presque aussitôt il se répondit:

— Les fenêtres me réussissent généralement... — J'ai remarqué d'ailleurs que, presque toujours, le système de fermeture des portes est in-

finiment plus compliqué. — Va pour la fenêtre !..
— Mais, laquelle?... — ah ! bah! la première venue... — celle que voilà...

En murmurant ces mots, l'homme à la blouse blanche s'approchait de la fenêtre de la chambre dans laquelle était couchée Claudia.

Il dévoila en partie l'âme de la lanterne sourde, et il laissa s'en échapper une faible traînée lumineuse.

A l'aide de cette lueur il examina longuement et minutieusement les volets fermés.

Cet examen achevé, il fouilla dans une poche de toile large et profonde attachée sous sa blouse.

Il en fit sortir divers objets.

D'abord un tout petit maillet de bois garni de cuir souple et presque semblable, pour la forme, au marteau d'ivoire avec lequel les commissaires-priseurs frappent sur le bureau en adjugeant...

Ensuite une lame de fer très mince, large d'un demi-pouce et longue de près d'un pied.

L'inconnu l'introduisit dans l'espace presque imperceptible laissé vide par le point de jonction des volets.

Au bout d'une seconde, elle rencontrait le crochet qui attachait le volet à la fenêtre.

Alors le visiteur nocturne donna un coup de son maillet sous la lame, espérant faire ainsi sauter le crochet.

Mais sans doute le piton était rouillé; le crochet ne céda pas.

L'inconnu fut obligé de frapper à plusieurs reprises. — Cette opération, malgré la rondelle de cuir qui garnissait fort ingénieusement le marteau, ne pouvait se faire sans produire un certain bruit, bruit bizarre, facile à percevoir au milieu du silence absolu, et résultant de l'ébranlement du volet et du grincement du fer contre le fer.

Ceci nous explique le brusque réveil de Claudia, que nous avons vue se soulever sur son coude et prêter l'oreille.

Enfin, l'entreprise aboutit.

Le crochet sauta. — Le volet s'ouvrit.

L'inconnu appliqua son œil et son oreille contre la vitre.

A l'intérieur de la maison, aucune lumière, aucun bruit.

Il laissa s'écouler quelques instants afin de se bien assurer qu'il n'avait éveillé personne...

Le silence et l'obscurité continuèrent.

Alors il fit disparaître son maillet et sa lame de fer dans la poche qui semblait un inépuisable magasin, et il en tira un étui de cuivre et une boîte ronde en fer-blanc.

L'étui contenait un de ces instruments terminés par un petit diamant, et à l'usage des vitriers.

La boîte de fer-blanc renfermait une boule de poix.

Avec le diamant, l'inconnu pratiqua dans la vitre une large incision circulaire.

Il appliqua contre le verre la boule de poix échauffée et amollie par ses mains et par son haleine, et il attira à lui le morceau de vitre qui céda sans bruit, laissant dans le carreau une ouverture parfaitement ronde.

Il passa le bras par cette ouverture.

Il trouva sans peine l'espagnolette. — Il la fit jouer doucement et il ouvrit la fenêtre.

## CHAPITRE XXII

Honteux comme un renard qu'une poule aurait pris !
(*Fables de La Fontaine.*)

Claudia, réveillée brusquement, — avons-nous dit, — se souleva sur son coude et prêta l'oreille.

Le bruit bizarre qui venait d'interrompre ainsi son sommeil continuait à se faire entendre.

Au bout de moins d'une seconde la pécheresse parvint à se rendre parfaitement compte de la nature de ce bruit.

— A coup sûr, — murmura-t-elle, — on cherche à forcer le volet depuis le dehors... — il y a là quelqu'un, c'est évident, mais qui donc ?..

Elle écouta de nouveau et se demanda :

— Est-ce Georges ?...

La réponse à cette question fut presque immédiate.

— Non, non, — se dit-elle, — ce ne peut être Georges... — le marquis a emporté la clef du vestibule et d'ailleurs, en supposant qu'il ait égaré cette clef dans son expédition, il frapperait

au volet de manière à se faire entendre de moi...
— il m'appellerait... il n'essayerait point, enfin, de soulever le crochet de cette fenêtre comme un voleur qui tente une effraction...

Après un instant de réflexion, Claudia répéta les derniers mots qu'elle venait de prononcer :

— Un voleur qui tente une effraction !... oui, c'est bien cela !... — Il est impossible de conserver l'ombre d'un doute, c'est un voleur qui veut entrer ici !..

En ce moment le crochet sauta, — l'homme à la blouse blanche venait de mener à bonne fin la première partie de son entreprise...

Entre lui et la pécheresse, il n'y avait plus désormais qu'une vitre fragile ; — seulement il était vraisemblable qu'il ne commettrait point l'imprudence de donner l'éveil aux habitants du pavillon en brisant cette vitre d'un coup de poing, et qu'il mettrait en œuvre quelque moyen moins primitif et surtout moins bruyant, à l'usage des honnêtes gens de sa profession.

Donc la pécheresse avait au moins deux ou trois minutes devant elle...

Elle fit ce raisonnement rapide, et nous savons déjà qu'elle avait raison de le faire puisque nous avons vu l'homme à la blouse blanche employer avec habileté et avec succès le diamant de vitrier et la boule de poix dont il était muni.

Claudia, tout en se disant ce qui précède, s'était élancée hors de sa couche.

Elle passa rapidement et silencieusement son pantalon...

Elle jeta sa redingote sur ses épaules...

Elle saisit les deux petits pistolets placés sur la table de nuit, elle les arma et les mit dans ses poches...

Elle souleva à tâtons le traversin et elle le glissa sous les draps et les couvertures, de manière à faire supposer que quelqu'un était couché dans le lit...

Tout ceci s'était fait en beaucoup moins de temps que nous n'en avons mis à le raconter.

Claudia, traversant rapidement la chambre sur la pointe des pieds, ouvrit sans bruit la porte de la pièce voisine, entra dans cette pièce, referma la porte à moitié seulement, afin de pouvoir se rendre compte *de visu* de ce qui allait se passer, — puis, ces diverses précautions prises, elle tint conseil avec elle-même.

La situation était grave et valait la peine d'être examinée avec soin sous toutes ses faces...

Que faire ? — que décider ?...

Pousser des cris d'appel qui ne pouvaient amener personne ?...

Cet expédient ne promettait qu'un résultat douteux.

En effet, l'audacieux voleur qui consommait si

tranquillement son effraction pouvait fort bien ne pas être seul... — Deux ou trois camarades l'accompagnaient peut-être...

Révéler à cet homme la présence et l'isolement d'une femme dans le pavillon, n'était-ce pas le pouser à l'assassinat par la certitude de l'impunité ?...

Une autre ressource restait à Claudia, il est vrai.

S'enfermer dans la pièce où elle se trouvait, et se barricader pour donner au marquis le temps de revenir ?

Ce parti, plus prudent sans doute et moins dangereux que le premier, ne convenait pas le moins du monde au caractère plein de décision et de hardiesse de Claudia.

— Si l'homme est seul, — se dit la maîtresse de Georges, — il ne me fait pas peur ! — je suis armée et je lui logerai sans hésitation une balle dans la tête... — Si, au contraire, j'ai affaire à de nombreux bandits, il sera toujours temps de m'enfermer ici, de me cacher quelque part, ou de m'enfuir par les derrières du pavillon .. — Attendons les événements...

Et elle attendit.

Seulement, au lieu de laisser ses pistolets dans ses poches, elle en prit un de chaque main.

Avons-nous besoin d'affirmer que la pécheresse, immobile, retenant son haleine, l'oreille tendue vers l'entre-bâillement de la porte, prêtait aux bruits les plus légers une attention profonde et soutenue.

Dans certaines circonstances exceptionnelles, les sens acquièrent une finesse de perception inaccoutumée et réellement prodigieuse... — Le sens de l'ouïe, surtout, est susceptible de développements presque incroyables.

Aussi Claudia, — quoiqu'elle se trouvât à une certaine distance de la fenêtre. — entendit de la façon la plus distincte le diamant crier sur la vitre qu'il entaillait...

Elle entendit le son mat de la boule de poix se collant au carreau...

Elle entendit le petit bruit cristallin produit par le morceau de vitre en se détachant.

Elle entendit le frôlement de la blouse du voleur contre les bords de l'ouverture circulaire...

Elle entendit enfin le grincement métallique de l'espagnolette un peu rouillée, mise en mouvement par une main adroite...

Nous le répétons, Claudia était douée d'un courage et d'une énergie peu communs, — l'un et l'autre, hélas ! bien tristement employés... — et cependant un frisson nerveux, qui n'était pas celui de la peur, courait sur son épiderme comme les ondes du fluide électrique...

Les gouttes d'une sueur froide mouillaient son front...

Son cœur battait dans sa poitrine à coups pressés, comme un oiseau captif qui se heurte contre les barreaux de sa cage....

Ses mains serraient les crosses de ses pistolets... — ses doigts en touchaient les détentes...

L'instant décisif approchait... — La fenêtre de la chambre à coucher était ouverte... — rien n'empêchait plus les rôdeurs nocturnes de s'élancer à l'intérieur...

Une minute se passa...

Une minute — (dans une situation pareille à celle de Claudia) — c'est un siècle !...

Tout bruit avait cessé.

— Qu'attendent-ils donc ? — se demanda la pécheresse, — qu'attendent-ils ?...

Rien de plus simple que ce temps d'arrêt, et rien de plus facilement explicable.

L'homme à la blouse blanche, immobile de son côté non moins que Claudia du sien, prêtait l'oreille aux bruits du dedans comme la maîtresse de Georges à ceux du dehors.

Nous savons déjà que le silence était absolu...

Aucun murmure, aucun son, — pas même le tic-tac monotone du balancier d'une pendule, car la pendule placée sur la cheminée était, depuis de longues années, incapable de tout mouvement.

Ce profond silence rassura le voleur.

— Ou cette chambre est déserte, — pensa-t-il, — ou celui qui l'habite dort d'un profond sommeil... — Dans tous les cas, il n'y a pas de danger...

En s'adressant à lui-même ces rassurantes paroles, l'homme à la blouse blanche avait pris sa lanterne sourde, laissée de côté comme inutile et embarrassante tandis qu'il exécutait son effraction.

Pour la deuxième fois il en fit jaillir un faible rayon, et il dirigea ce rayon vers l'intérieur de la chambre.

— Enfin, je vais savoir... — murmura Claudia lorsqu'elle vit cette lueur pâle, rayer les profondes ténèbres.

Le voleur — ignorant la disposition des lieux — promena pendant quelques secondes sa traînée lumineuse à travers la pièce, dont elle éclaira successivement les boiseries nues et les meubles de peu de valeur.

— Ah! diable! — se dit l'homme à la blouse blanche dans un argot que nous traduisons pour nous éviter la peine d'en donner l'explication à chaque mot — ah! diable! la baraque n'a pas l'air si riche que je me le figurais!! — Serais-je volé, par hasard?...

Ce doute peu encourageant ne l'empêcha point de continuer son examen.

Presque au même instant, d'ailleurs, sa figure hâve et flétrie prit une expression joyeuse et triomphante.

La lueur errante venait de faire étinceler sur le marbre de la table de nuit l'or des deux montres, celle de Georges et celle de Claudia, que cette dernière en se couchant y avait déposées à côté des pistolets et du briquet phosphorique.

— Plus que ça de *toquantes!!* — Mazette, — se dit l'homme à la blouse blanche, — pour si peu que les *bassinoires* ne soient pas en cuivre jaune l'affaire commence à devenir bonne... — Même en argent doré, ça pourrait passer encore.. — Mais sont-elles là toutes seules ?... — ne montrent-elles l'heure à personne ? — Je n'en crois rien... — Voyons donc ça... voyons donc ça...

Les voleurs sont généralement logiques.

Celui que nous mettons en scène fit ce raisonnement inattaquable :

— Puisque la table de nuit est là, le lit ne doit pas être loin...

Effectivement le rayon de la lanterne, en s'abaissant, rencontra la couchette d'acajou à ornements de métal verdegrisé.

Vu à cette distance, le traversin roulé de Claudia produisait une illusion complète. — Il était impossible de ne pas croire à la présence d'une forme humaine.

— Voilà le particulier ou la particulière aux *toquantes*... — reprit le voleur. — Sapristi ! dort-il à trois-francs dix sous par tête et à l'heure, cet être-là !! — Il doit rêver qu'il est horloger... — Je me charge de remonter sa marchandise et de la régler à l'heure de la Bourse!... Allons-y!! — Tant mieux pour lui s'il a le sommeil dur, et ma foi tant pis pour lui s'il s'éveille !

En murmurant ces derniers mots avec une expression sinistre, l'homme à la blouse blanche fouilla pour la troisième fois dans la poche de toile que nous connaissons.

Il en tira un couteau catalan dont la lame, longue de six pouces environ, était très épaisse du dos, très affilée du tranchant, pointue comme une aiguille, et d'une trempe supérieure.

Il ouvrit ce couteau, et les doigts longs et osseux de sa main droite en emboîtèrent solidement la poignée de corne.

Il plaça sa lanterne sur le rebord de la fenêtre ; il se mit ensuite en devoir d'escalader cette fenêtre avec une légèreté et une adresse qui prouvaient une grande habileté et des dispositions toutes spéciales pour les exercices gymnastiques.

Une fois dans la chambre il s'arrêta et il attendit de nouveau, les yeux fixés sur le lit, et semblant prévoir quelque brusque mouvement du dormeur.

Rien ne bougea.

— Décidément, — se dit-il à lui-même, — j'ai la chance... et le particulier pareillement !... — Il en sera quitte à bon compte !... — J'aime autant ça... — Voilà un sommeil qui m'évitera la peine de lui casser le grand ressort...

Tout en riant d'une façon silencieuse de cet aimable jeu de mots, le voleur se mit en devoir de franchir la distance qui le séparait de la table de nuit, et par conséquent des deux bijoux objets de ses désirs.

Tous ceux qui ont lu le célèbre roman d'Ainsworth — tous ceux qui ont assisté, au théâtre de la Porte-Saint-Martin, à l'une des trois cents représentations des *Chevaliers du Brouillard*, — se souviennent de la faculté spéciale dont jouissait l'honorable *Jack Scheppard*, — celle de ne pas faire plus de bruit, en marchant, qu'une souris peureuse qui regagne son trou.

L'homme à la blouse blanche possédait, au moins autant que l'illustre bandit Londres, de cette véritable grâce d'état.

Ses pieds, chaussés de lourds souliers à semelles énormes hérissées de têtes de clous, effleuraient les lames du parquet sans produire la plus faible sonorité. — A le voir ainsi passer on eût dit un fantôme pâle glissant sur le sol sans le toucher.

Il allait lentement d'ailleurs, et tournait la tête tantôt à droite, tantôt à gauche, afin d'éviter toute surprise.

Il atteignit le but.

Le dernier pas qui le séparait de la table de nuit fut franchi...

Sa main, frémissante de convoitise, s'étendit vers les deux montres et les toucha presque...

— L'affaire est dans le sac!! — murmura-t-il, — ça n'aura pas fait grand embarras !.. A moi les toquantes et vive la joie ! — Enlevez, c'est pesé !...

## CHAPITRE XXIII

**Honteux comme un renard qu'une poule aurait pris !**

(*Fables de La Fontaine.*)
(Suite).

L'homme à la blouse blanche avait parlé trop tôt !

A cet instant précis un éclat de rire bien timbré retentit au fond de la chambre, et le fit bondir sur lui-même.

En même temps une voix railleuse lui disait :

— Ah ! çà, je ne vous fais pas mon compliment, brave homme !... — Un voleur qui se laisse couper la retraite est un imbécile et un maladroit !... N'êtes-vous point de mon avis ?...

Le bandit se retourna brusquement pour regarder en face l'adversaire avec lequel il aurait à se mesurer.

Entre lui et la fenêtre vaguement éclairée par là lanterne placée sur le rebord intérieur, se dessinait la forme élégante et svelte de Claudia sous son costume masculin.

Ainsi que venait de le dire la pécheresse, la retraite était en effet coupée par elle.

L'homme à la blouse blanche regarda dédaigneusement la taille frêle de celui qui prétendait vouloir lui disputer le passage.

— C'est un enfant,—se dit-il, — et je n'en ferai qu'une bouchée!... Mais comme il n'est peut-être pas seul et comme il peut appeler au secours, le plus sage est de filer, et de filer vite...

— Je veux passer ! — cria-t-il ensuite d'une voix rauque et d'un ton menaçant. — Otez-vous de mon chemin !...

— Vous voulez passer, brave homme,— répliqua Claudia, — eh ! bien, rien ne vous empêche d'essayer...

— Encore une fois, détournez-vous ! — reprit le bandit, — laissez le chemin libre, et je ne vous ferai pas de mal...

— Et, si je refuse ?

— Si vous refusez ?

— Oui.

— Je vous saignerai comme un poulet !...

— Avec quoi, brave homme, je vous prie ?

— Avec le couteau que voilà, sacré tonnerre !!— Ne voyez-vous pas que je suis armé??.

— Eh ! bien, et moi ! — fit Claudia en riant. — Croyez-vous donc que je ne le sois pas?... — Si votre lanterne éclairait un peu mieux cette chambre, vous verriez que je tiens deux pistolets, que j'ai deux balles à votre service, et que je vais vous les envoyer incontinent dans la tête, si vous essayez seulement de faire un pas de mon côté...

Les pistolets étaient des arguments sans réplique contre lesquels il était impossible de discuter.

Le voleur s'avoua à lui-même qu'il se trouvait en fâcheuse posture, et il poussa une sorte de grognement furibond.

— C'est fort ennuyeux, je ne dis pas non! — poursuivit Claudia. — On vient pour prendre et l'on est pris!! — Mon Dieu, que voulez-vous, cela se voit en ce bas monde plus souvent qu'on ne pense... — Je vous répète d'ailleurs, brave homme, que vous êtes maladroit et sot comme un renard en maraude capturé dans un poulailler!... — Donc ne vous plaignez point et dites votre *meà culpà!*

— A cette heure, finissons-en. — Vous reconnaissez sans difficulté, j'imagine, que vous êtes mon prisonnier?...

Au lieu de répondre, l'homme à la blouse blanche questionna.

— Que voulez-vous faire de moi? — demanda-t-il.

— Ce que bon me semblera.

— Prétendez-vous me livrer aux gendarmes?..

— Je vous livrerai aux gendarmes et au diable même si bon me semble... — Ce n'est pas de cela qu'il est question pour le moment... — M'obéirez-vous, oui ou non?

— Que m'ordonnez-vous?

— D'abord et avant tout de jeter sous le lit votre coutelas dont vous n'avez que faire...

— Je refuse! — s'écria le voleur.

— Vous refusez?

— Oui... oui... cent fois oui!...

— Prenez garde!... — Vous mourez d'envie de me tuer, brave homme, je le vois bien et je le comprends à merveille, mais je vous avertis que je ne vous passerai pas cette fantaisie, et que je veux vous éviter jusqu'à la tentation de jouer du couteau... — Je vais donc compter jusqu'à trois, — si, quand j'aurai dit : *Trois*, vous ne m'avez pas obéi, je vous donne ma parole d'honneur que je vous brûle à l'instant même la cervelle. — Vous voilà prévenu, agissez en conséquence...

L'homme à la blouse grinçait des dents.

Claudia, les bras tendus, l'ajustait de ses deux pistolets à la fois.

— Je commence... — dit-elle.

Et elle articula nettement :

— *Un*... — *Deux*...

Mais, avant qu'elle eut prononcé le mot : *Trois*, le couteau catalan, lancé avec fureur par le bandit, roulait sous le lit.

— A la bonne heure, — fit la pécheresse, — je crois que maintenant nous allons nous entendre à merveille.... — Vous n'auriez pas, par hasard, sous votre blouse, quelque autre petit coutelas de rechange...

— Je n'ai rien... — murmura le bandit dompté, — rien... pas une arme...

— J'aime à vous croire, mais, pour me mettre absolument l'esprit en repos, vous allez me faire le plaisir de croiser vos bras sur votre poitrine...

Le voleur obéit en courbant la tête de l'air d'un homme qu'on mène à l'échafaud.

Claudia continua :

— C'est parfait ! — Maintenant, sortez de cette chambre....

— Par où ?

— Par la porte entr'ouverte que vous voyez là, sur votre droite... — Oh ! ne regardez pas ainsi cette fenêtre, cela est complètement inutile, je vous en préviens... — Un seul mouvement à gauche et j'appuye sur les détentes de ces joujous... — Allons, marchez...

L'homme à la blouse, anéanti par la menace incessante de ces deux tubes braqués sur lui, et qui suspendaient sa vie à un fil, se dirigea en ligne droite et d'un pas automatique vers la porte indiquée par la pécheresse.

— Passez devant moi... — dit cette dernière, qui venait de reculer jusqu'à la fenêtre et de saisir de la main gauche la lanterne sourde.

Le voleur franchit le seuil de la pièce voisine.

Cette pièce était le salon.

Quand il en eut parcouru la moitié, Claudia commanda :

— Halte !...

Le voleur s'arrêta.

— Tournez à droite, — reprit la maîtresse de Georges, — et marchez jusqu'à la porte à bouton de cuivre dont la serrure est de ce côté.

Le voleur accomplit strictement l'ordre donné.

— Mettez la main sur ce bouton... — C'est cela. — Je vois avec plaisir que vous eussiez fait un soldat très passable... Vous manœuvrez déjà d'une façon correcte... — Ouvrez la porte. — Bien. — Ce que vous voyez devant vous, brave homme, n'est point une oubliette où vous allez vous engloutir, comme on en rencontre au sein des romans de madame Radcliffe... — C'est tout simplement un cabinet noir, pratiqué dans l'épaisseur de la muraille, et qui n'a d'autre issue que celle que nous avons sous les yeux... — Je vous dis cela pour vous rassurer, — c'est fort aimable à moi, n'est-ce pas ?... — A présent, entrez dans ce cabinet et refermez la porte sur vous... — A merveille ! — Ne bougez plus...

Claudia s'approcha de la porte, fit tourner deux fois la clef dans la serrure, — la retira, — la mit dans sa poche, — posa la lanterne sur une table,

— s'installa en face du cabinet, et dit à voix haute :

— Il est bon que vous sachiez, pour votre gouverne, brave homme, que je viens de m'asseoir dans un bon fauteuil vis-à-vis la porte qui nous sépare... — J'ai mes pistolets à la main plus que jamais, et si j'entends là-dedans le moindre bruit, petit ou grand, je vous enverrai deux balles à travers les planches de sapin qui n'ont qu'un pouce d'épaisseur... — Je vous engage donc, dans votre intérêt, à vous tenir parfaitement tranquille... — Vous avez le droit de dormir, seulement ayez soin de ne pas ronfler trop fort...

L'homme à la blouse ne répondit que par le grondement sourd de la bête fauve qui se sent captive.

— Ma parole, — pensa la pécheresse, — le pauvre diable me fait presque pitié !!

## CHAPITRE XXIV

### Une fable de La Fontaine.

Une heure s'écoula.

Claudia, toujours immobile sur son fauteuil, continuait à braquer ses pistolets du côté de la frêle cloison qui la séparait du bandit pris au piège.

Ce dernier, résigné sans doute et comprenant son impuissance absolue, ne faisait pas un mouvement.

La pécheresse commençait à trouver que l'absence de Georges se prolongeait outre mesure.

— Qui peut le retenir ainsi ? — se demandait-elle, non sans une vague inquiétude, — lui serait-il arrivé malheur ?...

Enfin un bruit léger se fit entendre dans le vestibule qui — (nous croyons l'avoir déjà dit) — communiquait avec le salon...

Claudia écouta, comme elle avait écouté lorsque l'homme à la blouse blanche forçait le volet de la chambre à coucher ; — mais elle s'assura bien vite que la nature du bruit qui frappait son oreille était complètement rassurant.

On ouvrait avec une clef la porte donnant accès du jardin dans le vestibule.

Or, le marquis de la Tour-Vaudieu seul avait la clef de cette porte.

C'était bien en effet le marquis revenant au pavillon, après son expédition nocturne au cabaret de Courbevoie.

— Est-ce toi, Georges? — lui cria Claudia, tandis qu'il était encore dans le vestibule.

— Eh! oui, pardieu, c'est moi!... — répondit-il d'un ton brutal, — qui veux-tu que ce soit?... — est-ce que tu attends des visites cette nuit, par hasard?...

En même temps il poussa la porte du salon, et il s'arrêta frappé de stupeur en voyant la position de sa complice, — position bizarre, il faut en convenir, et complètement inexplicable pour lui.

— Je croyais te trouver couchée et endormie depuis deux heures! — reprit-il au bout d'un instant, — que diable fais-tu là, les armes à la main?...

— Je garde un prisonnier, mon cher... — répliqua la pécheresse sans tourner la tête vers son interlocuteur.

— Un prisonnier? — répéta Georges dont la stupéfaction augmentait.

— Mon Dieu, oui...

— Que veux-tu dire ?

— Tout simplement ce que je dis...

Georges étendit la main vers le cabinet.

— Sérieusement, — demanda-t-il, — il y a quelqu'un là ?

— Combien de fois faudra-t-il te le répéter ?...

— Mais, qui ?

— Un fort agréable coquin... — Un jeune voleur de belle espérance, qui pratique avec agrément l'effraction et l'escalade, mais qui ne prend pas suffisamment ses précautions lorsqu'il pénètre au milieu de la nuit, par la fenêtre, dans une maison habitée...

— Où l'as-tu capturé, ce voleur ?...

— Dans ma chambre, pardieu !... — dans ma chambre, où il venait de s'introduire avec adresse, un très joli coutelas à la main...

— Le misérable voulait t'assassiner ?

— Il voulait surtout me voler, et je crois bien qu'il ne m'aurait coupé le cou que par occasion, presque à regret, et pour se défaire d'un témoin gênant...

— Comment se trouve-t-il dans ce cabinet ? comment as-tu fait pour l'y conduire, car j'imagine qu'il ne s'est point mis ainsi sous clef de son plein gré.

— Ceci, mon cher, est une histoire intéressante que je te raconterai en son temps... — Pour le quart d'heure il importe de décider ce que nous allons faire de ce bon garçon... — Mais d'abord instruis-moi, je te prie, en ayant soin de parler tout bas, des résultats de ta visite au cabaret de la Porte-Rouge...

— Regarde... — murmura le marquis, en venant se placer devant la pécheresse.

Cette dernière, qui fixait sur lui ses yeux pour la première fois depuis son retour, ne put retenir un geste et une exclamation d'étonnement...

Etonnement, d'ailleurs, bien facile à comprendre.

Nos lecteurs se souviennent du costume de circonstance revêtu par Georges au moment de son départ.

Ce costume n'existait plus qu'à l'état de lambeaux.

Le chapeau, brisé et bossué à dessein, pour lui donner l'aspect d'une vétusté menteuse, avait disparu.

La blouse était veuve d'une de ses manches et déchirée en vingt endroits. — La chemise, également en pièces, s'échappait comme des houppes de charpie par ces *crevés* d'un nouveau genre.

Le pantalon n'avait point échappé au désastre général.

Enfin, et pour compléter un ensemble parfaitement homogène, le visage du marquis de la Tour-Vaudieu portait les traces de nombreuses meurtrissures, et quelques gouttes de sang coulaient encore d'une blessure peu profonde, faite par un instrument aigu au-dessus du sourcil droit.

— Malheureux! — balbutia Claudia en étouffant sa voix de manière à ne pouvoir être entendue du prisonnier, — que t'est-il arrivé?...

— Une chose que tu aurais dû prévoir, ce me semble, ma chère, toi qui n'es jamais en défaut!! — répondit le marquis avec une évidente amertume.

— Tu t'es battu?...

— C'est-à-dire que j'ai été battu... oui, battu à plate-couture... — et il n'y pas de honte à cela, car ils étaient dix contre moi...

— Ils? — Qui donc?

— Parbleu!... les bandits du cabaret de Courbevoie!!!

— Tu auras fait quelque maladresse...

— Pas le moins du monde... — J'ai suivi de point en point tes instructions... — J'ai offert à boire à l'un de ces misérables et j'ai commencé ma tentative d'embauchage...

— Eh bien?

— Eh! bien, tu vois de quelle façon j'ai réussi.

— Mais sous quel prétexte ces gredins se sont-ils mis en tête de t'accommoder de la sorte?...

— Sous le prétexte que j'étais un espion — un mouchard, — une manière d'agent provocateur... —

Ils ont bondi sur moi, tous ensemble, comme des loups enragés... — Ils m'ont pris les trois louis et les pistolets que j'avais dans mes poches... — Ils m'ont enfin roué de coups, et ils ne parlaient de rien moins que de m'attacher deux grosses pierres aux jambes et de me jeter au beau milieu de la Seine...

— Peste! mon pauvre Georges, la situation manquait de grâce!...

— Ah! je le crois, et je te maudissais de tout mon cœur avec ton infernale idée de m'envoyer dans un pareil coupe-gorge!... — Enfin, grâce à la protection efficace du maître du cabaret, à qui je crois qu'un assassinat commis chez lui faisait un peu peur, j'ai pu échapper à ces bêtes fauves altérées de mon sang... — Je me suis enfui par une porte de derrière, j'ai eu le bonheur de ne point être poursuivi... et me voilà... — Tu en sais maintenant aussi long que moi... — Tu es au fait des résultats de la belle expédition dont tu attendais monts et merveilles!... — Reçois tous mes compliments, ma chère, ton idée était merveilleuse!... — Elle a fourni le pendant de notre tentative de Brunoy... — Aujourd'hui comme à la villa gothique, j'ai porté la peine de tes imaginations folles, et tout cela pour rien...

— Mon cher Georges, — demanda Claudia en souriant, — connais-tu les fables de La Fontaine?

— Quelle question absurde!...

— Absurde ou non, fais-moi le plaisir d'y répondre...

— Eh! bien, oui! je connais les fables de La Fontaine, comme tout le monde les connaît, pour les avoir apprises par cœur dans mon enfance...

— Te souviens-tu de celle qui porte ce titre : *L'homme qui court après la fortune, et l'homme qui l'attend dans son lit?*

— Certainement je ne l'ai point oubliée... — Mais je ne vois pas quel rapport...

— Je vais te faire toucher du doigt ce rapport, — interrompit Claudia — tu reconnaîtras comme moi qu'il est original et curieux. — Nous venons, mon cher Georges, de mettre en scène de la manière la plus exacte et la plus littérale l'apologue du fabuliste...

— Comment cela?...

— N'allais-tu pas chercher, au cabaret de Courbevoie, l'homme indispensable à nos projets, un bandit de sac et de corde, bon à pendre et à ne pas dépendre?

— Sans doute...

— Or, qu'est-il arrivé? — Tu es revenu les mains vides et fort mal accommodé, tandis que le gredin dont nous avons besoin venait, comme la fortune du bonhomme, me chercher dans mon lit où, fort heureusement pour moi, il ne me trouvait pas...

— Aurais-tu par hasard l'intention d'employer ton prisonnier?

— Pourquoi non? — Je lui crois toutes les qualités requises pour jouer convenablement le rôle que nous lui destinons dans le drame dont le dénoûment est proche... — Impossible d'en trouver un mieux résolu et plus parfaitement scélérat, même en fouillant les prisons et les bagnes du monde entier... — D'ailleurs nous l'avons sous la main, et c'est beaucoup...

— Ainsi, tu vas lui proposer la chose en question?

— Très carrément, sans la plus petite circonlocution... — sans le moindre ambage...

— Acceptera-t-il?

— Je le défie de refuser... — N'est-il pas à notre discrétion absolue? — J'ajouterai que, dans l'alternative où il va se trouver placé, ayant à opter entre dix louis dans la main et une balle au milieu du crâne, son choix ne me paraît pas douteux.. — Cet homme-là nous tuerait tous les deux sans le moindre scrupule pour un petit écu, sois-en convaincu, mon cher Georges, et tu veux qu'il hésite! — Allons donc! — Je réponds de lui...

— Le grand projet ne peut s'exécuter que dans la soirée d'après-demain, au plus tôt...

— Oui. — Eh bien?...

— Ton prisonnier peut suspecter la bonne foi de nos engagements, voir un piège dans nos propositions, et nous faire faux-bond au moment décisif...

— Nous n'avons pas cette mauvaise chance à craindre. — *Mon prisonnier*, comme tu l'appelles fort bien, ne bougera point de la maison où nous sommes jusqu'à l'heure de l'action...

— Tu comptes le laisser dans ce cabinet ?

— Non. — L'effraction de cette porte est par trop facile, et une surveillance de tous les instants serait gênante...

— Où donc l'enfermer ?

— Dans un petit caveau attenant à la cave, et qui devait jadis renfermer certains vieux vins d'une inappréciable valeur car, y étant descendue l'autre jour par curiosité, j'ai été émerveillée de l'épaisseur de la porte et de la solidité des serrures. — Aucun cachot de la Force ou de la Conciergerie ne nous répondrait mieux de notre bandit... — C'est un vrai bijou, ce caveau ! tu verras...

— Qui le nourrira là-dedans ?...

— Nous lui donnerons, avant de l'enfermer, un pain, un morceau de pâté et deux bouteilles de vin... — Il faudra bien qu'il s'en contente. — A en juger par son costume et par sa mine, le pauvre diable doit avoir l'habitude de jeûner souvent... — Je ne pense pas qu'il réclame contre ce trop frugal ordinaire...

— Tu as réponse à tout, ma chère...

— Tu sais que c'est mon habitude...

— Rien ne nous empêche alors, ce me semble, de nous entendre tout de suite avec ton prisonnier...

— Rien absolument.

— Ouvre-lui donc cette porte, et qu'il se montre...

— Un instant, mon cher marquis. — Fais-moi le plaisir, d'abord, d'aller te baigner la figure dans un peu d'eau fraîche et de revêtir un costume plus décent...

— A quoi bon ?..

— Je n'ai pas envie que mon prisonnier te prenne pour un bandit de son espèce, ce qui l'autoriserait à te traiter avec une familiarité déplacée...

— Qu'importe ? — Ne me suis-je pas déguisé en rôdeur de barrières pour aller trouver ses gens-là au cabaret de la Porte-Rouge ?

— Oui sans doute, mais tu allais chez eux, sur leur terrain, tandis qu'ici tu es chez toi... — Les convenances, mon cher marquis, les convenances...

Georges trouva la raison mauvaise...

Cependant, selon son invariable habitude, il se mit en devoir d'obéir à Claudia, et se dirigea vers la chambre à coucher, — mais, au moment d'en atteindre le seuil, il s'arrêta et se retourna.

— Qu'y a-t-il ? — demanda la pécheresse.

— Je pense, — murmura Georges d'un air

quelque peu inquiet, — que ce brave garçon, me voyant tout à l'heure à visage découvert et avec les vêtements des gens de ma classe, pourra fort bien me reconnaître un jour, si par hasard il me rencontre, ce qui deviendrait horriblement compromettant, tu ne saurais en disconvenir...

Claudia haussa les épaules, ainsi qu'elle le faisait souvent quand Georges venait de parler.

— Ne t'inquiète pas de cela... — dit-elle ensuite, — je me charge d'y mettre bon ordre... — Mon prisonnier ne te rencontrera jamais...

Le marquis ne questionna point, mais il lança à sa complice un regard chargé d'interrogations.

— Oui... — reprit la pécheresse en répondant à ce regard, — tu as bien compris, c'est cela même...

— A la bonne heure... — murmura Georges, — s'il en est ainsi je n'ai plus d'objections à faire...

Et il entra dans la chambre à coucher. — Mais, auparavant, Claudia lui dit :

— Tu trouveras sous le lit le coutelas de mon visiteur. — C'est une bonne arme que je te conseille de ramasser...

Il importe de répéter à nos lecteurs que le dialogue qui précède avait eu lieu à voix assez basse pour qu'il fût impossible au prisonnier d'en saisir un seul mot.

Au bout de quelques minutes, M. de la Tour-Vaudieu reparut.

Il avait remplacé les lambeaux de son déguisement par un costume de ville, simple, mais parfaitement élégant.

Sauf les traces bleuâtres de deux ou trois meurtrissures, sa figure avait repris son apparence accoutumée.

Il tenait à la main le long couteau catalan abandonné bien involontairement par le bandit à la blouse blanche.

La pécheresse se rapprocha du cabinet.

— Brave homme, — dit-elle, — nous avons à causer avec vous... Je vais donc vous ouvrir la porte...
— Je vous donne le conseil de vous montrer tout à fait doux et soumis, et de ne point tenter quelque folle entreprise... — Un geste de menace, une tentative d'évasion, seraient, je dois vous en prévenir, le signal de votre mort immédiate... — Donc, si vous tenez à n'être point fauché lamentablement à la fleur de votre âge, je vous engage à vous bien tenir!...

Après cet avertissement énergique et bref, Claudia fit tourner la clef dans la serrure.

Elle se recula vivement ensuite, de manière à se placer à côté de Georges, et elle ajouta :

— Voilà qui est fait... — brave homme, vous pouvez sortir...

## CHAPITRE XXV.

### Jean Jeudi.

A peine la pécheresse venait-elle de prononcer les mots qui terminent le chapitre précédent, que l'homme à la blouse blanche ouvrit la porte du cabinet et parut devant ceux auxquels son imprudence avait donné sur lui droit de vie et de mort.

Sa contenance attestait un abattement profond.

Son pâle visage exprimait une humilité de commande, démentie malgré lui par des regards haineux et sournois qui s'échappaient de ses yeux baissés.

L'humiliation et la rage de s'être laissé prendre et de se voir vaincu et muselé, se partageaient son âme.

Il roulait dans son cerveau toutes sortes de pensées d'impossible vengeance, et il se disait à lui-même :

— Ah ! si je tenais dans mes mains les pistolets qui sont braqués sur moi, quelle revanche!!

En même temps il murmurait, de la voix la moins rude et la plus suppliante qu'il lui fût possible de tirer de son gosier corrodé par l'esprit-de-vin :

— Mes bons messieurs, au nom de tout ce qu'il y a de plus sacré au monde, je vous conjure d'avoir pitié d'un malheureux plus égaré que coupable... — Soyez compatissants et généreux!.. ne me perdez pas!... — Tenez, je tombe à vos genoux... — Je ne demande qu'à rentrer dans les sentiers de la vertu... — Ce sont les mauvaises connaissances et la misère qui m'ont amené où j'en suis... — Au fond, je ne suis pas méchant... — Je me confesse d'avoir mis la main, par-ci par-là, sur le bien de mon prochain, mais pour ce qui est de faire du mal à une mouche, incapable!... totalement incapable!... — Tel que vous me voyez, je suis un agneau pour la douceur et les sentiments.. — Croyez-moi, mes bons messieurs, me voilà prêt à revenir de mes erreurs, tandis que si vous me livrez aux gendarmes on m'enverra dans les prisons, qui sont de mauvais endroits où la jeunesse se corrompt par suite des fréquentations de grands scélérats, et je serai un pauvre diable tout à fait perdu.. — Réfléchissez à cela, mes bons messieurs, et usez de clémence et de charité à mon égard.. .—

Je vous en serai reconnaissant toute ma vie!..

Le bandit, qui véritablement s'était agenouillé et faisait semblant d'essuyer avec un lambeau de mouchoir de poche des larmes parfaitement absentes, attendit, sans changer de posture, l'effet produit par son petit discours émouvant.

Georges, dès le premier instant et dès le premier regard, avait reconnu en lui l'homme à la blouse blanche par qui il s'était vu heurter et apostropher si brutalement en face du cabaret de la Porte-Rouge.

Il se pencha vers Claudia et il la mit, à voix basse, au fait de cette circonstance.

— Vraiment, — répondit la pécheresse du même ton, — rien ne me paraît plus original que ce petit chassé-croisé, — et rien de plus divertissant — ajouta-t-elle — que l'attitude de ce bandit... — Tu vas voir, comme il changera de ton dans un instant.

Elle se tourna vers le voleur, toujours humblement prosterné et que ce dialogue à voix basse inquiétait fort, et elle reprit :

— D'abord, brave homme, relevez-vous...

Le voleur obéit.

La pécheresse continua :

— Vous disiez donc que, malgré les apparences qui vous accusent, vous n'êtes pas absolument perverti ?...

— Oh! non!! — s'écria l'homme à la blouse

avec conviction, — oh! non, je ne le suis pas!!...

— Il vous reste, au fond, de bons sentiments?..

— Des sentiments superbes... — Ceux que j'ai reçus de mon honnête famille... car ils étaient honnêtes, ah! bien honnêtes, les dignes parents qui m'ont laissé trop jeune orphelin...

— Vous rougissez du métier que vous faites?

— J'en rougis, je m'en indigne et j'en pleure!...

— Vous êtes décidé à le quitter?...

— Oh! oui, que j'y suis décidé, et que je me le jure à moi-même par un serment inébranlable!

— Rien ne vous ferait changer de résolution?

— Rien.

— Même s'il se présentait les plus belles occasions?

— Ah! il n'y aurait pas de danger que l'occasion me tente!...

— Même si l'on vous faisait les offres les plus séduisantes?

— Je vous dis que je me détruirais de ma propre main plutôt que de redescendre à commettre un mauvais coup... — Ah! je me connais... — Coquin malgré moi... né pour le bien... voilà...

— Ne changerez-vous point de résolution?

— Jamais!

— Quoi qu'il arrive ?...

— Puisse la première bouchée de pain que je mangerai m'étrangler, si ce n'est point la vérité que je vous dis !...

Il y eut un assez long moment de silence.

Claudia semblait réfléchir.

Georges se demandait à lui-même quel pouvait être le but de sa complice en engageant l'entretien de cette façon.

Le bandit attendait, haletant d'impatience, d'anxiété, et aussi d'espérance, car il lui semblait difficile de n'avoir point produit par ses belles paroles un immense effet sur ses auditeurs.

La pécheresse reprit la parole.

— Brave homme, — dit-elle avec un accent ironique très prononcé, — voilà de magnifiques sentiments, j'en conviens volontiers ; — ils vous font le plus grand honneur, je les approuve de toutes mes forces, — mais il est fâcheux pour vous que ces velléités de conversion vous arrivent juste en ce moment...

— Cela est fâcheux... — répéta le bandit stupéfait.

— Mon Dieu, oui... — oh ! très fâcheux !...

— Pourquoi ?

— Parce que vous allez fournir une nouvelle preuve d'une vérité malheureusement incontestable, à savoir : que la vertu trouve bien rarement sa récompense en ce bas-monde...

— Mon bon monsieur, je n'y comprends goutte... — murmura l'homme à la blouse avec une angoisse véritable. — Tout ça, c'est du latin pour moi...

— Je vais me faire comprendre, brave homme...
— Il n'y a qu'un instant, vous croyant un hardi coquin, résolu et prêt à tout, je bénissais l'heureux hasard qui vous jetait si fort à point dans mes mains, et je me disposais à vous proposer un marché très avantageux pour vous de toutes les manières, car il y avait, outre la liberté, une bonne somme d'argent au bout de mes propositions... — Au lieu de cela je tombe sur un honnête voleur, plein de moralité, sur un bandit gonflé de repentir, pavé de bonnes intentions, ne songeant qu'à racheter ses erreurs, et à vieillir dans la pratique de toutes les vertus... — Que diable voulez-vous que je fasse de ce futur converti ? — Ma conscience me défend de l'induire en tentation, et m'ordonne de le confier aux bons soins de M. le procureur du roi, qui se chargera de veiller sur lui et de lui éviter le danger des rechutes...

L'homme à la blouse, en écoutant la pécheresse, offrait la plus parfaite image de l'ahurissement absolu.

Ses yeux pâles, que maintenant il fixait sur Claudia, exprimaient la stupeur, le doute, l'irrésolution.

Sa main droite tourmentait machinalement l'un des longs tire-bouchons huilés qui formaient des accroche-cœurs de chaque côté de son maigre visage.

— Eh bien ! — brave homme, — poursuivit au bout d'un instant la maîtresse du marquis, — n'avez-vous donc rien à me répondre ?

Tout à coup il parut prendre son parti.

— Mon bon monsieur, — demanda-t-il, — venez-vous de me parler sérieusement ?...

— Est-ce que vous en doutez ?...

— Un petit peu... mais, ma foi, tant pis, je me risque... — Au diable la parade édifiante que je vous joue depuis un quart-d'heure... — S'il vous faut, comme vous l'avez dit, un solide gaillard à qui rien ne fasse peur, — un bon *zig* qui n'ait pas froid aux yeux — un rude lapin prêt à n'importe quoi... — Vous n'avez qu'à parler, je suis votre homme...

— Vous teniez tout à l'heure un langage bien différent...

— Tout à l'heure je mentais comme un apothicaire, dans l'espoir de vous attendrir...

— C'est-à-dire que vous vous moquiez de moi...

— Jamais !... par exemple !... plus souvent !... — Je jouais mon jeu et, ma foi, c'était bien naturel... — Mais je comprends à cette heure par A plus B que vous êtes trop forte pour qu'on vous fasse voir le tour, *ma petite dame,* et je vous montre mes *atouts* à la *bonne flanquette*...

— Qui vous a dit que je sois une femme?...

— Et mes *mirettes*, donc!... — On a l'œil américain, sans vous commander... — on se connaît en beau *sesque* pour l'avoir fréquenté toutefois et quantes... sauf vot' respect... — Vous portez des habits d'homme, c'est bien, mais ça n'y fait rien... — un homme ne serait pas si joli que ça... ah! mais, non!...

Claudia sourit.

— Ainsi, — reprit-elle, — vos projets de conversion?...

— Je m'en soucie autant que d'une pipe cassée...

— Votre serment de marcher désormais dans les sentiers de la vertu?...

— Si jamais je deviens honnête, le diable se fera curé.

— Vos respectables parents?...

— Père et mère inconnus... — bâtard de naissance, — filou de caractère, — voleur de profession... — Voilà ma position sociale... — Si tout ça vous va, ma petite dame, nous pourrons nous arranger...

— Je commence à le croire...

— Alors, vive la *Chartre*!... ça me met du *baume* dans le sang...

En effet la physionomie de l'homme à la blouse, si piteuse, si empreinte de contrition hypocrite une minute auparavant, prenait une expression cynique et rayonnante.

— Comment vous appelez-vous ? — continua la pécheresse.

— Jean Jeudi, pour vous servir...

— Vous dites ?...

— *Jean Jeudi...* — répéta le jeune voleur — — Ça vous paraît drôle, je le vois bien... — Voici l'explication de la chose... — Ayant été trouvé, paraît-il, au coin d'une borne, le jour de la Saint-Jean, qui tombait un jeudi, on m'en a décerné les noms et prénoms... — Quant au surnom, les camarades ont l'habitude de m'appeler *Rossignol*, en l'honneur de ma grande adresse pour ouvrir les portes fermées...

— Votre âge ?

— Je vais sur vingt-quatre...

— Avez-vous fait vos preuves de hardi coquin ?...

— Parbleu ! — allez à Poissy, ma petite dame, et demandez des nouvelles de Jean Jeudi... — mes états de service sont inscrits tout au long sur les registres de *la Centrale...*

— Vous me convenez... — dit Claudia.

— J'en étais sûr !... — répliqua le bandit. — Il y avait entre nous un malentendu, mais tout s'explique et on fait ensemble ses petites affaires de bonne amitié... — Voyons, de quoi s'agit-il ?

— D'une chose très grave...

— Effraction ?... escalade ?

— Ceci ne serait rien...

— Ah ! diable !!

— Reculez-vous déjà ?

— Quand je reculerai, les poules auront des dents ! — J'ai dit : *Ah ! diable !* absolument comme j'aurais dit : *Il pleut, il pleut bergère...* — Je crois percevoir que dans votre affaire il y aura des coups de couteau à donner...

— Oui.

— Très bien ! — On demande des détails...

— Vous les aurez au moment d'agir..

— Suffit... — On se conforme à la discrétion de rigueur ! — Un seul renseignement, s'il vous plaît, ma petite dame...

— Lequel ?

— Si j'ai bien entendu, tout à l'heure, vous avez parlé d'une bonne somme ?...

— Sans doute...

— Je ne suis pas curieux, mais si ça vous était égal de me dire combien il y aura à palper, vous me rendriez tout guilleret...

— Vous recevrez dix louis...

— Sac à papier !... — s'écria Jean Jeudi — dix louis !! — Plus que ça de jaunets !! Quelle chance! *Nopce* et bombance !.. — En voilà, une *occase !...*

— C'est tout au plus si les deux *toquantes* qui me tiraient l'œil m'auraient rapporté deux jaunets... Le père Samuel est si regardant, si pince-maille, si grippe-tout!... — Ma petite dame je vous demande de me continuer votre pratique, au même prix, toutefois et quantes si vous êtes contente de ma manière de procéder... — Quand cela se jouera-t-il?

— Probablement dans la soirée d'après-demain.

— Et, d'ici là, qu'est-ce que vous allez faire de ce pauvre Jean Jeudi?

— Vous pensez bien que nous n'allons pas vous rendre la clef des champs...

— Jean Jeudi n'est point assez sot pour se leurrer de ce fol espoir...

— Nous allons donc vous enfermer dans la cave.

— Me donnerez-vous une paillasse?

— Oui.

— Y aurait-il à manger et à boire?

— Soyez tranquille, vous ne mourrez ni de faim ni de soif...

— Dans ce cas, la cave *me botte* aussi bien que n'importe quel autre local. — Allons-y gaiement...

— Quand palperai-je les dix jaunets?

— Moitié en quittant avec nous cette maison...
— Moitié aussitôt après le coup...

— Ça me botte derechef et en réitérant... — L'affaire est dans le sac... — Menez coucher Jean Jeudi...

Au bout de quelques minutes le bandit, muni

d'un pain, d'une moitié de pâté et de deux bouteilles de vin, s'étendait voluptueusement sur une vieille paillasse dans le petit caveau que Claudia considérait comme un véritable bijou, et s'endormait du sommeil du juste, après avoir entendu la porte massive se refermer et la clef tourner par deux fois dans la lourde serrure.

— Mon cher Georges, — dit Claudia à son complice en remontant avec lui au rez-de-chaussée, — je crois que tout ceci est assez adroitement conduit et que nous avons bien des chances ! — Demain matin, après avoir mis à la poste la lettre de ton frère au docteur Leroyer, j'irai faire une petite visite au capitaine Corticelli.

## CHAPITRE XXVI.

### Le capitaine Corticelli.

Le lendemain matin, vers onze heures, Claudia Varni, après avoir en effet mis à la poste la fausse lettre de Sigismond au docteur Leroyer, descendait d'une voiture de remise à la porte du n° 12 de la rue de Provence.

La pécheresse ne portait pas, comme la veille, le costume d'homme, et sa toilette était de la plus irréprochable élégance.

Sa robe de gros de Naples gris perle, *ruchée* et *bouillonnée*, selon la mode de l'époque qui ne ressemblait guère à celle d'aujourd'hui, se recommandait par la savante distinction de sa coupe et le bon goût de ses ornements.

Sur le corsage fermé par douze boutons d'émail bleu, dont un petit diamant constellait le centre, était jeté négligemment un châle indien, carré, à fond noir, brodé de palmes éclatantes.

Un petit chapeau de paille d'Italie, d'une adorable simplicité, garni de rubans de velours noir et de *marabouts* blancs, complétait cette gracieuse toilette.

Deux bracelets d'une assez grande valeur tordaient leurs chaînons lourds au-dessus du poignet gauche. — Les gants et les bottines réalisaient l'idéal de la fraîcheur.

Claudia franchit le seuil de la porte cochère et s'arrêta à l'entrée de la loge du concierge.

Ce dernier se plongeait avec un intérêt manifeste dans la lecture du *Premier Paris* du *Constitutionnel*.

Il ne dédaigna point, cependant, d'interrompre pour une minute ses études politiques sur la *Question d'Orient*. — (En 1835, messieurs les portiers de Paris se préoccupaient fort de la question d'Orient. — Dans quel but et dans quel intérêt? — On n'a jamais pu savoir.)

— M. le capitaine Corticelli ?... — demanda Claudia.

— A l'entresol, la porte à gauche... —répondit le concierge assez gracieusement.

— Je sais... mais est-il chez lui ?

— Il y a apparence... — je ne l'ai pas vu descendre... — Le capitaine n'est point matineux... — Montez voir un peu pour voir, ma petite dame... — dans tous les cas, il y a du monde...

Claudia franchit les douze ou quinze marches qui la séparaient de l'entresol, et agita le gros câble de soie écarlate, terminé par un gland énorme, constituant le cordon de sonnette d'une porte peinte en palissandre et vernie comme un panneau de voiture.

Au bout de quelques secondes cette porte s'ouvrit et laissa voir une petite personne de dix-huit à vingt ans, assez jolie, l'air effronté, les cheveux en désordre, la robe mal agrafée, les pieds chaussés de pantoufles trop larges.

La robe était de soie; — une chaîne d'or scintillait sur le corsage, mais la jolie fille tenait un balai de la main gauche.

Le bizarre assemblage de cette robe, de cette chaîne, de ce balai, constituait un petit mystère parisien extrêmement transparent pour une femme expérimentée comme Claudia.

— Que désirez-vous ? — demanda la jolie fille d'un ton maussade, après avoir examiné la visiteuse des pieds à la tête.

— M. le capitaine Corticelli ?

— Qu'est-ce que vous lui voulez ?

— Je me chargerai, mademoiselle, de le lui dire à lui-même... — répliqua la pécheresse avec impatience; — est-il chez lui ?

— Il y est, mais on ne peut pas le voir...

— Pourquoi ?

— Parce qu'il déjeune et ne se dérange jamais quand il est à table...

— Je vais entrer au salon et l'attendre...

— Mais, madame... —balbutia la jolie fille intimidée par l'aplomb de Claudia.

— Mais, mademoiselle, —interrompit cette dernière, — je veux parler au capitaine et je lui parlerai... — Portez-lui, je vous prie, ma carte...

En même temps la pécheresse, qui connaissait les êtres de l'appartement, écarta la petite personne, immobile et dans une contenance exprimant l'embarras et l'indécision, traversa l'antichambre, longue de quatre pas, large de six, dont une panoplie de fleurets et de masques d'escrime formait l'unique ornement, ouvrit une porte placée en face, franchit le seuil du salon et se laissa tomber dans un fauteuil large et moelleux.

Le salon que la pécheresse venait d'emporter d'assaut mérite les honneurs d'une description de quelques lignes.

Il ressemblait infiniment plus au boudoir d'une femme galante qu'à la pièce principale du logis d'un vieux spadassin. — Nos lecteurs vont en juger.

De dimensions moyennes ou plutôt exiguës, et très bas de plafond comme presque tous les entresols, il était tendu d'un papier velouté vert d'eau, avec des baguettes de cuivre doré aux corniches et aux angles.

A cette tenture s'accrochaient six cadres ovales d'une grande richesse, contenant des copies plus que médiocres, d'après Boucher et Lagrenée, de ces tableaux connus de tout le monde : nymphes surprises par des faunes, — baigneuses surprises par des bergers, — bacchantes surprises par des satyres, etc... — on voit cela d'ici...

Entre ces cadres, de petits socles garnis de velours à franges supportaient des statuettes mythologiques simplement vêtues de leur chasteté.

Sur la cheminée, de chaque côté d'une pendule Louis XVI, trônaient deux groupes de terre cuite, signés *Clodion*, mais apocryphes : — Léda et Jupiter — Bacchus et Ariane.

Le mobilier était à l'avenant.

Rien de sérieux, — rien de masculin. — Un tapis de moquette blanc et rose; — des divans et des fauteuils recouverts en étoffe de soie claire; — des petits meubles coquets, ornés d'incrustations et de plaques de faux Sèvres.

Pas un livre, d'ailleurs, sauf quelques albums placés sur une table, — de ceux qui se vendaient jadis sous le manteau, au Palais-Royal...

Pas une arme arabe ou persane suspendue à la muraille...

Pas de râteliers de pipes turques...

Pas même une boîte à cigares.

Claudia, fort éprise du luxe réel et connaisseuse en belles choses, regardait distraitement et dédaigneusement les objets que nous venons de décrire et qui formaient un ensemble d'un goût plus que contestable. — Une porte s'ouvrit brusquement, et le capitaine Corticelli fit irruption comme un ouragan, en s'écriant, avec un accent italien très prononcé que nous nous abstenons de reproduire par l'orthographe :

— *Corpo di Bacco!* belle dame, vous me voyez furieux!... Comment, c'est vous que cette sotte pécore de Rosinette se permettait de laisser à la porte de votre plus humble et plus empressé serviteur!! Par mes aïeux!... — J'ai lavé vertement la tête de cette péronnelle mal apprise, faites-moi l'honneur et la joie de n'en point douter!! — Me voici à vos pieds, confus et désolé, implorant votre indulgence pour le négligé de mon costume, et sollicitant un sourire de vos lèvres de roses...

En attendant la réponse de Claudia et le sourire qu'elle accorda sans conteste, traçons rapidement le portrait du capitaine Corticelli, qui n'est pas autant qu'on le pourrait croire un personnage de notre invention.

Giuseppe Corticelli, — (nous ignorons si ce nom lui appartenait légitimement ou n'était qu'un pseudonyme de pure fantaisie) — se disait bon gentilhomme et réfugié italien.

Gentilhomme. — Il fallait l'en croire sur parole.
Réfugié. — Pourquoi?...
On l'ignorait généralement. — Lui-même ne semblait point avoir des idées bien précises à ce sujet car, aux curieux qui s'étaient permis de le

questionner, il avait répondu par trois versions différentes.

— Prêt à donner jusqu'à la dernière goutte de mon sang pour la liberté de ma belle patrie, — disait-il aux uns, — et compromis comme l'un des chefs d'une conspiration, j'ai dû fuir les rigueurs de l'Autriche et les cachots de Venise...

Il murmurait confidentiellement dans l'oreille de ceux-ci :

— Ayant eu l'imprudence de provoquer mon colonel et de le souffleter, à la suite d'une rivalité d'amour, je me suis soustrait, en m'expatriant, à la rigueur des lois martiales...

Aux interrogations de ceux-là, enfin, il répondait :

— Que voulez-vous, je suis chatouilleux sur le point d'honneur et j'ai la main malheureuse... — On parle de mes duels, là-bas, et deux ou trois familles puissantes, dont j'avais occis quelques membres, mettaient à mes trousses leurs bravi... — J'aime les coups d'épée, mais je déteste les coups de stylet... — Un jour ou l'autre on aurait trouvé mon cadavre au coin d'une rue de Florence ou de Naples... — J'ai préféré l'exil à la mort...

Notre opinion, à nous, est que Giuseppe Corticelli désirait tout simplement éviter certaines relations trop intimes avec les procureurs du roi et les juges d'instruction de son pays natal...

Ce réfugié possédait-il quelque fortune ?

On ne lui connaissait pas un pouce de terre au

soleil, pas un centime de rentes sur l'État. — Aucun banquier ne recevait pour lui de traites venues d'Italie, et cependant il vivait largement, ne se refusait aucun plaisir, et toujours avait de l'or dans ses poches...

D'où venait cet or ?...

Mystère profond! — problème insoluble pour tout le monde, excepté peut-être pour les vieux roués de la corruption parisienne... — Voici la vérité:

Le gouvernement de Juillet, mal conseillé, et voulant se rendre populaire par une hypocrite affectation de moralité, venait de supprimer les maisons de jeu, où l'on perdait presque toujours son argent, nous ne prétendons point le nier, mais où, du moins, on avait la certitude de n'être pas volé.

Par malheur le gouvernement avait oublié de supprimer en même temps la passion du jeu.

Il résulta de cet oubli, qu'aux maisons fermées par ordre succéda sans transition une véritable nuée de tripots clandestins, où les naïfs pigeons vinrent se faire plumer, avec une naïve confiance, par messieurs les grecs et les chevaliers du lansquenet.

La police s'en émut tout aussitôt et se promit de mettre bon ordre à cet état de choses immoral.

En conséquence les joueurs furent traqués, et les procès en police correctionnelle se succédèrent d'audience en audience.

Mais, bien loin de s'éteindre dans la persécution,

l'amour des cartes grandit et devint une véritable frénésie.

On joua plus que jamais, — on joua partout, — seulement on prit soin de lutter de finesse et de ruses avec la police. — On eut des mots de passe, — des signes de ralliement, — on s'enferma sous de triples serrures, en des endroits mystérieux, pour retourner le valet de cœur et la dame de pique, ni plus ni moins que s'il eut été question de conspirer contre Sa Majesté Louis-Philippe I$^{er}$, Roi des Français.

La police ne se tint point pour battue. — Elle se forgea de nouvelles armes et elle entretint, dans le cœur même du monde interlope où se recrutent les joueurs et surtout les joueuses, un certain nombre d'espions largement payés, qui chaque jour lui vendaient, à beaux deniers comptant, le secret de quelque nouveau tripot.

Or, le capitaine Corticelli fréquentait les tables d'hôte, — connaissait toutes les pécheresses, — était l'ami de tous les grecs, — assistait à toutes les parties...

Aucun homme dans Paris ne pouvait donc être plus utile à M. la préfet de police, qui consentit à fermer les yeux sur un passé *douteux*, et qui, de plus, encouragea par des rémunérations mensuelles extrêmement larges les *indiscrétions* du *réfugié*.

Telle était la source du Pactole intarissable qui

ruisselait dans les poches de Giuseppe, — source honorable, comme on voit !

Le capitaine avait en outre une seconde corde à son arc, — corde d'argent, ou plutôt corde d'or, mais d'un usage beaucoup moins fréquent et beaucoup plus dangereux que la première.

D'une très remarquable force à l'escrime, et possesseur de certaines *bottes secrètes* sur l'effet desquelles il comptait beaucoup — (l'expérience était venue prouver plus d'une fois qu'il avait raison), — il mettait volontiers, moyennant finance, son talent incontestable au service des gens haineux, mais *timides*, qui souhaitaient un coup d'épée à un adversaire, à un rival, mais n'osaient pas le donner eux-mêmes.

Et qu'on n'aille pas se figurer que nous faisons en ce moment de la fantaisie, — qu'on n'aille pas s'écrier que l'existence d'un véritable *bravo* du moyen âge dans le Paris du dix-neuvième siècle est chose impossible...

Le *bravo* parisien a toujours existé, — il existe encore, — il existera toujours.

Certains duels semblent parfois inexplicables et le sont en effet, même pour l'un des acteurs de ces duels... la victime, bien entendu.

Le mot de l'énigme ne se ferait guère attendre si l'on cherchait plus haut et plus loin derrière l'adversaire d'une heure, et si l'on ne refusait point de croire que la main qui provoque et qui frappe, et qu'on croit une main ennemie, n'est souvent qu'une main payée.

Telle était la seconde corde de l'arc du capitaine.

Giuseppe Corticelli, fort bel homme d'ailleurs, c'est-à-dire doué d'une taille de cinq pieds huit pouces, de larges épaules et de jambes élégantes dans leur force, semblait plus âgé qu'il ne l'était réellement.

A première vue tout le monde lui donnait quarante-huit ou cinquante ans, et il n'en avait que quarante.

Ceci tenait à une calvitie précoce et d'une nature toute particulière ; — les cheveux du capitaine, jadis noirs comme du charbon mais déjà mélangés de nombreux fils d'argent, très bouclés et presque crépus, laissaient le sommet du crâne complètement à découvert et formaient autour des tempes cette couronne que l'ordre de saint François dessinait sur la tête rasée de ses moines.

Le visage de Corticelli était long, maigre, très basané, orné de deux grands yeux noirs spirituels et cupides, d'un nez mince et recourbé et d'une bouche dont les lèvres disparaissaient sous une paire d'énormes moustaches, cirées à outrance, pointues comme des baïonnettes, et dépassant la figure de chaque côté ainsi que la vergue d'un grand mât.

Le capitaine affectionnait les toilettes voyantes.

Il portait volontiers des habits bleus à boutons d'or, sur des gilets de cachemire rouge, avec des pantalons blancs à la hussarde plissés sur le coude-pied de la botte éperonnée.

Il se plaisait à nouer autour de son cou des cravates de satin vert émir, attachées par une épingle que terminait une grosse boule de corail.

Le tintinnabulement continuel d'un énorme paquet de breloques suspendues à la massive chaîne d'or de sa montre, lui remplissait l'oreille et l'âme d'un doux contentement.

Très *galant* de sa nature, Giuseppe nourrissait la prétention de plaire aux femmes et d'être *aimé pour lui-même*.

Il avait eu véritablement des succès parmi ces modernes hétaïres qu'on devait, quelques années plus tard, appeler des *lorettes* et qu'on nomme aujourd'hui les *cocottes*.

Ses longues moustaches, sa tournure martiale, son titre de capitaine, sa poésie de réfugié, et sa *crânerie* dans les discussions entre hommes, avaient tourné la tête de quelques-unes de ces pauvres filles.

Les bonnes fortunes de Giuseppe, — nos lecteurs le croiront sans peine, — n'étaient jamais montées plus haut.

Et maintenant, quand nous aurons dit que l'Italien aimait la bonne chère et les vieux vins d'un amour presque égal à celui qu'il portait aux jolies femmes, il nous semble que nous n'aurons rien à ajouter.

Un mot encore, cependant... — une dernière touche au tableau..

Nous avons entendu le capitaine, au moment de son entrée dans le salon, s'excuser vis-à-vis de Claudia du négligé de sa toilette.

Il portait ce jour-là, — (attendu l'heure matinale) — un pantalon à pieds de flanelle grise dans des pantoufles rouges — un gilet de flanelle rouge, — et une sorte de courte veste de chambre en flanelle bleue liserée de rouge.

Un splendide *bonnet grec*, de velours bleu soutaché d'or, s'inclinait d'une façon agréable vers son oreille droite.

Hâtons-nous d'ajouter qu'il s'était décoiffé vivement en s'approchant de la pécheresse, et qu'il balançait dans sa main gauche le beau bonnet, *présent de l'amour*.

Le personnage nous est désormais connu ; — sa physionomie nous semblait valoir la peine d'être étudiée avec quelque soin — nous avons fait cette étude.

Rien ne nous empêche, désormais, d'assister à l'entretien du réfugié et de Claudia.

## CHAPITRE XXVII.

### Ce que coûte un coup d'épée.

Nous avons laissé le capitaine Corticelli, disant à Claudia avec non moins d'accent italien que de galanterie :

— Me voici à vos pieds, belle dame, confus et désolé, implorant votre indulgence pour le négligé de mon costume, et sollicitant un sourire de vos lèvres de rose...

— Vous êtes tout excusé, mon cher capitaine, — répondit la pécheresse en souriant, — et ce costume du matin vous sied à ravir...

— Trop bonne, en vérité !... trop bonne !... — s'écria Corticelli d'un air radieux, en prenant sa moustache droite entre le pouce et l'index, et en l'effilant par un geste vainqueur. — Mais dites-moi, *per Bacco,* mon adorable amie, quel heureux hasard, quelle chance inespérée, quel vent favorable vous amènent ce matin dans l'humble logis de votre fidèle valet ?...

— Mon Dieu, c'est un hasard, en effet... — Je passais devant votre maison — je me suis dit : —

y a longtemps que je n'ai vu ce cher capitaine...
— J'ai fait arrêter ma voiture et je suis montée...
— voilà...

— Parole de gentilhomme, belle dame, vous me ravissez d'aise ! — Je suis le plus fier et le plus favorisé des mortels ! Tout Paris doit m'envier un si grand bonheur !... — Vous me voyez certain qu'il fait nuit dehors, puisque le soleil est chez moi !

— Ah ! capitaine... capitaine, — répliqua Claudia en riant, — on a bien raison d'affirmer que les Italiens sont poètes !... — Il me semble qu'en cette qualité vous poussez l'hyperbole un peu loin !...

— Nullement, mon adorable amie !... Près de vous le soleil pâlit, et vos charmes rayonnent si fort que mes faibles yeux n'en sauraient soutenir le flamboyant éclat !...

— Alors prenez des lunettes bleues pour me regarder...

— Méchante !! — Pourquoi jetez-vous de l'eau froide sur mon enthousiasme ?...

— Pour le calmer, mon cher capitaine !... — Mettez une digue au torrent de vos galanteries et causons sérieusement...

— Nous avons donc à causer de choses sérieuses ?

— Oui.

— Et c'est pour me parler de ces choses que vous êtes venue ?

— Comme vous dites.

— Tant mieux, belle dame, cent fois tant mieux !
— Me voici à vos ordres...

— Mon cher capitaine, vous êtes toujours un vaillant, je suppose ?...

— Plus que jamais ! — La vaillantise est au fond de mon caractère... — Je suis brave comme je suis galant, par nature et par tempérament...

— A merveille !... — Et votre force à l'épée ?...

— Ne fait que croître et embellir chaque jour.... — Les plus illustres maîtres d'armes me craignent un peu plus que le feu... — Je tire pendant trois petites heures, tous les matins, avant déjeuner, et j'ai ajouté depuis peu deux nouvelles bottes secrètes à mon répertoire déjà si varié...

— Peste ! mon cher capitaine, je vois qu'il serait dangereux d'avoir une affaire avec vous !...

— Il a toujours été dangereux d'avoir une affaire avec moi, belle dame... — J'en puis au besoin fournir une honorable quantité de preuves, et personne n'ignore que mon habileté funeste est la cause de mon exil... — Je dépeuplais littéralement ma patrie !... — Quiconque a le malheur de me provoquer ou d'encourir mon ressentiment peut mettre ordre à ses affaires, dire adieu à sa maîtresse, écrire à sa famille et se commander d'avance un enterrement de première classe... — Il n'en sera pas pour ses frais et il utilisera son convoi... — Mais pourquoi ces questions, s'il vous plaît, mon adorable amie ?...

— Parce qu'ayant autrefois beaucoup entendu parler de vos admirables duels, et remarquant depuis quelque temps qu'il est infiniment moins question de vous, je me disais avec chagrin : — *Cet homme illustre se rouille un peu...*

Corticelli poussa un profond soupir et prit une attitude désolée.

— Hélas! — murmura-t-il d'une voix sourde, — ce n'est que trop vrai!... — L'occasion me manque!... — On m'oublie!...

— L'occasion vous manque, dites-vous?...

— Je le dis et je le répète... — Le duel est, après les belles, ce que j'aime le plus en ce monde!... — Eh bien! le croiriez-vous, je ne puis venir à bout maintenant de conduire un seul adversaire sur le terrain... — J'ai beau mettre le poing sur la hanche, me montrer cassant, impertinent, querelleur... — on répond par des politesses!... — Si par hasard un quidam un peu moins prudent semble d'abord disposé à me tenir tête, et d'un air crâne me donne sa carte, aussitôt qu'il a reçu la mienne et qu'il a lu ce nom terrible : *le capitaine Corticelli!* il devient doux comme un agneau, décline ma provocation et m'invite respectueusement à déjeuner... — C'est à se donner au diable, belle dame! c'est à se donner au diable!... — Oui, *per Bacco!*... c'est désespérant!!

— Pauvre capitaine... — fit Claudia avec un nouveau sourire, — je vous plains de tout mon cœur, savez-vous...

— Et vous avez grandement raison... — Cette existence forcément pacifique, incompatible avec les bouillantes ardeurs de mon caractère, abrègera ma vie de quinze ans...

— De quinze ans, grand Dieu!!

— Tout au moins...

— Un tel état de choses ne saurait durer... — Il y faut absolument trouver quelque remède...

— A mon mal, belle dame, il n'est qu'un seul remède... — Un joli duel, bien corsé, bien conduit, bien dénoué, qui me mettrait du baume dans le sang... — Mais, hélas!... ce duel dont j'ai soif, où le chercher?... où le rencontrer?...

— Peut-être ne m'est-il pas tout à fait impossible de vous le fournir...

— Vrai? — s'écria Corticelli, rayonnant.

— Foi de Claudia.

— Mon adorable amie, je tombe à vos genoux!!

— Vous avez quelqu'un qui vous gêne?

— Oui.

— Et vous voulez vous débarrasser de ce quelqu'un?

— C'est mon ardent désir...

— Rien n'est plus naturel... — On vous en débarrassera, belle dame, et je m'en charge...

— Capitaine, vous êtes un ami dévoué!

— Rien ne saurait égaler, je vous jure, ma joie de vous servir... — Le nom de votre importun, s'il vous plaît?...

— Le duc Sigismond de la Tour-Vaudieu, pair de France...

Corticelli se gratta l'oreille.

— Ah! diable! — fit-il ensuite, — ah! diable!,

— Qu'y a-t-il donc? — demanda la pécheresse, — on dirait que vous hésitez?...

— Je n'hésite jamais! — Seulement...

Le capitaine s'interrompit.

## CHAPITRE XXVIII.

#### Ce que coûte un coup d'épée *(suite)*.

— Est-ce que, par hasard, — reprit Claudia, — le duc vous semblerait un adversaire indigne de vous?...

— Non pas!... — Je m'estimerais heureux et fier de croiser mon épée de gentilhomme avec une épée si qualifiée... — Mais...

Corticelli s'interrompit de nouveau.

— Mais quoi?... — s'écria la pécheresse; — voyons, parlez... achevez donc!!

— Mais, — continua le capitaine, — je ne vous cacherai pas qu'il y a du danger... un très grand danger, *per Bacco !!*

— Est-ce que le danger vous fait peur?... — Est-ce que, par hasard, M. de la Tour-Vaudieu est un tireur d'une force supérieure à la vôtre?...

— Oh! ce n'est pas cela...

— Qu'est-ce alors?... — Quelque chose vous effraye, c'est évident...

— Je n'en disconviens point... — Oui, quelque chose m'effraye...

— Quoi ?...

— La position de l'adversaire...

— Que vous importe ?...

— Un duc et pair !... peste !... — Un des plus grands noms de France !... un membre de la Chambre haute !!

— Un duc et pair ne peut-il recevoir un coup d'épée tout aussi bien que le premier bourgeois venu ?...

— Qui dit le contraire ?... — Seulement la police s'occupe avec un zèle médiocre de la fin prématurée du bourgeois en question, tandis qu'elle y regarde de beaucoup plus près quand il s'agit d'un grand personnage...

— Pourvu que tout se passe loyalement et selon les règles, vous n'avez rien à craindre...

— Oh! je sais bien que si j'étais traduit en cour d'assises pour une rencontre comme celle-là, le jury m'acquitterait — (dans les cas de duel, il acquitte toujours) — mais il ne m'en aurait pas moins fallu subir quelques semaines et peut-être même quelques mois de prison préventive, ce qui serait parfaitement désagréable...

— Voilà donc où le bât vous blesse, mon cher capitaine ?...

— Je l'avoue...

— Eh! bien, s'il existait un bon moyen de

compenser par quelque notable avantage le petit désagrément éventuel que vous redoutez, — que diriez-vous ?

— Je dirais : — *Voyons ce bon moyen...* — et, j'ajouterais : — *Quel est ce notable avantage ?...*

— Que penseriez-vous, par exemple, d'une indemnité ?...

— Ce que j'en penserais ?...

— Oui.

— Beaucoup de bien, sans aucun doute, si son chiffre était honorable...

— Bref, vous l'admettez en principe ?..

— Je l'admets de tout mon cœur, *per Bacco !*...

— Par conséquent le chiffre seul reste à débattre ?...

— Le chiffre seul, et pas autre chose, mon adorable amie, — ainsi que vous venez de le dire d'une façon si pertinente...

— Cher capitaine, vous avez la réputation d'être facile en affaires...

— Trop facile même, belle dame, oh ! beaucoup trop !... — Sur ce terrain-là, ce n'est pas comme sur l'autre, je perds tous mes avantages et je n'ai pas plus de défense qu'un agneau... — On fait de moi ce qu'on veut, absolument !... — Il n'y a qu'à vouloir...

— De mon côté, — reprit Claudia, — je vais droit au fait... Je dis tout de suite mon premier et mon dernier prix...

— *Per Baco!*... vous avez raison!... — J'adore ces façons d'agir...

— Avec un homme de votre mérite, il faut faire largement les choses...

— C'est mon avis...

— Aussi, je vous offre mille francs.

Une moue significative vint aux lèvres du capitaine.

— Cela vous va-t-il ? — continua la pécheresse.

— Je tiens énormément à vous être agréable, belle dame... — répondit Corticelli ; — mais il m'est impossible de vous dissimuler que je refuse avec enthousiasme...

— Vous refusez mes mille francs?...

— Hélas !

— Mais, pourquoi ?...

— Parce que, si j'acceptais, vous ririez pendant un an et un jour de votre pauvre ami le capitaine Corticelli, et vous auriez, ma foi, bien raison !...

— Je ne vous comprends pas...

— C'est pourtant clair comme de l'eau de roche ! — Une supposition : — J'ai dans ma poche un beau louis d'or, tout neuf... — Vous avez envie de ce louis, et vous me dites : *Je vous en donne vingt sous!* — Si je consens à ce marché, vous vous moquez de moi, et vous pensez, dans votre petit particulier : — *Décidément le capitaine Corticelli est une bête!*...

— Mais, quel rapport?...

— Vous ne saisissez point l'apologue? — Voici la chose sans parabole : — Le louis d'or vaut plus de vingt sous... — Le coup d'épée vaut plus de mille francs... Oh! beaucoup plus!

— Je sais de science certaine que vous vous êtes battu, il y a trois ans, pour cent écus, sans marchander, et que vous avez tué votre adversaire...

— J'en ai quelque vague souvenir, mais la situation était bien différente, *per Bacco!* — Il s'agissait, si j'ai bonne mémoire, d'un mari jaloux qui voulait se débarrasser de l'amoureux de sa femme, un pauvre diable de jeune homme sans importance et sans conséquence... — La veille au soir, poursuivi par ma mauvaise veine, j'avais perdu jusqu'à mon dernier sou... Il me fallait faire flèche de tout bois pour opérer quelques rentrées, — d'ailleurs le mari n'était pas riche...

— Mon cher capitaine, je ne suis pas riche non plus, moi qui vous parle...

— Laissez donc! — Une jolie femme est toujours millionnaire!...

— Enfin, je ne puis faire mieux que ce que je vous offre... — Voulez-vous mes mille francs? C'est à prendre ou à laisser...

— Dans ce cas, c'est à laisser, mon adorable amie...

— Mais, enfin, quelles seraient vos prétentions? — Parlez, capitaine...

— A quoi bon? — Je vois bien que nous ne pouvons nous entendre... — Vous êtes trop éloignée de la réelle valeur des choses...

— Vous avez donc des exigences par dessus les maisons?..

— Nullement... — Mes exigences sont aussi raisonnables que vous l'êtes peu...

— Posez un chiffre, du moins.

— Vous le voulez?

— Je vous en prie...

— Eh bien, — vingt mille francs...

Claudia fit un bond.

— Vingt mille francs!! — s'écria-t-elle. — Ai-je bien entendu?...

— Oh! très bien ; — mais si ça ne vous convient pas, rien ne vous force... parlons d'autre chose...

— Vingt mille francs!! — répéta la pécheresse. — Vous êtes donc fou, mon cher capitaine!

— Le croyez-vous, mon adorable amie?

— Vous connaissez ma position...

— Aussi bien et peut-être mieux que vous ne la connaissez vous-même...

— Où voulez-vous que je prenne une pareille somme?...

— Je pourrais vous répondre que cela ne me regarde pas, mais j'aime mieux vous donner la preuve que je suis un gentilhomme de bonne composition, tout à votre service, et vous démontrer en même temps qu'il est inutile de jouer au fin avec ce pauvre capitaine qui est si parfaitement renseigné.

— Voyons,— murmura Claudia dont ces paroles surexcitaient la curiosité.

Corticelli reprit :

— Je consens à faire ce que vous me demandez, belle dame, — j'y consens pour la bagatelle de vingt mille francs, et c'est pour rien, parole sacrée, car si je vous en demandais cent mille vous me les donneriez aussi bien...

— Ah! par exemple... — interrompit la pécheresse.

— Laissez-moi dire... — poursuivit l'Italien vivement. — Oui, vous me les donneriez et, s'il le fallait, davantage encore, car il s'agit d'un coup d'épée qui doit rapporter des millions...

Claudia, stupéfaite, garda le silence.

L'Italien continua :

— Le marquis de la Tour-Vaudieu, — qui ne me connaît pas, mais que je connais bien — a le bonheur d'être fort avant dans vos bonnes grâces..

— Si vous êtes ici ce matin, c'est pour son compte autant que pour le vôtre.., — Or, le marquis est ruiné, endetté, poursuivi, enfin dans le pétrin jusqu'au cou... — Un héritage seul peut le tirer de là et, cet héritage, il dépend de moi de le lui donner, *per Bacco!...* — Que je me batte demain avec son frère aîné, et demain le voilà millionnaire..., — Je vous vends ces millions pour vingt mille francs, et

vous voyez bien que c'est votre humble serviteur
qui fait un marché de dupe... — Remarquez, je
vous prie, belle dame, que dans *ma partie* il y a
peu de concurrence, que si nous ne nous entendons
pas vous serez bien embarrassée en sortant
d'ici... — Et maintenant, c'est à mon tour de vous
demander : — Sommes-nous d'accord ? — Est-ce
convenu ?

La pécheresse ne réfléchit qu'un instant.

Elle était de ces femmes chez qui l'irrésolution
n'a que la durée d'un éclair.

— Oui, — répondit-elle, — c'est convenu.

Et elle tendit au capitaine sa main fine et bien
gantée qu'il porta galamment à ses lèvres.

— Seulement, — poursuivit la pécheresse au
bout d'une seconde, — je vous donne ma parole
d'honneur qu'il m'est absolument impossible de
vous remettre en ce moment la somme que vous
me demandez pour agir...

— Eh ! je le sais aussi bien que vous ! — répliqua
l'Italien.

— Comment donc faire ?...

— Rien de plus facile... — Entre honnêtes gens
et bons amis comme nous, on s'arrange... — De
combien d'argent comptant pouvez-vous disposer
tout de suite ?...

— De cent louis... Et pour les avoir il m'a fallu
engager mes derniers bijoux...

— Les avez-vous là, ces cent louis ?...

— Oui.

— Donnez-les moi.

— Les voilà.

— Bien. — Maintenant, belle dame, veuillez prendre la peine de vous asseoir devant ce petit bureau... — Voici du papier et des plumes...

— Il faut écrire?...

— Sans doute.

— Quoi?...

— Quelques lignes que je vais avoir l'avantage de vous dicter...

— Écrire!! — murmura Claudia en hésitant, — c'est bien dangereux...

— Désirez-vous que je vous rende vos cent louis et qu'il ne soit plus question de rien?... — Ne vous gênez point avec moi, mon adorable amie!... Annulons-nous cette convention?...

— Dictez... — répondit Claudia — j'écris...

Le capitaine lissa ses moustaches et dit :

— Ce sera court, belle dame ; —je commence...

Et il dicta :

« Moi, Claudia Varni, demeurant à Paris, avenue des Champs-Élysées, n° 18, agissant tant en mon nom qu'en celui de M. le marquis Georges de la Tour-Vaudieu, par qui j'ai été autorisée à cet effet, prends l'engagement de payer au porteur la somme de dix-huit mille francs, un mois, jour pour jour, après la mort de monsieur le duc Sigismond de la Tour-Vaudieu, frère aîné du marquis. »

— Est-ce tout? — demanda la pécheresse...

— Tout, absolument. Il ne vous reste plus qu'à mettre au bas de ces lignes la date et votre signature ; — c'est parfait... — Voilà une affaire terminée et un chiffon de papier qui vaut à mes yeux, *per Bacco!* les billets de la banque de France !!

Corticelli serra dans un meuble l'engagement de Claudia et mit dans sa poche la clef de ce meuble.

— Belle dame, — dit-il ensuite, — je suppose que vous êtes pressée de voir le marquis en possession de l'héritage?...

— D'autant plus pressée que, pour une foule de raisons, il y a urgence...

— A merveille... — J'agirai sans perdre un instant... Le duc est-il à Paris?...

— Oui.

— Vous en êtes sûre?...

— Parfaitement.

— Dans ce cas, je crois pouvoir vous promettre que je le tuerai demain... — Cependant, s'il y avait un jour de retard, il ne faudrait pas m'accuser de négligence... — Somme toute, en mettant les choses au pis, dans quarante-huit heures le duc de la Tour-Vaudieu se nommera Georges et non plus Sigismond...

Claudia n'en demandait pas davantage.

Elle prit congé du capitaine, qui la reconduisit

jusqu'à la porte extérieure de l'appartement, et se mit ensuite à sa toilette pour se préparer à sortir...

## CHAPITRE XXIX.

### Paul Leroyer.

Vous avez vu, dans les ateliers de l'industrie moderne, ces prodigieuses machines, suprême effort du génie humain...

Vous vous êtes arrêté, muet de stupeur et presque d'épouvante, en face de ces colosses de cuivre et d'acier dont les rouages inextricables et la puissance sans limites donnent le vertige...

C'est admirable et c'est effrayant...

Et, en même temps que vos regards contemplaient ces machines qui semblent douées de vie et d'intelligence, votre mémoire vous rappelait des histoires sinistres dont elles avaient été les impassibles et meurtrières héroïnes...

Un frisson passait sur votre chair, une sueur froide mouillait vos cheveux au souvenir de ces récits terribles qui prennent place, trop souvent, dans les colonnes des journaux...

Il vous semblait assister à l'épouvantable agonie du malheureux ouvrier que l'un de ces féroces engrenages a saisi par sa blouse ou par ses cheveux...

Une fois que le monstre tient sa proie, ne fût-ce que par un fil, il ne la lâche plus... — Où la main a passé, le corps tout entier passera, et ce n'est pas même un cadavre qui sortira de la gueule implacable, c'est un tas de boue sanglante où rien n'existera plus de ce qui s'est appelé un homme.

Il arrive parfois, dans la vie, que la fatalité choisit une victime, et qu'elle agit avec cette victime comme la machine avec sa proie...

Une de ces accusations horribles qui font tomber à la fois l'honneur et la tête frappe tout à coup un innocent...

L'accusé se débat, mais en vain... — un réseau de preuves foudroyantes et qui semblent irrécusables l'enlace d'une étreinte pareille à celle des engrenages d'acier...

Cette autre machine, effrayante aussi, qu'on nomme la justice humaine, fonctionne alors avec son automatique rigidité...

L'accusé crie et proteste... — à quoi bon ? — les preuves sont là... — les rouages marchent...

L'innocent est broyé !... sa tête tombe...

Il ne reste d'un honnête homme que le cadavre d'un guillotiné !...

Je me trompe — il reste un martyr...

C'est un de ces drames poignants, — c'est une de ces monstrueuses erreurs judiciaires dont la justice humaine n'est cependant qu'à demi responsable, — que nous allons voir se dérouler dans les chapitres suivants de notre œuvre.

Nous l'avons déjà dit, et nous croyons devoir le répéter encore : — Nous n'inventons rien... — Nous mettons en scène des faits réels, — nous procédons sur des données authentiques, incontestables...

S'il vous reste l'ombre d'un doute à cet égard, fouillez les collections des journaux du temps et vous y trouverez à la date de 1837 et à l'article : *Tribunaux*, tous les détails du crime mystérieux qui fut ainsi désigné : *L'affaire du pont de Neuilly*.

Seulement les journaux, comme les juges et comme l'opinion publique, condamnèrent l'accusé...

C'était leur droit... — nous dirons volontiers... — *c'était leur devoir*... ils ne savaient pas...

Mais nous savons, nous — et c'est la vérité que nous allons rétablir.

Pardon de ce long préambule, chers lecteurs... — Nous rentrons à l'instant dans le vif du récit.

Il nous faut gravir de nouveau les marches à demi usées de l'escalier grandiose du vieux logis de la place Royale, monter jusqu'au dernier étage, franchir le seuil d'un appartement que nous connaissons déjà, celui de Paul Leroyer, et pénétrer dans la grande pièce qui servait tout à la fois de salon et de cabinet de travail.

Madame Leroyer, assise, selon sa coutume invariable, auprès de l'une des fenêtres qui donnaient sur la place Royale, raccommodait avec un soin minutieux et une extrême attention du linge dont le tissu devenu presque diaphane et les nombreuses éraillures attestaient de trop longues années de bons et loyaux services.

La toilette de la jeune femme, toilette toujours très simple, était ce jour-là plus que modeste quoique d'une irréprochable propreté.

Sa robe de laine noire, usée en maint endroit, ne conservait une apparence de bon ordre que grâce à des reprises sans nombre attestant une inaltérable patience ; — cette robe disait tout un poème de pauvreté courageusement subie.

Madame Leroyer n'avait rien perdu, depuis deux ans, de sa touchante et gracieuse beauté. — Elle semblait toujours aussi charmante, quoique ses joues fussent pâlies, et qu'un léger cercle d'azur estompât le contour de ses paupières.

Ses enfants, dont elle ne se séparait jamais, avaient beaucoup grandi.

Abel, alors âgé de sept ans, debout auprès d'une table, attachait son regard brillant d'intelligence sur les images d'un gros livre.

La petite Berthe, assise sur un tabouret à trois ou quatre pas de sa mère, jouait avec une poupée en carton en fort mauvais état, et dont le visage n'offrait plus trace de sa joyeuse enluminure d'autrefois.

De minute en minute la femme de l'inventeur laissait tomber son ouvrage sur ses genoux, et regardait ses enfants avec une expression touchante d'attendrissement et d'amour.

Alors, pendant quelques secondes, elle s'absorbait dans des pensées qui sans doute étaient d'une nature douloureuse, car elle portait alors son mouchoir à ses yeux remplis de larmes...

Puis, domptant son émotion, elle se remettait au travail.

Evidemment une atmosphère de tristesse profonde pesait sur cette demeure, et madame Leroyer n'était point heureuse.

Un coup de sonnette retentit.

— Maman... — crièrent les deux enfants à la fois, — voici papa...

Depuis longtemps déjà la jeune femme n'avait plus de servante et suffisait seule aux soins du ménage.

Elle quitta son siège et alla ouvrir.

C'était en effet Paul Leroyer rentrant au logis, après une absence qui se prolongeait depuis le matin.

Il embrassa sa femme et ses enfants, sans prononcer une parole et avec une évidente distraction, et il se laissa tomber, plutôt qu'il ne s'assit, sur un fauteuil qu'il faillit renverser.

L'inventeur avait trente-sept ans à peine.

Nous savons qu'il était de haute taille. — Nous avons parlé de sa physionomie ouverte et intelligente, lorsque, pour la première fois, nous l'avons présenté à nos lecteurs.

Les deux années qui s'étaient écoulées depuis cette époque avaient fait subir à Paul Leroyer un si grand, un si complet changement, qu'il aurait été difficile, pour ne pas dire impossible, de le reconnaître.

Le neveu du docteur semblait au moment d'atteindre sa cinquantième année.

Il avait beaucoup maigri. — Ses joues étaient creuses et livides, — des rides prématurées se creusaient sur son front et sillonnaient ses tempes de hachures profondes.

De nombreuses mèches complètement blanches se mêlaient à ses cheveux noirs qu'il négligeait fort, et qui tombaient en mèches poudreuses sur le collet d'une redingote qu'un long usage avait rendu luisante. — Sa barbe inculte grisonnait...

Sa taille si droite et si ferme commençait à se voûter ; — on eut dit que le fardeau trop lourd d'un immense découragement pesait sur ses épaules et les écrasait.

Son visage offrait l'expression morne et distraite habituelle aux hommes que domine une constante et fâcheuse préoccupation.

Ses yeux autrefois vifs et brillants, avaient perdu les éclairs qui jaillissaient de leurs prunelles.

Enfin, il était impossible d'arrêter un instant ses regards sur Paul Leroyer, sans se dire aussitôt :

— Voilà un homme malheureux !...

Hélas !... Ce malheur n'était que trop réel !...

Pendant quelques secondes Angèle respecta le sombre silence de son mari, — puis, comme ce silence paraissait devoir se prolonger indéfiniment, elle demanda d'une voix timide et avec une sorte d'hésitation :

— Eh bien ! mon ami ?

Paul Leroyer releva la tête, de l'air d'un homme qu'on éveille en sursaut, et fixa sur sa femme ses yeux ternis.

Angèle reprit :

— As-tu vu M. Lebreton ?

— Oui, — répondit Paul d'une voix sourde.

— Consent-il à t'accorder un délai ?

— Non.

La jeune femme poussa un long soupir.

Paul retomba dans son engourdissement douloureux.

Il y eut un instant de silence, puis madame Leroyer questionna de nouveau :

— Et, l'escompteur juif de la rue Dauphine, l'as-tu rencontré ? — demanda-t-elle.

M. Leroyer fit un signe affirmatif.

— T'a-t-il bien reçu ? — continua Angèle.

— Non.

— Ainsi, il ne te donne aucun espoir ?

— Aucun.

— Enfin, il te reste la ressource de ce riche capitaliste qui doit faire réaliser à ses frais tes deux dernières inventions...

Paul Leroyer eut aux lèvres un sourire amer et haussa les épaules.

— Tu connais bien mal le monde, ma pauvre Angèle ! — s'écria-t-il d'un ton dédaigneux. — Est-ce qu'un riche capitaliste risque son argent sur les idées d'un pauvre diable aussi complètement perdu que je le suis ? — Non ! non ! pas si sot ! — La preuve que je n'ai pas de talent, c'est que je n'ai pas un écu ! — La preuve que je suis, non point un inventeur, mais un fou, c'est que j'ai dévoré un actif de cent mille francs, créé un passif considérable, et que me voici au bout de mon rouleau, à deux pas de la faillite et de la prison pour dettes.... — les capitaux comprennent cela à merveille, et ils restent prudemment dans la caisse des capitalistes ! — M. Krüger, qui m'avait donné sa parole, l'a fait retirer ce matin...

— C'est là le dernier coup !! — balbutia madame Leroyer en fondant en larmes.

— Le dernier coup !! — répéta Paul; — oh ! non pas !!

— Il y a autre chose encore ?...

— Oui, pardieu !...

— Paul, tu m'effrayes...

— Il me semble cependant, ma chère, que tu devrais être habituée depuis deux ans à prévoir tous les malheurs...

— Enfin, qu'y a-t-il ?..

— Tu te souviens de Willams Jackson ?

— L'Anglais qui t'acheta, il y a trois mois, diverses machines ?

— Lui-même... — Il me paya ces machines six mille francs, elles m'en avaient coûté douze mille à construire..., et encore je reçus de lui, au lieu d'argent, des valeurs à trois mois de date, et je fus obligé de faire une remise de six pour cent, outre l'intérêt légal, à Morisseau, l'homme d'affaires de Courbevoie qui se chargea de les escompter...

— Grand Dieu ! est-ce que ces valeurs n'auraient pas été payées ?...

— Ceci ne pouvait arriver, les signatures étant excellentes... — Mais ce Jackson m'avait donné sa parole d'honneur de me remettre un supplément de prix de mille francs au bout de trois mois... — Mille francs, ce n'est rien, et pour nous, en ce moment, c'est immense...

— Eh bien ? — demanda Angèle avec une violente oppression.

— Je suis allé ce matin chez Jackson...

— Et, lui aussi, t'a manqué de parole ?...

— Il est en fuite depuis deux mois, sous le coup d'un mandat d'amener, décerné contre lui à la suite d'une multitude de plaintes en escroquerie...

— Cet industriel était un gredin...

Madame Leroyer se prit à trembler.

— Paul, — murmura-t-elle, — ces traites de six mille francs me font peur.. — Encore une fois, si elles étaient impayées...

— Je te répète que c'est impossible... — Je ne les aurais point acceptées à la légère, surtout ignorant comme je l'étais de la solvabilité de Jackson. — Chacune des traites en question portait les signatures de deux ou trois maisons importantes et honorables, connues de tout Paris...— De ce côté-là, je suis en sûreté... — C'est bien assez, c'est trop, de perdre mille francs sur lesquels je comptais absolument...

— Qu'allons-nous devenir ? — se demanda la jeune femme à demi-voix.

Son mari l'entendit.

Il fit un geste désespéré qui signifiait :

— Je ne sais pas...

— C'est à peine, — reprit Angèle, — s'il nous reste vingt francs à la maison. — Les deux derniers termes ne sont point payés... — le concierge m'a prévenue, il y a une heure, que le propriétaire ferait saisir à la fin de la semaine s'il ne recevait pas un à-compte...

— J'ai écrit à deux ou trois personnes qui me doivent de petites sommes... — répondit Paul. — Est-il arrivé des lettres pour moi, ce matin ?

— Il est arrivé une lettre et un papier timbré.

— Où sont-ils ?

— Sur la cheminée.

Paul se leva et prit les deux objets que lui désignait Angèle.

Il parcourut d'abord le papier timbré.

— Ah ! — balbutia-t-il après avoir lu. — Lebreton m'avait bien dit qu'il n'accordait aucun délai.. — Le jugement est en règle.. — Voici le commandement.. — Dans quarante-huit heures je puis être arrêté...

— Arrêté ! ! — s'écria la jeune femme avec épouvante.

— Et je le serai... — poursuivit Paul. — Ce n'est que trop certain...

— Quoi ! ! par la police ?...

— Non, mais par les gardes du commerce et leurs recors... et c'est bien assez ..

— Mon ami, je ne veux pas te voir prisonnier !...

— Il faudra cependant bien que tu en prennes l'habitude, ma pauvre Angèle... — Lebreton sera sans pitié...

— Quittons Paris...

— Sans argent?...— est-ce que c'est possible?...
— D'ailleurs je ne consentirais jamais à laisser derrière moi la réputation honteuse d'un banqueroutier qui s'enfuit...

— Cache-toi, du moins...

— Où puis-je me cacher?.. — Je n'ai que cet asile, et nous ne l'aurons bientôt plus...

Angèle pressa sa tête dans ses mains et pleura silencieusement.

Les enfants ne pouvaient comprendre les tristes et désespérantes paroles qui s'échangeaient devant eux mais, voyant les larmes de leur mère, ils vinrent jeter leurs petits bras autour de son cou, et ils l'embrassèrent pour la consoler.

La jeune femme les réunit dans une étreinte passionnée et les serra contre son cœur bondissant.

Tandis que ceci se passait, Paul avait brisé le cachet de cire rouge qui fermait la lettre.

En tête de cette lettre, du côté gauche, se voyaient ces mots imprimés en relief, et disposés de cette façon :

AGENCE D'AFFAIRES.

*Escompte. — Recouvrements.*

MORISSEAU

ancien avoué,

*Grande rue de Courbevoie, n° 49.*
*Tous les jours, de 10 à 4 heures.*

A peine Paul venait-il de jeter les yeux sur l'épître de l'homme d'affaires que son visage pâle s'empourpra violemment, puis, par une réaction brusque, devint livide comme celui d'un mort.

La lettre, en date de la veille, ne contenait que quelques lignes.

Il lut jusqu'au bout. — Il poussa un cri sourd et il tomba à la renverse, sans connaissance, sur le carreau, en laissant échapper le papier fatal qui s'envola jusqu'aux pieds de madame Leroyer.

Voici ce qu'il avait lu :

« Monsieur,

« Les trois traites de deux mille francs chacune, que je me suis chargé d'escompter pour vous il y a trois mois, sont revenues ce matin impayées.

« Les signatures de ces traites sont l'œuvre d'un adroit faussaire.

« J'aime à croire que vous êtes la victime et non le complice du misérable Jackson ; en conséquence je vous accorde quarante-huit heures, à partir d'aujourd'hui, pour le remboursement intégral des six mille francs.

« Je vous attendrai donc jusqu'à midi, après-demain.— Si l'argent n'est point dans mes mains au jour et à l'heure indiqués, je déposerai immédiatement au parquet une plainte collective contre le sieur Jackson et contre vous, et M. le procureur du roi appréciera.

« Je vous salue,

« Morisseau. »

## CHAPITRE XXX.

### Une espérance.

Madame Leroyer, à demi-folle de stupeur et d'épouvante, s'agenouilla à côté de son mari et s'efforça de le rappeler à lui-même.

Elle mouilla ses tempes avec de l'eau fraîche ; — elle plaça sous ses narines un mouchoir imbibé de vinaigre ; — elle le saisit dans ses bras, et n'étant pas assez forte pour le porter elle l'adossa contre un fauteuil, en balbutiant à son oreille, comme s'il avait pu l'entendre :

— Paul, au nom du ciel, reviens à toi !... Paul, je me meurs d'inquiétude et de douleur !... Ouvre les yeux, je t'en conjure !... ouvre les yeux et regarde-moi !...

L'évanouissement persistait.

Le corps du jeune homme conservait la rigide immobilité d'un cadavre.

Les deux enfants poussaient des cris d'effroi.

Madame Leroyer pleurait à chaudes larmes, — elle gémissait en se tordant les mains, — elle se demandait avec une effroyable angoisse, si son mari, soudainement foudroyé, ne venait pas de recevoir un coup mortel et n'était point à tout jamais perdu pour elle...

Cette lugubre situation se prolongea pendant quelques minutes qui parurent longues comme des siècles à la malheureuse femme.

Enfin eut lieu la réaction de la vie contre l'anéantissement absolu.

Le sang se remit à circuler dans les veines de Paul. — Un frémissement léger agita ses membres ; — ses paupières se soulevèrent ; — ses lèvres s'entr'ouvrirent.

Angèle prit vivement ses deux mains qu'elle couvrit de baisers et qu'elle arrosa de larmes.

— Ah ! que Dieu soit béni ! — s'écria-t-elle avec une ardente expression de reconnaissance. — Tu es vivant, qu'importe le reste !!

— Je suis vivant, — répondit l'inventeur d'une voix sourde, — mais je suis perdu !!

— Perdu ! — répéta la jeune femme atterrée.

— Oui, perdu !.. sans remède et sans espoir !...

— Que se passe-t-il donc ?... que viens-tu d'apprendre ? — quel nouveau malheur nous menace ?...

— Le plus terrible, le plus irrémédiable, le plus imprévu de tous les malheurs...

— Parle... explique-toi... — Je tremble... j'ai peur...

— Et tu as raison de trembler, pauvre amie...

— murmura Paul qui venait de se relever et qui chancelait comme un homme ivre.

En même temps il ramassa la lettre gisant sur le carreau, et la présenta à sa femme en ajoutant:

— Regarde...

Angèle lut rapidement.

Quand elle eut achevé, elle se tourna vers son mari et l'interrogea du regard.

— Eh! bien, — demanda Paul, comprends-tu?

— Je comprends que notre ruine est plus complète encore que nous ne le croyions... Je comprends que tu es victime de ta confiance dans un misérable...

— Et voilà ce que cette lettre t'apprend?

— Sans doute...

— Ah! s'il ne s'agissait que de ruine!! — balbutia M. Leroyer avec une immense amertume.

— De quoi s'agit-il donc?...

— Du déshonneur et de l'infamie...

— Comment?... que veux-tu dire?...

— Ne vois-tu pas qu'il est question d'un triple faux!...

— Dont tu es innocent...

— Oui, certes!... mais dont on m'accusera d'être complice...

— Ce serait une accusation monstrueuse!...

— Monstrueuse, c'est vrai, mais plausible...

— Qui donc y pourrait ajouter foi?...

— Tout le monde... — Morisseau le premier, lui qui va porter plainte contre moi...

— Mais, puisque tu n'es pas coupable!...

— Qu'importe, si je parais l'être...

— Tu prouveras ton innocence...

— Je ne pourrai pas... — On parvient à prouver le crime... — On ne démontre point l'innocence...

— La justice est clairvoyante... Elle saura reconnaître en toi une victime et non pas un coupable...

— La justice est aveugle... ou plutôt aveuglée... — Partout elle flaire le crime, partout elle croit le rencontrer... — Trouver un scélérat dans la peau de tout accusé, c'est pour elle une question d'habitude et d'amour-propre... — La justice est comme la misère, elle ne lâche sa proie que lorsque cette proie est brisée... — D'ailleurs, pour se défendre devant la justice, il faut des armes... — Ces armes me manquent...

— N'as-tu pas toute une vie de loyauté, d'honneur, de travail?... — Cette vie doit combattre pour toi, et combattre victorieusement.

Paul Leroyer haussa les épaules.

— Honneur!... loyauté!... travail!... — répliqua-t-il ensuite, — où cela m'a-t-il conduit?... — A la ruine, à la faillite, à la honte?... — Irais-je dire aux juges : — *Je suis un honnête homme!!* — Ils me répondront : — *Ce n'est pas vrai!...* et ils auront la raison pour eux, puisque, en réalité, je succombe sous le fardeau de mon lourd passif, puisque ceux qui ont eu confiance en moi seront les victimes de cette confiance!... — Tu vois bien, ma pauvre Angèle, qu'aux yeux de la loi comme aux yeux du monde je ne suis, je ne dois être, qu'un maladroit coquin, et qu'il m'est interdit de parler de ma probité suspecte et de mon honneur qui n'existe plus...

— Paul, tout cela est horrible!!...

— Horrible comme la vérité.

— Je ne puis te croire!... Non, je ne le puis...

Un sourire d'une expression déchirante vint aux lèvres du jeune homme.

— Hélas! — balbutia-t-il, — tu n'auras que trop tôt la preuve que je ne me trompe pas...

— Est-ce une raison, parce que tu es malheureux, parce que tu es ruiné, pour qu'on te soupçonne d'une action abominable?...

— Il existe un axiome légal qui n'a jamais trouvé de contradicteur, — répondit Paul, — celui-ci : *Cherchez à qui le crime profite*... — Un procureur du roi, un juge d'instruction, ne sortiront jamais de là... — Or, c'est moi qui ai présenté à Morisseau les traites fausses de Jackson, traites qu'aujourd'hui je ne peux pas rembourser... — Donc, c'est à moi que le crime a profité... — Donc je suis coupable... — C'est logique...

Angèle courba la tête avec un morne découragement, avec un sombre désespoir.

— Tu vois bien,—reprit Paul d'une voix sourde, — tu vois bien que je suis perdu!!... — Tout à l'heure je te parlais des recors, maintenant ce sont les gendarmes qu'il faut craindre!... — Je croyais avoir en perspective la prison pour dettes, ce sont les portes de la Conciergerie qui s'ouvriront pour moi!... — Je suis un honnête homme, disais-tu! — Oui, certes!... — Devant Dieu, je l'affirme, il n'y a pas dans toute ma vie une seule action dont je doive rougir ; je n'en irai pas moins m'asseoir, avant un mois, sur la sellette infamante de la Cour d'assises!...

— Paul, mon ami, mon cher mari, pourquoi désespérer ainsi??...

— Parce que je vois l'avenir tel qu'il est, inexorable et désespérant...

— Ne tenteras-tu rien?...

— Que puis-je tenter?... — Tu sais aussi bien que moi que nous n'avons pas une ressource...

— Va trouver cet homme, cet agent d'affaires...

— Morisseau?

— Oui.

— Aller le trouver?... — Dans quel but?... Qu'ai-je à lui dire, et que puis-je attendre de lui?

— Explique-lui ta position...—Fais-lui comprendre que tu as été la dupe d'un misérable...

— Il refusera de me croire...

— La vérité n'a-t-elle pas des accents inimitables !... Cet homme ne pourra douter de ta parole...

— Il n'y a qu'une seule chose au monde à laquelle les escompteurs ajoutent foi...

— Quelle est cette chose ?...

— L'argent comptant, et je n'en ai point à lui donner... — D'ailleurs, en admettant qu'il me croie, que lui demanderais-je ?...

— Du temps...

— Il ne m'en accordera pas...

— Tu le supplieras, tu te jetteras à ses genoux s'il le faut...

Paul secoua la tête.

— On voit bien que tu ne connais point ces gens-là !... — répliqua-t-il. — Ils ont un caillou à la place du cœur... — Larmes et prières glissent sur eux sans les attendrir...

— Enfin, essaie, je t'en conjure...

— A quoi bon ?... — le calice des humiliations, des amertumes, des douleurs, n'est-il pas assez plein ? — Je suis certain d'avance du résultat négatif de la démarche que tu me conseilles...

— Ainsi tu refuses d'aller à Courbevoie ?...

— Oui.

— Eh bien ! — s'écria la jeune femme avec résolution, — j'irai, moi, et ce qui te semble impossible, avec l'aide de Dieu, je l'accomplirai...

## CHAPITRE XXXI

### Une espérance (suite).

Tout en parlant ainsi, Angèle s'enveloppait dans un petit châle, humble et dernier débris de sa garde-robe d'autrefois, et elle attachait sous son cou les brides fanées de son chapeau.

Paul essaya de dissuader sa femme d'une tentative sur laquelle il ne fondait aucune espérance.
— Tout fut inutile, — Angèle avait résolu d'agir, et rien au monde n'aurait pu la détourner de l'accomplissement de son projet.

Elle partit donc, laissant son mari seul avec les deux enfants.

Aussitôt que la porte fut refermée derrière madame Leroyer, le triste inventeur prit dans ses bras son fils et sa fille ; il les assit sur ses genoux, il les couvrit de baisers en balbutiant des paroles interrompues dont aucune ne frappait distinctement leurs oreilles.

Voici quel était le sens de ces paroles :

— Pauvres enfants, votre père est bien malheureux, et vous ne le savez pas... — C'est pour la dernière fois peut-être que vous recevez ses caresses... — Bientôt sans doute il se séparera de vous pour ne vous revoir jamais, car si ses funestes prévisions se réalisent, si un déshonneur immérité le frappe, s'il est condamné pour un crime qu'il n'a pas commis, le courage lui manquera pour vivre, il ne traînera point sur cette terre un nom flétri par une sentence infamante, il se réfugiera dans la mort...

Certes, en pensant ce qui précède, Paul était coupable, bien coupable...

Dans le paroxysme de son effroyable découragement, il oubliait que l'homme n'a pas le droit de disposer de sa propre vie, surtout s'il laisse derrière lui une veuve et des orphelins...

Il mentait à sa nature si dévouée, si aimante, si courageuse...

Mais, en ce moment, Paul subissait l'un des accès de cette fièvre de désespoir qui ne laisse à ceux qu'elle dévore ni la lucidité de leur intelligence, ni la rectitude de leur conscience, ni, enfin, le libre arbitre de leurs actions.

Écrasé par le poids d'un fardeau trop lourd, il ne songeait, comme le voyageur épuisé, qu'à se débarrasser de ce fardeau...

Ceci était son excuse...

La fièvre parlait, et non pas lui.

. . . . . . . . . . . . . . . . . . . . . . . .

Laissons s'écouler un intervalle de plusieurs heures.

Il y a loin de la place Royale à Courbevoie, surtout pour les petits pieds d'une femme...

Or, madame Leroyer n'avait pas voulu faire la dépense d'une voiture dans un moment où ses ressources étaient si loin d'être suffisantes.

Ce fut donc à pied qu'elle parcourut la ligne des quais, l'immense avenue des Champs-Élysées et celle, non moins interminable, de Neuilly.

Le dévouement, une sorte de vague espérance, soutenaient son courage et doublaient ses forces.

Elle accomplit avec une invraisemblable rapidité la première moitié de cette course effrayante. — Partie à quatre heures de Paris, à cinq heures et demie elle était à Courbevoie, mais quand il fallut revenir sa vigueur factice lui fit défaut tout à coup, et c'est à peine si à neuf heures du soir elle atteignait la porte de son logement de la place Royale.

Elle sonna.

Paul vint lui ouvrir.

La clarté de la lampe qu'il tenait à la main se projetait sur le visage pâle et amaigri. L'inventeur fut frappé de l'effrayante décomposition des traits de la jeune femme.

— Ah ! — s'écria-t-il, sans même lui avoir adressé une seule question, — que t'avais-je dit !! — tu n'as rien obtenu !!...

— Tu te trompes... — répondit Angèle, en faisant un suprême appel à son énergie épuisée, — mon voyage n'a point été absolument inutile...

— Morisseau t'a accordé quelque chose ? — murmura Paul avec étonnement.

— Oui.

— Quoi donc ?

— Il m'a accordé le reste de la journée de demain.. — Ce n'est plus jusqu'à midi qu'il t'attendra chez lui, c'est jusqu'à minuit, et c'est après-demain seulement que sera déposée cette horrible plainte...

Paul eut un de ces sourires qui viennent aux lèvres des condamnés à mort.

— Midi ou minuit, — fit-il ensuite, — peu importe... — mon portefeuille, vide le matin, ne sera point rempli le soir...

La tête d'Angèle retomba sur sa poitrine.

M. Leroyer ajouta brusquement :

— Est-ce que Morisseau me croit véritablement complice de Jackson ?...

— Il l'affirme... — murmura la jeune femme, — mais j'ai bien vu qu'au fond il était aussi certain de ton innocence et de ta bonne foi que je le suis moi-même...

— Alors, pourquoi m'accuse-t-il ?...

— Hélas ! cher Paul, tu l'as dit toi-même, cet homme a un caillou à la place du cœur... — Pour lui l'argent est tout.. — Il sait que tu es à bout de ressources et que Jackson est en fuite, il veut sauver sa créance à tout prix et il se persuade que sous le coup de la dénonciation qu'il suspend sur ta tête, tu feras des efforts inouïs pour le rembourser...

— Ah ! je donnerais de grand cœur mon sang goutte à goutte, si chaque goutte de ce sang pouvait se changer en or, tu n'en doutes pas!! — s'écria Paul avec feu ; — mais mon impuissance est absolue!... Mes efforts n'aboutiraient qu'à m'agiter dans le vide...

— J'ai répété tout cela à Morisseau... je le lui ai répété vingt fois...

— Qu'a-t-il répondu ?...

— Que dans une circonstance suprême, dans une situation terrible comme celle où tu te trouves, on ne reculait devant rien pour se procurer de l'argent... on frappait à toutes les portes... on avait recours à tous ses amis...

— Des amis !.. je n'en ai pas un !!

— A tous ses parents...

— Il ne m'en reste qu'un seul, mon oncle Leroyer...

— Si tu t'adressais à lui ?...

— Impossible...

— Pourquoi ?

— Mon oncle n'est pas riche... — Le peu qu'il possède, l'humble aisance de sa vieillesse, sont le fruit des labeurs de toute sa vie... — Six mille francs, c'est une somme énorme...— De quel droit irais-je lui demander un tel sacrifice?. — S'il consentait à l'accomplir pour moi, ce serait un crime de l'accepter...

— Tu te trompes, Paul, — non, ce ne serait pas un crime...— Ce qu'il faut, avant tout, c'est sauver ton honneur injustement menacé... ton honneur, le seul héritage désormais que tu puisses laisser à tes enfants! — Le docteur est un homme excellent... il t'est déjà venu en aide... il ne refusera pas, j'en suis certaine, de te tendre de nouveau une main secourable... — Il te sauvera, j'en ai le pressentiment...

Paul secoua la tête.

— Tu doutes de ton oncle? — demanda vivement Angèle.

— Mon oncle est le meilleur des hommes, mais, je te le répète, il est presque pauvre...— Comment veux-tu qu'il lui soit possible de réaliser d'ici à demain une somme de six mille francs?...

— Je ne le sais pas, mais tout est possible, même l'impossible... — Peut-être d'ailleurs Morisseau se contenterait-il d'un à-compte, ou même de la garantie du docteur...

— Dépouiller un vieillard... le ruiner... exposer ses derniers jours à toutes les privations, à toutes les douleurs de la gêne!... Angèle, cette idée me fait horreur! J'aime mieux garder mon malheur tout entier pour moi seul!...

— Tu n'as pas le droit de parler ainsi! — répliqua madame Leroyer avec force, — tu n'es pas seul ! — tu as une femme... tu as des enfants qui seront frappés en même temps que toi ! — Paul, au nom de ces enfants que tu aimes et dont tu es le soutien unique — au nom de ma vie, car je mourrais s'il me fallait te voir sur les bancs de la cour d'assises, je te conjure d'aller trouver le docteur et d'obtenir de lui notre salut à tous !..

En parlant ainsi, madame Leroyer s'était presque agenouillée devant son mari, dont elle serrait convulsivement les mains dans les siennes.

— Tu le veux... — balbutia Paul, ébranlé par les touchantes supplications de cette voix éloquente.

— Ce n'est pas moi qui le veux, mon ami... c'est la nécessité...

— Eh bien, que ta volonté soit faite... — Demain, au point du jour, je partirai pour Brunoy...

— Que Dieu soit béni ! — s'écria la jeune femme, — alors nous sommes sauvés !...

— Hélas ! — répondit Paul, — pas encore...

— Je te dis que nous sommes sauvés... j'ai confiance... — L'honneur sera sauf, et qu'importe ensuite la misère ?...

Une lueur d'espérance vive rayonnait sur le beau front et dans les grands yeux de la jeune femme.

Paul vit cette lueur.

Il se sentit soudainement ranimé, et l'effroyable

angoisse qui lui brisait le cœur relâcha tout à coup son étreinte mortelle.

Il attira Angèle sur sa poitrine et il l'embrassa avec une profonde tendresse, en lui disant :

— Moi aussi je commence à croire, moi aussi je commence à espérer... — Tu dois avoir raison, car tu es un ange, et les anges savent l'avenir...

## CHAPITRE XXXII

### Un oncle modèle.

Ainsi que Paul Leroyer l'avait promis à sa femme la veille au soir, il se dirigea vers Brunoy dès cinq heures du matin.

La pataches faisant le service de Paris à Villeneuve-Saint-Georges ne partait que deux heures plus tard.

L'inventeur ne voulait point attendre son départ. — Il se mit donc en route à pied, et trois heures lui suffirent pour franchir la distance qui sépare la place Royale du joli village de Brunoy.

Occupé sans cesse des travaux que nous connaissons, absorbé d'ailleurs par des difficultés pécuniaires et des préoccupations de la nature la plus pénible, Paul n'était point retourné chez son oncle depuis la visite à laquelle nous avons fait assister nos lecteurs.

Dix-huit mois auparavant le docteur Leroyer, appelé à Paris par le duc Sigismond de la Tour-Vaudieu qu'une indisposition assez grave empêchait de se déplacer, était allé passer quelques heures auprès de Paul et d'Angèle.

Rien encore dans le jeune ménage, à cette époque, ne décélait la gêne et les privations.

Paul, obéissant à un sentiment d'amour-propre bien naturel, avait parlé de sa situation dans des termes satisfaisants.

Le docteur était donc retourné dans sa maisonnette, tout joyeux de la bonne réception qui venait de lui être faite, tout ému des témoignages de tendresse sincère qui venaient de lui être prodigués, et à peu près rassuré à l'endroit des affaires de son neveu.

A partir de cette visite les communications entre le médecin et l'inventeur s'étaient bornées à l'échange de quelques lettres affectueuses, à l'époque du jour de l'an et des anniversaires de naissance et de fête.

Paul agita la sonnette de la porte d'entrée.

La bonne Suzon — bien vieillie et bien cassée depuis deux ans — lui vint ouvrir aussitôt.

Nous avons parlé des prodigieux changements survenus, à la suite des soucis et des chagrins, dans l'apparence de Paul Leroyer.

Ces changements — nous l'avons dit — métamorphosaient presque le jeune homme en vieillard.

Il avait trente-sept ans, à peine. — Il paraissait en avoir cinquante.

La fidèle servante le prit dans le premier moment pour un étranger et lui demanda ce qu'il voulait.

Mais à peine avait-il prononcé deux ou trois paroles qu'elle le reconnut et qu'elle poussa un cri de surprise.

— Eh! bien, Suzon, — lui demanda Paul, — qu'y a-t-il donc, et pourquoi ma présence semble-t-elle vous étonner à ce point?

— Sainte Vierge Marie!! — balbutia la vieille Suzanne avec une rude franchise, — c'est-il bien Dieu possible que ça soye vous, monsieur Paul... — Foi d'honnête fille, je ne vous *remettais* ni peu ni beaucoup, et je me demande encore à cette heure si je n'ai point un tantinet la berlue! — Jésus, Maria! que vous avez donc présentement une pauvre mine!... — Vous voilà tout ridé ni plus ni moins qu'une pomme de reinette après l'hiver. — Je vous vois des cheveux blancs sur la tête autant que des noirs, pour le moins, et je vous trouve le visage d'un homme qui a besoin de l'apothicaire beaucoup plus que d'un bon dîner... — Est-ce que vous avez été malade, monsieur Paul?

— Oui... — répondit l'inventeur machinalement, — j'ai souffert...

— Saperlotte! — reprit Suzon, — j'en aurais mis ma main au feu! — Mais à quoi donc que ça sert, s'il vous plaît, d'avoir un oncle médecin, et fameux médecin, je m'en pique, si on ne vient pas le consulter au moindre bobo pour en tirer une bonne petite ordonnance !! — Ah ! M. Leroyer ne sera pas content, et je prétends qu'il aura raison...

Tandis qu'avait lieu près de la grille du jardin ce dialogue, ou plutôt ce long monologue de Suzanne, le docteur, qui se préparait à faire dans le village ses visites accoutumées, prenait sa canne et son chapeau et paraissait sur le seuil de sa maison.

— Eh ! bien, Suzon, — demanda-t-il de loin, — qu'y a-t-il ?

— Il y a, monsieur, — répliqua la servante, — que voici monsieur Paul, votre neveu, qui vient vous rendre visite...

— Qu'il soit le très bien venu !! — s'écria le vieillard. — Mon cher Paul, je vais t'embrasser de tout mon cœur... et toi, ma fille, songe à nous faire un bon déjeuner...

— Je n'avais pas besoin que vous me le disiez... — grommela Suzanne d'un air mécontent. — On n'est point arrivée à mon âge, — quoique je sois votre cadette, — sans savoir depuis longtemps ce qui se doit... — Mettez-vous donc l'esprit en repos...

Cependant l'oncle et le neveu s'embrassaient avec effusion.

Du premier regard M. Leroyer fût frappé, plus encore que ne l'avait été la servante, de la sinistre et profonde altération des traits de Paul.

Seulement, meilleur physionomiste que Suzanne, il ne se trompa point sur la nature et l'origine d'un tel changement, qu'il attribua sans hésiter bien plus aux douleurs morales qu'aux souffrances physiques.

Il eut le pressentiment d'un malheur et, prenant Paul par la main, il l'entraîna dans la maison sans lui adresser aucune question. — Il lui fit gravir l'escalier qui conduisait au premier étage, et il l'introduisit dans sa chambre dont il referma la porte derrière eux.

— Mon enfant, — lui dit-il alors d'une voix basse et très émue, — sais-tu que ta physionomie m'épouvante !... — parle vite !! rassure-moi ! — Il n'est rien arrivé à ta femme ?... rien à tes enfants ?

— Rien... — murmura Paul.

— Que Dieu en soit béni !. — J'avais peur... je me sens tranquillisé... — Voyons, qu'y a-t-il ?...

Paul entr'ouvrit les lèvres pour répondre, mais il ne put articuler aucun son.

Sa tête se pencha sur sa poitrine, — des larmes abondantes jaillirent de ses yeux.

Le docteur assistait avec un étonnement attendri à cette manifestation muette d'un immense désespoir.

Il prit l'une des mains de son neveu entre les siennes, et la serrant affectueusement il répéta :

— Parle, mon enfant, je t'en prie... — dégonfle ton cœur en versant dans le mien le secret qui t'oppresse... — Tu dois avoir en moi une confiance aveugle... absolue... — Ne suis-je pas presque ton père ?

Pour la seconde fois l'inventeur essaya, mais vainement, de prononcer quelques mots. — Sa voix s'étouffa dans son gosier...

— C'est donc bien grave ? — demanda le docteur.

Paul fit un signe affirmatif.

— Il ne s'agit cependant, — continua le vieillard, — d'aucune de tes affections de famille ?

Paul secoua négativement la tête.

M. Leroyer reprit :

— Alors, c'est une question pécuniaire qui te préoccupe et qui te désole ?

— Oui... — balbutia le jeune homme.

— Dans ce cas, mets-moi tout de suite au fait. — Ne sais-tu pas le proverbe : — *Plaie d'argent n'est pas mortelle !* — Je n'en connais aucun de plus vrai.

— Vous auriez raison, mon oncle, — répliqua Paul d'une voix sourde, — vous auriez raison cent fois, si l'honneur n'était pas en jeu...

— L'honneur ! — répéta M. Leroyer atterré. — Est-il donc compromis ?

— Il l'est... — murmura l'inventeur.

— Par ta faute ?

— Non, je le jure !

— Tu n'as rien à te reprocher ?

— Rien au monde ! j'en prends Dieu à témoin !

— Je suis malheureux, — je suis soupçonné, —

je puis être perdu demain... — Mais ma loyauté est sans tache, ma conscience m'absout, et si le mépris universel doit m'accabler, je conserverai du moins, dans son intégrité, l'estime de moi-même...

— Je te crois, mon enfant!! — s'écria le vieillard. — Pour douter de toi, vois-tu, il me faudrait t'entendre me dire de ta propre bouche : *J'ai failli* et encore je ne sais pas si je te croirais... — Ton père était un honnête homme dans toute la force du terme... — Ton grand'père l'était avant lui et je me flatte de l'être comme eux... — tu ne saurais faire mentir les traditions d'honneur de toute ta famille... — Maintenant, comment se fait-il que tu sois compromis ? — Explique-moi tout... raconte moi tout...

La bienveillance et l'affection sans bornes que décelaient avec une telle évidence les paroles du docteur et la manière dont ces paroles étaient prononcées, rendirent à Paul un peu de courage et de confiance.

— D'abord, mon oncle, — dit-il, — je suis ruiné...

— Eh! — fit M. Leroyer presque en souriant, — ceci n'est pas précisément une nouvelle pour moi... — J'avais acquis la conviction de ta ruine lors de la visite que tu es venu me faire il y a presque deux ans... — Quelques mois plus tard j'ai cru, il est vrai, que tu t'étais relevé... — Je m'étais trompé, voilà tout... — Maintenant, donne-moi des détails... — Tu m'as parlé d'honneur injustement en péril... Donc il y a autre chose que la ruine.

— Oui, mon oncle, — répliqua Paul; — il y a autre chose...

— J'attends le mot de l'énigme...

— Ce mot, je vais vous le donner...

Le neveu du docteur commença le récit de tous les faits que nos lecteurs connaissent déjà, et termina en mettant sous les yeux de M. Leroyer la lettre de l'agent d'affaires Morissedu.

Le vieillard, après avoir écouté le récit, après avoir lu la lettre, resta pendant quelques instants silencieux et absorbé.

— Vous voyez bien que je ne suis pas coupable, — s'écria Paul effrayé de ce silence — et que cependant je suis perdu !...

M. Leroyer releva la tête.

— Je vois,—répondit-il—qu'une étrange fatalité te poursuit, t'accable et que tu n'avais rien exagéré tout à l'heure !... — Pour moi, ton innocence et ta bonne foi sont évidentes, lumineuses, incontestables comme le soleil qui nous éclaire, et cependant tout se réunit pour t'écraser !... — Oui, je le crois comme toi; tu serais en effet perdu si personne ne venait te tendre la main... — Mais heureusement je suis là, et par conséquent le danger n'existe plus...

Un flot de sang monta du cœur à la tête de Paul.

Des myriades d'étincelles passèrent devant ses yeux... — De bizarres sonorités ébranlèrent les parois de son cerveau.

Il chancela comme un homme ivre.

— Mon oncle... — balbutia-t-il d'une voix presque éteinte, — qu'ai-je entendu... qu'ai-je compris ?... — quoi... vous voulez...

— Te tirer d'affaire... — acheva le docteur. — Eh ! oui, pardieu, mon cher enfant... — N'est-ce pas d'ailleurs la chose du monde la plus simple, et ne serais-je point un parent dénaturé si j'hésitais seulement ?...

Paul, dans un véritable transport de délire, tomba aux genoux du docteur, lui saisit les mains et les couvrit de baisers à vingt reprises, malgré la résistance du vieillard.

En même temps le jeune homme prononçait des paroles entrecoupées et indistinctes, et des torrents de larmes ruisselaient sur son visage, — mais maintenant c'étaient de douces larmes, des larmes de reconnaissance et de joie.

M. Leroyer attendit pendant quelques instants, afin de laisser à Paul le temps de commander à son émotion, puis il reprit :

— Assez d'attendrissement comme cela, mon cher enfant... — Tu es un homme, que diable !... — Relève-toi et essuie tes yeux. — J'espère bien que tu ne me faisais point l'injure de douter de moi... je ne te le pardonnerais de ma vie... —

Redeviens donc maître de toi-même et causons sérieusement... — J'ai bien des choses à te demander...

Paul fit un violent effort pour dominer son agitation.

Il se releva et il dit :

— Je suis prêt à vous répondre, cher oncle...

— Si j'ai bien compris, — commença M. Leroyer, — ton passif ne se borne pas aux six mille francs qu'il faut rembourser pour ces malheureux billets faux ?

— Hélas ! vous n'avez que trop bien compris !...

— Peux-tu me faire connaître le chiffre de tes autres dettes ?...

— Sans aucun doute... — Quand désirez-vous connaître ce chiffre ?...

— Tout de suite.

— Pour vous le donner avec une grande exactitude, un petit travail est indispensable...

— Voilà du papier et une plume... — Assieds-toi à cette table et fais tes additions....

Quelques minutes suffirent à Paul pour se rendre rigoureusement compte de la somme totale de son passif.

Ce passif, y compris les billets faux à rembourser, se montait à quatorze mille francs.

M. Leroyer écouta sans sourciller l'énoncé de cette somme.

— De telle sorte, — reprit-il ensuite, — que

moyennant quatorze billets de la banque de France, de mille francs chacun, tu te trouverais libéré de toute dette, de tout embarras.

— Oui, mon oncle...

— Tu es bien sûr de ne rien oublier?...

— J'en ai la certitude matérielle et mathématique.

— Eh! bien, mon cher enfant, personne au monde, demain matin, n'aura le droit de se prétendre ton créancier...

— Que voulez-vous dire, cher oncle ?...

— Je veux dire qu'il importe, dans les circonstances où nous nous trouvons placés, de ne pas faire les choses à demi... — L'essentiel, sans doute, est de se débarrasser de ces misérables billets, mais cela ne suffirait pas... — Je veux éloigner de toi, à tout jamais, toute réclamation, tout ennui, toute inquiétude, et rendre ta position claire et nette...
— En conséquence ce n'est pas six mille francs que je te donnerai, c'est quatorze mille...

— Mon oncle, mon cher oncle... — balbutia Paul à demi suffoqué... — c'est trop, c'est beaucoup trop !... — Je n'accepterai point un si grand bienfait...

— Et pourquoi donc cela, je te prie ?

— Une somme aussi considérable !... Ce serait vous ruiner...

— Qu'en sais-tu ? — Nous n'avons point compté ensemble... — Tu ne connais pas mes ressources...

— C'est vrai, mais elles ne peuvent être inépuisables comme votre générosité !...

— Monsieur mon neveu, je n'ai nullement la prétention de me poser en millionnaire vis-à-vis de toi, mais je t'affirme que je puis disposer en ta faveur de quatorze mille francs, et que je ne me trouverai ni plus ni moins riche ensuite que je ne l'étais auparavant... — Cela t'étonne, je le comprends, et je n'ai pas le droit de t'expliquer ce qui te semble obscur, mais rien au monde n'est plus parfaitement exact...

— Que votre volonté soit donc faite, cher oncle... — je vous devrai mon honneur et ma liberté... — Ma femme et mes enfants vous devront leur bonheur...

— C'est une dette que vous me paierez tous en affection, et je me tiendrai pour bien payé, je t'assure.

— Vous êtes le meilleur des hommes !

— Ta ! ta ! ta !... en voilà assez là-dessus... — la question du présent est réglée définitivement, occupons-nous un peu de l'avenir... — Que comptes-tu faire ?...

— Je l'ignore...

— N'y as-tu donc point pensé, depuis quelque temps ?

— Non, je l'avoue...

— Pourquoi ?

— L'avenir me paraissait si sombre que je n'osais le regarder en face.

— Veux-tu que je te donne un bon conseil, mon enfant ?...

— Je vous supplie à genoux de ne pas me le refuser...

— Il est bien entendu que tu ne le suivras que s'il te convient, et je ne prétends en aucune façon t'imposer ma manière de voir.

— Parlez, cher oncle, je vous écoute religieusement...

— Je crois que tu as du talent, — reprit M. Leroyer, — et, plus que du talent, car je suis convaincu que le génie de l'invention est en toi... mais tu le sais aussi bien que moi, mon pauvre enfant, et tu en as eu la preuve cruelle et irrécusable dans les luttes où tu viens d'être vaincu, c'est rarement pour eux que les inventeurs travaillent ! — Presque toujours ils sont méconnus de leur vivant. — ce n'est point à ces grands hommes persécutés que profitent les œuvres de leur génie, et la foule ingrate ne leur rend justice que trop tard, alors qu'ils ont succombé à la tâche, abreuvés de misères et d'amertume... — Combien pourrais-je te citer d'exemples illustres de cette terrible et désolante vérité !!!

Paul fit un geste d'adhésion muette.

Le docteur continua :

— Si tu étais seul, je te dirais : — « Poursuis...

travaille... affronte si tu veux les ronces du chemin... — Ta vocation te pousse en avant, — gravis les marches du calvaire !... — Peut-être, en haut, trouveras-tu la gloire et la fortune, et dans tous les cas, je t'aiderai, je te soutiendrai de tout mon pouvoir ! » — Mais il n'en est point ainsi... — tu as une compagne... tu as deux enfants... — Ces trois êtres chéris t'imposent des devoirs dont tu ne saurais loyalement t'écarter... — ils attendent de toi l'aisance et le calme... — il faut les leur donner...

— Je suis prêt ! — répondit Paul, — mais comment ?

— Je t'ai parlé il y a deux ans, je crois, — reprit M. Leroyer, — je t'ai parlé d'un personnage haut placé, d'un très grand seigneur, d'un pair de France avec lequel je suis en rapport, et qui n'a rien à me refuser...—quelle que soit la chose que je sollicite de lui, j'ai la conviction qu'il s'estimera très heureux de me l'accorder. — Aujourd'hui même, — ce soir, — je dois voir ce grand seigneur... — l'occasion est favorable... je puis lui demander pour toi une position honorable où ton intelligence et ton instruction trouveront un utile emploi. — Cette position, largement rétribuée, assurera ton avenir et celui de ta famille... — Accepteras-tu ?

— Oui, certes, cher oncle, et avec une profonde reconnaissance...

— Et tu ne regretteras rien ?...

— Non, mon oncle, puisque je travaillerai pour le bonheur des miens...

— Paul, mon enfant, tu es un brave cœur.

— Il me semble que je ne ferai que mon devoir en agissant ainsi...

— Sans doute, mais ceux qui font leur devoir sont moins nombreux que tu ne le crois peut-être...
— Le plus grand inconvénient de la vieillesse, selon moi, c'est que quand on a longtemps vécu on connaît trop bien le monde, et je t'assure que le monde est bien laid... — Mais bah !... — enfin, voilà toutes les questions résolues. — Nous allons déjeuner (et j'espère que le déjeuner sera bon), puis nous irons ensemble à Villeneuve-Saint-Georges ; je prendrai chez mon notaire quatorze mille francs que je lui ai remis il y a quelques jours à peine et dont, selon toute apparence, il n'a point encore opéré le placement, je te donnerai cette somme, et tu retourneras le plus vite possible à Paris... — je comprends que tu dois avoir grandement hâte de rassurer ta chère Angèle et de désintéresser tes créanciers...

Paul allait répondre, mais il n'en eut pas le temps.

A cette minute précise Suzon vint annoncer que le déjeuner était servi.

Elle ajouta que vraisemblablement il lui ferait honneur.

Le visage de M. Leroyer s'illumina d'une satisfaction anticipée, puis l'oncle et le neveu descendirent.

## CHAPITRE XXXIII.

### Le notaire de Villeneuve-Saint-Georges.

Suzon ne s'était point illusionnée à l'endroit des mérites tout à fait hors ligne du repas préparé par elle.

M. Leroyer manifesta hautement sa satisfaction, et ne refusa point à son fidèle cordon bleu des éloges mérités et bien sentis.

Quant à Paul, moins heureusement doué que son oncle sous le rapport des aptitudes gastronomiques, et moins digne d'apprécier les raffinements et les délicatesses d'une cuisine savante, il fit néanmoins honneur au déjeuner avec le vigoureux appétit d'un homme que depuis plusieurs jours les chagrins et les inquiétudes empêchaient de manger, et qui se sent à la fois l'esprit dégagé et l'estomac vide.

— Maintenant, mon cher Paul, en route !... — dit le docteur après avoir savouré son café brûlant, accompagné d'un petit verre de liqueur des îles. — Partons pour Villeneuve-Saint-Georges.

En quelques minutes le bidet fut harnaché et

attelé au petit char-à-bancs de M. Leroyer.

Depuis un an, à peu près, le médecin de Brunoy, fatigué par des courses à cheval incessantes, avait fait l'acquisition d'une voiture légère, assez mal suspendue et beaucoup plus recommandable par sa solidité que par son élégance.

Le vieux cheval, encore vigoureux malgré son apparence piteuse, avait donc passé, sans formuler la moindre objection, de la selle aux brancards, et traînait fort lestement la carriole.

L'oncle et le neveu s'installèrent sur le siège de devant, et le bidet se mit à trotter beaucoup plus vite qu'on n'aurait pu l'attendre de son âge et de ses jambes avariées.

Chemin faisant Paul adressa quelques questions au docteur relativement à l'enfant dont il savait que ce dernier s'était chargé deux années auparavant.

M. Leroyer ne répondit que d'une manière évasive, et le jeune homme, ne voulant point mettre à l'épreuve la discrétion de son oncle, se garda d'insister.

On atteignit promptement Villeneuve-Saint-Georges.

Le char-à-bancs s'arrêta devant une jolie petite maison, séparée de la rue par un jardinet rempli de fleurs.

Deux panonceaux étincelants de dorure se voyaient au-dessus de la porte d'entrée.

Cette maison était celle du notaire que M. Leroyer chargeait depuis de longues années du placement de ses capitaux.

— Reste dans la voiture, mon enfant, — dit le vieillard à Paul, — et tiens le cheval... — Avant cinq minutes je t'apporterai ton argent...

En achevant ces mots le médecin ouvrit la porte à claire-voies, traversa le jardinet et entra dans la maison.

Il ressortit au bout d'une ou deux minutes avec une physionomie contrariée.

— Mon cher Paul, — fit-il en s'approchant de la voiture, — il survient une circonstance sans gravité, mais qui m'ennuie fort cependant, à cause de toi... — Le notaire est allé recevoir un testament à deux lieues d'ici... — il sera de retour à son étude seulement à six heures... — il n'a pas disposé de mes fonds, au dire du maître clerc, je pourrai donc les toucher anssitôt après son retour... — Décide toi-même le parti à prendre en ce qui te concerne... — Veux-tu revenir à Brunoy avec moi, et attendre ?... — Préfères-tu retourner immédiatement chez toi ?... — Tu sais que je dois aller aujourd'hui à Paris... — Si nous nous séparons en ce moment, je te porterai l'argent ce soir... — Vois ce qui te convient le mieux...

— Il me conviendrait beaucoup de rester auprès de vous, mon cher oncle, — répondit Paul, —

mais cela me paraît tout à fait impossible...

— Pourquoi donc ?...

— Songez que ma pauvre femme est seule, bien désolée, bien tourmentée, et qu'elle m'attend... Si elle ne me voyait point revenir de toute la journée, ses inquiétudes, ses angoisses redoubleraient et la feraient cruellement souffrir...

— Je comprends cela à merveille... — mais ne pourrais-tu écrire tout de suite un mot à ma nièce?... — nous trouverions facilement ici quelqu'un qui se chargerait de lui porter ton billet...

— A vous parler franchement, mon oncle, je préfère aller moi-même la rassurer bien vite, sécher les larmes qu'elle verse sans aucun doute et lui faire partager ma joie et ma reconnaissance...

— Eh bien ! va donc, mon enfant, et dis à ta femme que je me promets de l'embrasser tendrement ce soir... — Je serai chez vous, sans faute, entre huit et neuf heures, au plus tard...

— Dînerez-vous avec nous, mon oncle ?...

— Je le voudrais, mais certaines raisons impérieuses ne me le permettent pas aujourd'hui..... seulement je vous demanderai un lit, car il sera trop tard pour revenir à Brunoy... — Allons, au revoir, et bon courage... — Tu vas trouver sur la place de l'église la patache prête à partir.

Paul descendit de voiture, serra tendrement les mains du vieillard et fit quelques pas pour s'éloigner.

M. Leroyer était remonté sur son siège.

Il s'apprêtait à tourner bride.

Mais soudain il se ravisa et il rappela son neveu qui se hâta de revenir.

— A propos; — lui demanda-t-il, — as-tu quelque peu d'argent chez toi?..

Paul fit un signe négatif.

— Et tu ne m'en disais rien!!... — s'écria le vieillard. — Ah! ce n'est pas bien, mordieu! — Souviens-toi qu'à l'avenir, et jusqu'au moment où je t'aurai procuré une position indépendante, ce qui j'espère, ne tardera guère, j'exige que tu considères ma bourse comme la tienne...

— Mais, mon oncle... — balbutia Paul.

— Il n'y a pas de *mais*... — interrompit le docteur. — Tu me dois obéissance et j'exige que tu m'obéisses!!...

Paul baissa la tête en souriant.

— Tends la main... — continua M. Leroyer en fouillant dans sa poche. — A la bonne heure, ceci est mieux et je t'en sais gré... Malheureusement je n'ai pas grand'chose sur moi... — ajouta le vieillard en glissant deux ou trois louis entre les doigts de Paul; — enfin, ce sera en attendant... — Maintenant je te prie de ne pas me remercier et de tourner les talons sans perdre une minute, sinon tu vas manquer le départ de la patache... — Bon voyage, mon enfant, et à ce soir... — Entre huit et neuf heures, tu peux y compter, je serai chez toi...

M. Leroyer tourna bride et donna un maître coup de fouet au bidet, qui ne se fit point prier pour reprendre le chemin de l'écurie.

La veille de ce même jour, dans la soirée, l'oncle de Paul avait reçu le billet dicté par Claudia à l'ex-notaire revenu de Brest, qui possédait, nous le savons, le talent merveilleux d'imiter toutes les écritures, de manière à tromper non seulement des yeux distraits, mais encore des regards prévenus et défiants.

Ce billet, — qu'il nous semble tout à fait indispensable de remettre sous les yeux de nos lecteurs, — contenait les lignes suivantes :

« Cher docteur,

« Des circonstances imprévues changent tous mes projets, modifient toutes mes résolutions.—Je ne sais encore si je dois m'en affliger ou m'en réjouir.

« Quoi qu'il en soit j'ai besoin, une fois de plus, de ce dévouement dont vous m'avez donné tant de preuves et que je n'hésite pas à mettre de nouveau à l'épreuve. — Trouvez-vous demain, à dix heures du soir, avec l'enfant, sur la place de la Concorde, près du Pont Tournant. — Un homme de confiance vous attendra avec une voiture et vous amènera près de moi. — Aucune erreur n'est possible, car cet homme s'approchera de vous et vous appellera par votre nom.

« Discrétion absolue, comme par le passé. — Ne répondez point à cette lettre, votre réponse ne pourrait me parvenir en temps utile.

« Que personne à Brunoy ne connaisse le motif de votre voyage. — Faites en sorte de n'arriver à Paris qu'à l'heure convenue, et ne voyez personne avant de m'avoir vu moi-même... — Ceci est de la plus haute importance.

« Brûlez cette lettre, je vous en prie, aussitôt après avoir pris connaissance de son contenu.

« A demain donc, cher docteur.—Votre très affectionné et absolument dévoué,

« Duc S. de la T.-V. »

M. Leroyer, dont aucune circonstance ne venait éveiller la défiance, n'avait pas conçu le moindre soupçon.

Il n'avait pas mis un seul instant en doute l'authenticité de cette missive, dont il reconnaissait ou du moins dont il croyait reconnaître à la fois l'écriture et la signature.

En conséquence il s'était conformé strictement à la première des recommandations de Sigismond, en brûlant la lettre, après en avoir noté avec soin dans sa mémoire les points principaux.

La visite de Paul et la nécessité d'aller porter quatorze mille francs au jeune ménage de la place Royale avant de se rendre au rendez-vous du Pont-Tournant, mettaient cependant le docteur dans la nécessité absolue de s'écarter quelque peu de la consigne qui lui recommandait de ne voir personne en arrivant à Paris...

Mais, au fond, cela était sans importance et ne semblait pouvoir entraîner à sa suite aucun inconvénient réel, puisque Paul lui-même ignorerait ce que son oncle venait faire à Paris.

A cinq heures M. Leroyer se mit en route, dans sa carriole, avec l'enfant et avec la paysanne qui avait servi de nourrice à ce dernier.

Il arrêta sa voiture à Villeneuve-Saint-Georges, devant la petite maison que précédait le jardinet rempli de fleurs dont nous avons déjà parlé.

Le notaire venait de rentrer depuis quelques minutes.

Ce notaire était un gros garçon d'une quarantaine d'années, célibataire endurci, en puissance de jeune gouvernante, ami de la table comme le docteur, fort estimé dans le pays, doué d'une médiocre intelligence, mais d'une grande activité, d'une probité inattaquable et d'une humeur inaltérablement joyeuse.

M. Leroyer s'empressa d'aller le trouver dans son cabinet.

— Eh! eh! — s'écria le tabellion en lui tendant la main, — voici mon cher client, mon honorable ami! — Quel bon vent vous amène, docteur? — Si vous m'apportez encore de l'argent, tant mieux, cent fois tant mieux, car je me suis occupé de vous aujourd'hui et je viens de mettre le doigt sur un placement de premier ordre...

— Mon cher notaire, — interrompit M. Leroyer, — vous vous trompez du tout au tout sur le but de ma visite... — Je ne vous apporte pas d'argent...

— Tant pis !

— Et je viens au contraire vous en demander...

— Vous en avez le droit, docteur, et ma caisse est toute entière à votre disposition. — Que vous faut-il ?

— Un peu plus que la somme de douze mille francs par moi remise entre vos mains il y a quelques jours... — Il me faut quatorze mille francs ni plus ni moins...

Le notaire regarda M. Leroyer d'un air étonné.

— Comment, docteur, — s'écria-t-il, — vous me retirez vos fonds !

— Il le faut, mon cher notaire....

— Des fonds auxquels j'avais trouvé un si parfait emploi !...

— Je sais mieux que personne quel soin vous apportez à mes intérêts, et je vous en suis très reconnaissant, mais j'ai besoin de cet argent, tout à fait besoin...

— Et, que diable allez-vous en faire, docteur ? — demanda le notaire dont une longue familiarité avec le médecin autorisait presque l'indiscrétion.

M. Leroyer rougit involontairement et hésita un instant avant de répondre.

Pour rien au monde il n'aurait voulu trahir le

secret de sa généreuse action et dévoiler la ruine et les embarras de son neveu. — Il n'ignorait point d'ailleurs que le tabellion, homme positif avant tout, serait peu capable de comprendre une si grandiose charité, et la taxerait de folie insigne.

Il se résigna donc à déguiser la vérité, chose qui n'était point dans ses habitudes et qui lui semblait extrêmement pénible.

Hélas! les conséquences de cet innocent mensonge devaient être cruelles!!!

— Mon cher notaire, répondit-il au bout de quelques secondes,— moi aussi j'ai trouvé un placement, et si bon que puisse être celui que vous aviez découvert, je crois, ne vous en déplaise, que le mien est encore meilleur...

— Savez-vous bien que je vous procure une première hypothèque et un revenu de six pour cent!.. — reprit le tabellion.

— C'est superbe, mais on m'offre mieux que cela...

— A Brunoy?

— Non, à Paris...

Le notaire fit la moue.

— Prenez garde, — dit-il, — méfiez-vous!...

— Paris est un pays de voleurs, — on vous y promet bien souvent monts et merveilles, et en définitive vous êtes filouté!... Prenez vos précautions, au moins...

— Oh! soyez tranquille... j'agis avec prudence et à coup sûr...

— N'acceptez pas de billets, croyez-moi... — exigez une bonne hypothèque — toutes les autres garanties sont illusoires !.. Sans hypothèque, point de salut... — Puis-je, dans votre propre intérêt, vous demander quelques détails sur l'affaire, ce qui me permettra, le cas échéant, de vous donner un bon conseil !...

— Je serais heureux de vous consulter, mais je n'en ai pas le droit... — j'ai formellement promis le secret... — murmura M. Leroyer.

— A merveille... — répliqua le notaire un peu piqué. — Je souhaite que les réalités répondent à vos espérances. — Il ne me reste présentement qu'à vous remettre les quatorze mille francs demandés, et je vais le faire tout de suite...

La caisse fut ouverte, — les billets de banque furent étalés devant M. Leroyer qui signa le reçu nécessaire et mit dans son portefeuille la liasse de soyeux chiffons...

— Maintenant, mon cher notaire, — reprit-il ensuite, — rendez-moi, s'il vous plaît, un petit service...

— Je suis à vos ordres... vous le savez bien...

— Je vais prendre la patache qui part à six heures... — chargez votre domestique, je vous en prie, de reconduire à Brunoy mon char-à-bancs....

— C'est entendu...

— Merci, et au revoir...

— Au revoir, docteur et, je vous le répète, prenez bien vos précautions... à Paris, croyez-moi, les plus belles affaires en apparence sont les plus mauvaises en réalité.

Un quart d'heure après M. Leroyer, tenant dans ses bras l'enfant endormi, s'installait sur une des banquettes de la voiture qui devait le déposer, deux heures après, place de la Bastille.

La nourrice était restée à Villeneuve-Saint-Georges et rentrée dans sa famille.

A huit heures précises, le médecin mettait pied à terre auprès de l'énorme éléphant de plâtre dont les profondeurs servaient d'asile à de plus innombrables légions de rats que n'en abritèrent jamais les flancs caverneux d'un vaisseau à trois ponts

Il n'y a qu'une courte distance à franchir de la place de la Bastille à la place Royale.

Néanmoins, M. Leroyer, fort embarrassé de l'enfant qu'il pressait contre sa poitrine avec une sollicitude toute paternelle, ne voulut pas s'engager à pied dans les rues.

Il monta donc dans un fiacre qu'il prit à l'heure, et il donna au cocher de ce fiacre l'adresse de Paul Leroyer.

## CHAPITRE XXXIV

### Où le capitaine Corticelli commence à gagner l'argent de Claudia Varni.

Le capitaine Corticelli — (nous l'avons dit dans notre rapide esquisse biographique de ce personnage original) — recevait de la rue de Jérusalem une subvention mensuelle importante, juste rémunération des services occultes qu'il rendait à la morale publique en dénonçant à qui de droit les maisons de jeu clandestines et les mystérieux tripots dont les membres l'accueillaient avec une distinction toute particulière et une confiance ingénue.

Ces fonctions honorables, remplies avec une intelligence de premier ordre et un zèle au-dessus de tout éloge, mettaient le réfugié en rapport avec un certain nombre des agents subalternes de la police de Paris.

Corticelli se montrait généreux dans l'occasion à l'endroit de ces alguazils de bas-étage qui le considéraient comme un homme supérieur et se plaçaient volontiers sous ses ordres.

De ceci il résultait que le capitaine pouvait, à un moment donné, disposer d'une petite police tout aussi habile, tout aussi clairvoyante que la grande.

De temps à autre il mettait cette police en campagne pour contrôler la fidélité de quelqu'une de ses *amantes*, ou pour se procurer quelque renseignement dont il pensait pouvoir faire un usage lucratif et malfaisant, car l'honorable réfugié ne dédaignait point de tirer parti du *chantage* lorsqu'une circonstance favorable lui permettait d'ajouter cette corde à son arc.

Nous avons laissé le capitaine Corticelli se mettant à sa toilette aussitôt après son entretien avec Claudia, entretien auquel nous avons fait assister nos lecteurs.

Cette toilette fut éblouissante, — sinon de bien bon goût.

Un pantalon de casimir d'un gris très clair, très large des hanches, très étroit à partir du genou, s'échancra gracieusement sur des bottes d'une finesse prodigieuse.

Un gilet de cachemire orange, à palmes écarlates, muni d'une ceinture de cuir, serra comme un corset la taille de l'Italien.

Une brochette de décorations de haute fantaisie étala ses couleurs vives et tranchées sur le revers gauche d'un habit bleu à boutons d'or plus brillants que des miroirs.

Une chaîne de montre, qui pouvait lutter avec les orfèvreries de madame Amadis elle-même, suspendit ses anneaux guillochés à l'une des boutonnières du gilet.

Le capitaine compléta son costume en mettant des gants d'un jaune pâle ; — il se munit d'une petite canne à pomme d'or incrustée de turquoises; il se coiffa d'un chapeau tout neuf, si étincelant qu'il semblait verni...

Ainsi pomponné et sous les armes, il sortit de chez lui ; — il monta dans un cabriolet qui passait à vide et se fit conduire rue de la Barillerie, à un petit café, aujourd'hui disparu, voisin de la préfecture de police et du Palais de Justice.

Il entra dans ce café. — Il alla s'asseoir à une table située tout au fond de l'établissement, et il demanda un journal, un grog et un cigare, après avoir échangé un signe mystérieux avec un personnage grand et maigre, de mauvaise mine et médiocrement vêtu, qui jouait aux dominos en compagnie de deux bourgeois de mine naïve.

La partie achevée, le personnage long et maigre prit son chapeau et quitta le café.

Corticelli lut son journal, but son grog, fuma son cigare, paya sa dépense et sortit à son tour.

L'escogriffe l'attendait à dix pas de là.

Le capitaine le rejoignit, pénétra suivi par lui dans une des ruelles obscures et à peu près désertes de la Cité, et lui donna rapidement quelques ordres.

L'escogriffe, qui n'était autre, on le devine, qu'un bas employé de police, répondit humblement qu'il allait obéir sur-le-champ, salua respectueusement puis, ouvrant le compas de ses longues jambes, s'éloigna avec la vitesse d'un cheval au trot.

Corticelli remonta dans le cabriolet qui l'avait amené et retourna rue de Provence.

Deux heures plus tard l'agent subalterne sonnait à la porte de l'Italien, était introduit sur-le-champ en sa présence et lui rendait compte du résultat de la mission dont il avait été chargé par lui.

Cette mission consistait à le renseigner d'une façon exacte sur les habitudes quotidiennes du duc Sigismond de la Tour-Vaudieu.

Corticelli apprit entre autres choses, par le rapport de l'agent, que chaque après-midi à trois heures et demie, quand il faisait beau, Sigismond sortait à cheval, suivi d'un domestique, faisait le tour du bois de Boulogne et rentrait à son hôtel à six heurse.

L'Italien regarda la pendule.

Elle marquait trois heures moins un quart.

— Bon... — se dit-il, — j'ai tout le temps... mais il ne faut pas perdre une minute... — La sagesse ordonne de ne jamais remettre au lendemain ce qu'il est possible de faire le jour même...

Il donna un louis à l'agent et le congédia.

Il ajusta des éperons d'acier aux talons de ses bottes ; — il échangea sa canne contre une cravache et il se rendit au manège du faubourg Montmartre, où il se fit seller un cheval qu'il monta sur-le-champ.

Le capitaine Corticelli, — disons-le en passant, — n'était pas d'une force moindre comme écuyer que comme tireur... — Il excellait à tous les exercices du corps.

Il prit le chemin de la place de la Concorde en longeant les boulevards.

Au moment où il s'engageait dans la longue avenue des Champs-Elysées, si peu semblable alors à ce qu'elle est aujourd'hui, trois heures et demie sonnaient.

Non seulement le capitaine ne se trouvait point en retard, mais encore il était en avance, puisque c'est à trois heures et demie précises que le duc de la Tour-Vaudieu commençait sa promenade habituelle.

Corticelli mit donc au pas la jument anglaise qu'il montait, et il la contraignit à ne point quitter cette allure tandis qu'il se laissait dépasser par les équipages innombrables, et par les écuyers plus nombreux encore.

L'Italien connaissait de vue Sigismond, aussi le regard perçant de ses yeux d'oiseau de proie s'arrêtait-il un instant sur le visage de chacun des cavaliers qui se dirigeaient vers la barrière de l'Etoile...

Déjà il avait atteint le carré Marigny sans voir apparaître celui qu'il attendait, lorsqu'il entendit derrière lui les sonorités d'un trot rapide et d'une merveilleuse légèreté.

Il se retourna à demi et il reconnut le duc, conduisant avec une grâce parfaite et une science consommée un admirable cheval barbe dont les formes magnifiques et les grandes allures faisaient l'admiration des promeneurs.

Un domestique en livrée anglaise venait par derrière, séparé de son maître par un espace d'au moins cent pas.

Corticelli rendit la main à sa monture.

La jument de manège était bonne, mais incapable de suivre au trot un stepper de premier ordre comme celui de Sigismond.

L'Italien embarqua la bête au galop et garda facilement sa distance, en ayant soin toutefois de ne point paraître suivre celui sur les traces duquel il marchait.

Rien, du reste, n'était plus facile au milieu de la foule équestre qui remplissait les Champs-Elysées.

Sigismond dépassa la barrière de l'Etoile et s'engagea dans le bois par la porte Maillot.

A l'époque où se passent les faits que nous racontons, la porte Maillot, célèbre par l'établissement du restaurateur Gilet (encore une célébrité disparue !...) était la seule entrée à la mode.

Une fois sous les ombrages quasi séculaires de la grande avenue, le duc mit son cheval au pas.

Corticelli en fit autant, de façon à ne se point rapprocher de Sigismond.

Ce dernier conserva pendant quelques minutes cette allure tranquille que sa monture semblait ne supporter qu'avec impatience, car elle piaffait s'encapuchonnait, se rassemblait, et, à chaque mouvement de sa tête fine et nerveuse, secouait des flocons de blanche écume sur sa robe brillante et moirée. — Enfin le duc sembla comprendre la soif de mouvement qui dévorait le pur sang, et il le mit au galop de chasse en continuant à longer la grande avenue.

Le plan de Corticelli fut fait aussitôt.

L'Italien connaissait parfaitement le bois de Boulogne, dans les clairières duquel il s'était plus d'une fois battu en duel.

Il s'engagea dans une allée latérale qui, après avoir décrit de nombreuses sinuosités au milieu des taillis, venait rejoindre l'avenue principale à un quart de lieue plus loin.

Il suivit au grand trot les détours de cette allée et, certain d'avoir pris une avance assez considérable sur le duc, il arrêta la jument deux ou trois minutes avant d'atteindre le point d'intersection des deux voies.

De l'endroit où il se trouvait placé le capitaine, à travers les branches entrelacées et les feuillages touffus, pouvait voir à peu près, ou plutôt deviner, les cavaliers qui s'avançaient de son côté dans la grande avenue.

Ces cavaliers étaient rares.

Le bois de Boulogne ne pouvait point revendiquer à cette époque le titre du plus beau parc du monde. — Il n'offrait pas aux promeneurs l'attrait de ses vastes pelouses et les séductions irrésistibles de ses lacs auxquels rien ne manque, pas même les sirènes...

La multitude des équipages et des sportmen ne dépassait guère les limites de la barrière de l'Etoile...

Au bout d'un instant, Corticelli entendit le bruit cadencé d'un galop régulier.

Presque en même temps il entrevit la silhouette du cheval barbe de Sigismond.

Il attendit une seconde encore puis, au moment précis où le duc passait devant l'allée où il se cachait, il rendit la main à sa jument et lui fit sentir à la fois la cravache et l'éperon, de façon à la lancer au galop le plus impétueux, avec l'irrésistible force d'un boulet de canon, dans la direction de M. de la Tour-Vaudieu.

## CHAPITRE XXXV.

### Où le capitaine Corticelli continue à gagner l'argent de Claudia Varni.

Le duc, mollement bercé par les mouvements souples de son cheval, s'absorbait tout entier dans des pensées de la nature la plus triste.

Il songeait à la duchesse douairière, sa mère, dont la dernière heure était proche, et qui vraisemblablement allait s'éteindre sans agonie, comme s'éteint une lampe faute d'huile...

Il songeait à Esther, sa femme devant Dieu, que jamais sans doute il ne pourrait déclarer sa femme devant les hommes, car la douce et calme folie de la pauvre enfant semblait devoir se prolonger aussi longtemps que sa vie...

Il songeait enfin à son fils, et il se demandait avec effroi quelle serait la destinée de cet enfant venu au monde dans de si étranges, dans de si douloureuses circonstances...

Sigismond fut arraché à ces mélancoliques réflexions par un incident inattendu.

Un cheval lancé à fond de train débouchait de l'allée en face de laquelle il se trouvait et, mal conduit sans doute par un cavalier inhabile, se dirigeait vers lui en droite ligne...

Ce cavalier, — avons-nous besoin de le dire? — était le capitaine Giuseppe Corticelli.

M. de la Tour-Vaudieu, par un mouvement tout instinctif, fit faire à sa monture un violent écart pour éviter le choc menaçant.

Il n'y réussit qu'à demi.

La jument de l'Italien heurta du poitrail la croupe du cheval barbe qui poussa un hennissement de colère et d'effroi, accompagné d'un bond prodigieux, capable de désarçonner vingt fois un écuyer moins consommé que ne l'était Sigismond.

Ce dernier resta ferme sur sa selle et se tourna avec vivacité du côté de Corticelli qui venait d'arrêter net sa jument.

L'Italien prit une physionomie gracieuse en rencontrant le regard irrité de Sigismond.

Il mit prestement le chapeau à la main, s'inclina et, sans attendre que M. de la Tour-Vaudieu lui adressât la parole, commença d'une voix mielleuse, avec une grande affection de courtoisie :

— Je vous demande mille fois pardon, monsieur... mille millions de pardons, en vérité... Je vous supplie d'agréer l'expression de mes regrets profonds et sincères... — La jument que je monte est un peu difficile... — elle m'a gagné la main tout à l'heure, et, lorsque j'ai eu l'honneur de me trouver en face de vous à l'improviste, le temps m'a manqué pour me rendre maître de cette bête endiablée...

A ce petit discours si parfaitement conciliant il n'y avait évidemment rien à répondre.

Il fallait, pour peu que l'on fût un homme sachant vivre, accepter des excuses ainsi présentées...

C'est ce que ne manqua point de faire le duc de la Tour-Vaudieu.

Il imposa silence à son irritation naissante...

Il rendit avec froideur mais avec politesse à l'Italien le salut qu'il venait de recevoir de lui et, sans prononcer une seule parole, il continua son chemin, en caressant de sa main l'encolure de son cheval pour le calmer, car le noble animal s'animait outre mesure et se cabrait sous la moindre pression du mors.

— Voilà qui va bien, — murmura Corticelli entre ses dents avec un mauvais sourire lorsque M. de la Tour-Vaudieu se fut éloigné d'une centaine de pas, — le duc n'a pas soufflé mot parce que mes *baise-mains* l'ont désarmé, mais au fond il est furieux!... — La bombe est chargée, elle éclatera tout à l'heure... — Ah ! *per Bacco !* mon ami Guiseppe, tu peux te flatter d'être un habile homme !!...

Puis, après ce court monologue, le capitaine se remit à suivre de loin Sigismond.

On comprend que, dans les dispositions d'esprit où il se trouvait, le duc venait au bois de Boulogne chaque jour non pour obéir à la mode mais pour prendre un exercice nécessaire à sa santé, aussi sa promenade quotidienne durait au moins deux heures, il ne recherchait guère les parties du bois fréquentées par la foule élégante, mais ne songeait point à les éviter.

Après avoir fait un long détour Sigismond tourna sur sa droite et prit l'avenue de Madrid.

A toutes les époques, en 1837 comme aujourd'hui, les promeneurs ont été nombreux aux alentours de cette étrange *posada* de Castel-Madrid, dont les sportmen de bon aloi et les apprentis viveurs apprécient les petites tables vertes, la cour ombreuse, les vieux vins de Madère et les dîners fins...

Une fois engagé dans l'avenue en question, M. de la Tour-Vaudieu rencontra de distance en distance des groupes de cavaliers avec lesquels, le plus souvent, il échangeait un salut.

— Le moment et le lieu sont propices ! — pensa le capitaine, qu'une distance de trois ou de quatre cents pas séparait alors du pair de France. — Il me fallait des spectateurs... en voilà...

En même temps, il enfonça les éperons dans les flancs de sa jument qui partit ventre à terre et dont, en outre, il laboura la croupe à coups de cravache, lui donnant ainsi l'inégale et vertigineuse allure d'un cheval emporté.

Quelques secondes lui suffirent pour rejoindre Sigismond et pour le dépasser, mais non sans l'avoir heurté de nouveau au passage, et si violemment cette fois que le duc, malgré la fermeté de son assiette, fut presque désarçonné et ne se maintint que par un prodige d'équilibre sur le dos de son cheval bondissant.

Corticelli ralentit aussitôt l'allure de sa jument dont il n'avait pas cessé une seule minute d'être parfaitement le maître.

M. de la Tour-Vaudieu n'essaya point de dominer sa colère, et s'écria, assez haut pour être entendu parfaitement du capitaine :

— Voilà, sur mon honneur, un bien maladroit personnage !!

Corticelli s'attendait sans doute à une apostrophe beaucoup plus rude...

Mais, comme il devint à l'instant même évident pour lui que le duc, homme du monde avant toute chose, ne se laisserait point entraîner jusqu'à l'injure sur laquelle il avait compté, force lui fut de se contenter, faute de mieux, de l'apostrophe que nous venons de reproduire.

Corticelli d'ailleurs était assez habile pour tirer bon parti de tout.

A peine M. de la Tour-Vaudieu achevait-il de formuler l'expression de son mécontentement, que le capitaine, faisant volter sa jument avec une dextérité merveilleuse, revint en arrière, s'arrêta à deux pas de Sigismond et, touchant à peine du bout des doigts le bord de son chapeau, demanda du ton le plus impertinent qu'il soit possible d'imaginer :

— Comment avez-vous dit, monsieur ?...

Cette question insolente ne pouvait que chauffer de plusieurs degrés la colère de Sigismond.

C'est ce qui ne manqua pas d'arriver.

Le duc cependant fut assez maître de lui-même pour cacher cette colère sous une apparence glaciale.

Il toisa de haut en bas son interlocuteur, avec un écrasant dédain, et il répliqua :

— Eh ! mordieu, monsieur, j'ai dit : — *Voilà, sur mon honneur, un bien maladroit personnage !*.

— Et à qui ces paroles s'adressaient-elles, s'il vous plaît, monsieur ?

— A qui se seraient-elles adressées, je vous prie, monsieur, si ce n'est à vous ?...

— Ainsi, monsieur, vous vous êtes permis de m'appeler maladroit !

— J'ai pris cette liberté, oui, monsieur...

— Je vous engage très fort, monsieur, à retirer au plus vite une expression qui me déplaît... qui m'offense...

—Je la maintiens énergiquement, au contraire...

— Vous êtes un maladroit, monsieur, et vous le savez bien, car il y a tout au plus un quart d'heure que vous m'en avez fait vos excuses...

— C'est possible, monsieur, mais si je suis un maladroit, et s'il me plaît d'en convenir, je ne veux pas que d'autres me le disent...

— Il faudra cependant, monsieur, vous accoutumer à l'entendre répéter souvent, pour peu que vous preniez l'habitude de vous venir promener au bois...

— Ceux qui le répéteront seront des insolents à qui je saurai bien imposer silence...

En entendant ces derniers mots, Sigismond perdit une partie du sang-froid que jusqu'à ce moment il avait conservé.

— Monsieur, — s'écria-t-il, — prenez garde !

— A quoi ? — demanda Corticelli.

— Je suis un de ces insolents dont vous parlez si lestement...

— Je le sais bien... — Après ?...

— Prétendez-vous, par hasard, m'imposer silence aussi ?

— Pourquoi pas ? — A vous comme aux autres !

— A vous le premier...

— Et de quelle façon comptez-vous vous y prendre, vous, pour cela ?

— De la façon du monde la plus simple... — Je vous donnerai l'ordre de vous taire, et vous vous hâterez d'obéir.

M. de la Tour-Vaudieu tordit sa cravache entre ses mains pour résister à la tentation de la lever sur son provoquant interlocuteur.

— Ah! ça, monsieur, — demanda-t-il au bout d'une seconde, en s'efforçant de redevenir calme, — est-ce que, par hasard, c'est une querelle que vous cherchez ?...

— Je ne cherche querelle à personne, — répliqua Corticelli, — je me contente de remettre un impertinent à sa place...

À cette injure si directe et si grossière, Sigismond ébaucha un geste de fureur involontaire et, comme un lion violemment excité, sembla prêt à s'élancer sur le capitaine qui l'attendait avec un sourire de défi.

Mais, faisant un impérieux appel à toute sa force de volonté, il eut l'énergie de se contenir. — Il devint très pâle et il dit, d'une voix sourde et comme brisée :

— Passez votre chemin, monsieur... — Je ne suis point le premier venu, je ne vous connais pas, et je ne saurais accepter les provocations de hasard qui se rencontrent sur mon passage... — Je dédaigne également vos menaces et vos leçons... — Cessez donc d'inutiles bravades, car je ne prendrai plus la peine d'y répondre...

Depuis quelques instants l'animation des gestes, l'éclat des yeux, la vivacité du dialogue de Sigismond et de l'Italien, attiraient l'attention des promeneurs.

Plusieurs hommes de la connaissance plus ou moins intime du pair de France, comprenant instinctivement qu'il se passait quelque chose d'étrange, d'anormal, entre ce dernier et son interlocuteur, ralentissaient l'allure de leurs chevaux, et même s'arrêtaient complètement, retenus qu'ils étaient par l'intérêt ou la curiosité.

Le capitaine jeta sur ces spectateurs attentifs un regard circulaire, et les trouvant assez nombreux s'écria d'une voix très haute, de façon à être entendu de tout le monde :

— Ainsi donc, monsieur, il vous plaît d'avoir les bénéfices de l'insolence sans en accepter les charges!! — Il vous convient d'insulter les gens, sauf à leur dire ensuite : — *Passez votre chemin, je ne vous connais pas!* — En vérité, ce serait commode, mais il n'en sera point ainsi ! — Vous ignorez qui je suis, prétendez-vous ? — Eh! bien, j'ai sur vous un avantage, car, moi, je sais que vous êtes un lâche !...

— Drôle !! — balbutia Sigismond dans un transport d'indicible fureur, en levant la main sur Corticelli pour le souffleter...

Cette main ne retomba pas.

A peine M. de la Tour-Vaudieu venait-il d'articuler le mot : *drôle,* que la cravache de l'Italien coupait l'air en sifflant et traçait un sillon livide sur le visage du pair de France.

Certes, si dans ce moment Sigismond avait eu à sa disposition un pistolet, une épée, une arme quelconque enfin, Corticelli était perdu.

M. de la Tour-Vaudieu lui aurait, sans le moindre scrupule, brûlé la cervelle ou troué le cœur.

Mais il se trouvait sans armes. — Sa cravache elle-même avait été tordue et brisée par lui un instant auparavant.

Sans doute le duc, égaré, rendu fou par le sanglant outrage qu'il venait de recevoir, allait bondir sur son misérable adversaire et entamer une lutte corps à corps avec lui, ce qui eût été le plus affligeant, le plus honteux des spectacles, mais deux des hommes du monde, amis de Sigismond, qui avaient assisté au dénoûment imprévu de la scène que nous avons racontée, se hâtèrent d'intervenir et poussèrent vivement leurs chevaux entre le pair de France et l'Italien.

Ce dernier tira fièrement de la poche de son habit bleu un portefeuille de velours écarlate brodé d'or.

Dans ce portefeuille il prit une carte de visite et il présenta cette carte à l'un des amis de Sigismond, en disant :

— Voici mon nom et mon adresse... — Je me mets aux ordres de monsieur...

— Bracy, Chazeuilles, vous serez mes témoins, n'est-ce pas ?... — s'écria le duc en s'adressant aux cavaliers dont nous avons parlé. — Donnez, je vous prie, ma carte à cet homme.

Corticelli reçut la carte que lui tendait avec un mépris et un dégoût nullement dissimulés le comte de Bracy.

— Je rentre chez moi, — fit-il ensuite d'un air d'insoutenable jactance. — Mes témoins auront l'honneur d'attendre ceux de M. le duc toute la soirée ! — J'ose espérer qu'ils ne les attendront pas en vain...

Il salua ensuite légèrement, sans que personne lui rendît son salut, et il s'éloigna avec la conscience d'avoir rempli comme il le fallait sa tâche difficile.

— Mes amis, — balbutia Sigismond, lorsque l'Italien eût disparu au tournant de l'avenue la plus proche, — vous avez vu ce qui vient de se passer, n'est-ce pas ?...

MM. de Chazeuilles et de Bracy firent un signe affirmatif.

— Comprenez-vous quelque chose au coup de

foudre qui m'écrase ?... — continua M. de la Tour-Vaudieu.

— Rien absolument...— répondit M. de Bracy.
— C'est inexplicable...

— Cet homme qui s'attache à moi avec une incroyable persistance... qui me provoque sans raison... qui se livre sans motif à une voie de fait monstrueuse, sauvage, inouïe !!—tout cela est si invraisemblable qu'il me semble que je fais un rêve affreux... et par malheur, hélas ! tout cela n'est que trop réel...

— Cet odieux personnage, — demanda le marquis de Chazeuilles, — avait contre vous, sans doute, quelque sujet de haine ?...

— C'est impossible...

— En êtes-vous bien sûr, mon cher duc ?.

— Oh ! parfaitement sûr...—Il ne me connaissait pas plus que je ne le connais moi-même... —
— Je viens de le voir, aujourd'hui, pour la première fois de ma vie... —Je ne sais pas son nom, et certes, il y a cinq minutes, il ne connaissait pas le mien...

— Vous avez sa carte... — fit observer le comte de Bracy. — Voyez donc... — Peut-être ce nom que vous croyez ignorer vous apprendra-t-il quelque chose...

Sigismond jeta les yeux sur le carré de carton porcelaine, et lut à haute voix :

— *Le capitaine Corticelli, rue de Provence, n° 12.*

— Ah! s'écria M. de Chazeuilles, — c'était là le capitaine Corticelli!! — Il me semble maintenant que j'aurais dû le deviner...

— Vous savez quel est cet homme? — demanda vivement Sigismond.

— Le hasard a permis que j'entendisse parler de lui... — Le hasard seul, car il n'appartient, ni de près, ni de loin, au monde qui touche au nôtre par quelque côté...

— Que vous a-t-on dit de lui?

— Beaucoup de choses et de toute nature. — Ces choses peuvent se résumer en une seule : — Je vous affirme sur mon honneur, et Bracy, j'en ai la certitude, sera de mon avis quand j'en aurai conféré avec lui pendant cinq minutes, je vous affirme, dis-je, qu'il est inadmissible, complètement inadmissible, que le duc de la Tour-Vaudieu se batte avec le capitaine Corticelli.

— Ne pas me battre!! — murmura Sigismond stupéfait. — Y pensez-vous, Chazeuilles!!

— Oui, certes! et je maintiendrai mon opinion envers et contre tous...

— Ne pas me battre!! — répéta le duc pour la seconde fois. — Mais, pourquoi?

— Parce que votre adversaire est un de ces êtres avec lesquels il n'est point permis à un gentilhomme de croiser l'épée...

— Est-donc un lâche ?...

— Non... — c'est un spadassin au contraire.

— N'est-il point officier, ainsi que l'indique ce titre de capitaine ?

— Titre de pure fantaisie, sans nul doute, auquel je ne saurais croire... — Dans tous les cas Corticelli, réfugié italien, n'a jamais appartenu à l'armée française...

—Eh! qu'importent sa nationalité et son grade ?.. — reprit Sigismond avec impatience. — Allez droit au fait, mon ami, je vous en supplie... — Que reproche-t-on à cet homme ?...

M. de Chazeuilles se fit l'écho des bruits qui couraient sur le compte de Giuseppe Corticelli, et il le représenta comme un personnage douteux et d'existence suspecte.

Il conclut, en répétant pour la troisième fois :

— Vous voyez bien que vous ne pouvez pas vous battre...

Le duc de la Tour-Vaudieu avait prêté l'oreille aux paroles de M. de Chazeuilles avec une fatigue manifeste.

— Eh! quoi, — s'écria-t-il quand le marquis eut achevé, — voilà tout ?...

— N'est-ce point assez ?...

— Non! cent fois non !.. ce n'est point assez ! — Cet homme est un misérable, je le veux bien, je le crois comme vous, mais enfin il ne sort ni de la Conciergerie, ni du bagne, et je ne m'inquiète pas du reste !... — Donc, je me battrai, je vous le jure, et si ma vigueur et mon adresse ne trahissent point ma volonté, je tuerai demain celui qui vient de me marquer au visage !... — Pour laver dans le sang la tache de mon honneur et celle de ma joue, pour obtenir justice et vengeance d'un si sanglant affront, je croiserais le fer avec le valet du bourreau !!

En présence d'une résolution aussi évidemment irrévocable que celle du duc de la Tour-Vaudieu, messieurs de Bracy et de Chazeuilles comprirent à merveille que de plus longues observations seraient inutiles.

Ils partageaient d'ailleurs, jusqu'à un certain point, la façon de penser de Sigismond, et il leur fallait bien s'avouer à eux-mêmes que, dans une situation semblable à celle du pair de France, plutôt que de laisser impunie une insulte tellement ignoble, ils agiraient l'un et l'autre comme il se proposait d'agir.

En conséquence ils se mirent sans plus tarder à l'absolue disposition de M. de la Tour-Vaudieu.

— Allez chez cet homme à l'instant, mes amis... — leur dit le duc après les avoir chaleureusement remerciés. — Consentez à tout ce qu'il vous proposera... — J'accepte tout d'avance, les armes, l'heure, le lieu de la rencontre... — Je n'exige qu'une seule chose, c'est que cette rencontre ait lieu demain... — Vous comprenez, vous devez comprendre, qu'avec un pareil affront sur la joue je ne puis vivre plus longtemps, et qu'il me faut tuer ou mourir !...

## CHAPITRE XXXVI

### Où le capitaine Corticelli achève de gagner l'argent de Claudia Varni.

Grâce à ses nombreuses connaissances de table d'hôte et de maisons de jeu clandestines, Giuseppe Corticelli trouva moyen sans peine de se procurer deux témoins fort présentables.

Ces témoins étaient un colonel et un lieutenant-colonel en retraite, braves et honnêtes culottes de peau tous les deux, officiers de la Légion d'honneur l'un et l'autre, et conservant sous leurs cheveux blanchis des passions un peu trop vives.

Ces passions les conduisaient partout où ils avaient la certitude de rencontrer de jolies femmes du monde interlope.

Or, on sait que les héroïnes de la Bohême galante ne font défaut ni dans les tripots, ni dans les tables d'hôte...

Le colonel et le lieutenant-colonel, — avons-nous besoin de le dire? — honoraient Corticelli de toute leur confiance et le regardaient comme un capitaine sérieux et comme un véritable réfugié politique, — en un mot, ils avaient la foi.

Le comte de Bracy et le marquis de Chazeuilles s'abouchèrent le soir même avec ces deux honorables débris de la grande armée.

L'affaire était de celles qui ne se peuvent arranger autrement que par une rencontre.

En conséquence il fut convenu que cette rencontre aurait lieu le jour suivant, à huit heures du matin, au bois de Vincennes.

L'épée fut l'arme choisie.

Le capitaine Corticelli, on le voit, en était arrivé à ses fins de la manière la plus complète.

Il avait désormais la certitude absolue, matérielle en quelque sorte, de tuer le duc de la Tour-Vaudieu, ou plutôt de l'assassiner le lendemain.

Le marquis et le comte allèrent retrouver Sigismond à l'hôtel de la rue Saint-Dominique, et le mirent au fait de ce qui venait d'être arrêté entre eux et les témoins de l'Italien.

Il approuva tout, sans restriction, et il leur demanda de le venir prendre le lendemain matin à sept heures; — ce qu'ils promirent.

Sigismond, resté seul, quitta le faubourg Saint-Germain et se fit conduire au Marais, rue Saint-Louis, chez madame Amadis.

Il voulait revoir et embrasser une fois encore — (la dernière fois peut-être), — celle qui était sa femme devant Dieu et la mère de son enfant...

Hélas!... la pauvre Esther ne le reconnut même

pas, et ne tendit qu'un front glacé et indifférent à sa lèvre attendrie.

Le cœur brisé, l'esprit rempli de sombres pressentiments, M. de la Tour-Vaudieu revint à l'hôtel.

Il passa une partie de la nuit à écrire.

Vers trois heures du matin, il enferma sous une première enveloppe les pages qu'il venait de remplir.

Sur cette enveloppe, il traça ces mots:

« CECI EST MON TESTAMENT. »

Une seconde enveloppe plus grande, et portant l'adresse du docteur Leroyer, à Brunoy, reçut cet important dépôt et fut cachetée avec le plus grand soin par M. de la Tour-Vaudieu.

Ces préliminaires achevés Sigismond, se sentant épuisé de fatigue, se jeta sur son lit pour y prendre un peu de repos...

Son accablement physique était si complet, si écrasant, qu'il triompha de ses préoccupations morales. — Il s'endormit aussitôt d'un lourd sommeil.

Deux ou trois heures de ce sommeil suffirent pour ranimer le duc et pour lui rendre la force d'âme et de corps dont il avait besoin.

Il se leva, fit une toilette rapide, et sonna son valet de chambre lorsque cette toilette fut entièrement terminée.

— Donnez l'ordre d'atteler à l'instant une

calèche ou un coupé à quatre places... — lui dit-il, — et revenez me parler ensuite...

Au bout de quelques minutes, le domestique rentrait dans la chambre de son maître.

— Vous voyez cette lettre... — reprit Sigismond en désignant l'enveloppe adressée au docteur Leroyer.

— Oui, monsieur le duc.

— Si je ne suis pas de retour à l'hôtel à onze heures précises du matin, ou si je ne vous ai rien envoyé dire d'ici-là, vous mettrez cette lettre à la poste...

— Ce sera fait, monsieur le duc...

— Le marquis de Chazeuilles et le comte de Bracy viendront me demander tout à l'heure... — Vous les ferez entrer dans mon cabinet de travail et vous vous hâterez de me prévenir...

— Oui, monsieur le duc...

Le valet se retira.

Sigismond sortit de son appartement particulier et se dirigea vers la partie de l'hôtel où se trouvaient situés les appartements de sa mère.

Dans le salon d'attente qui précédait la chambre à coucher, il rencontra la première femme de chambre de la douairière.

— Comment madame la duchesse se trouve-t-elle ce matin ? — lui demanda-t-il.

— Hélas ! monsieur le duc, comme hier et comme avant-hier... — Madame la duchesse s'affaiblit de plus en plus et dort maintenant presque sans cesse...

— Pensez-vous que je puisse entrer et m'approcher d'elle sans la réveiller ?...

— Cela ne me paraît pas douteux... — Le sommeil de madame la duchesse est si profond que parfois il ressemble à un évanouissement...

Sigismond ouvrit doucement la porte.

Il entra sans bruit dans la vaste pièce à peine éclairée par les lueurs pâles d'une veilleuse...

Il foula d'un pied silencieux le tapis épais et il se dirigea vers le lit.

Sous les rideaux lourds de lampas, la douairière étendue et endormie ressemblait bien plus à une morte qu'à une vivante.

Il suffisait de la regarder avec attention pour se convaincre que bientôt ces yeux fermés ne se rouvriraient plus, et que les faibles battements de ce cœur allaient s'éteindre d'une heure à l'autre.

— Pauvre mère, — pensa M. de la Tour-Vaudieu, — sa vie désormais n'est qu'un souffle... A peine appartient-elle encore à cette terre, et cependant c'est moi peut-être, moi jeune et fort, moi qui semble destiné à une longue vie, c'est moi qui partirai le premier...

Sigismond se pencha vers la douairière et il appuya doucement ses lèvres sur son front.

Madame de la Tour-Vaudieu, non seulement ne

s'éveilla point, mais ne tressaillit même pas à ce léger contact.

— Adieu... — murmura le duc. — Adieu... adieu, ma mère...

Tandis qu'il regagnait son appartement, le valet de chambre le prévint qu'il venait d'introduire MM. de Bracy et de Chazeuilles dans son cabinet de travail.

Sigismond rejoignit aussitôt ses amis.

Quelques minutes après, tous les trois partaient pour le bois de Vincennes dans la berline aux armes ducales.

Au moment où M. de la Tour-Vaudieu et ses compagnons mettaient pied à terre au lieu convenu, une voiture de louage déposait au même endroit le capitaine Corticelli et ses témoins.

Un rapide salut fut échangé, puis les deux groupes, séparés par une distance de douze ou quinze pas, s'enfoncèrent dans les taillis, et ne tardèrent point à atteindre une clairière bien connue de l'Italien qui s'était déjà donné le plaisir de s'y battre plus d'une fois.

Cette clairière réunissait d'ailleurs toutes les conditions requises pour rendre *agréable et commode* une rencontre, soit à l'épée, soit au pistolet.

C'était vraiment plaisir de se couper réciproquement la gorge ou de se faire sauter la cervelle dans un si gracieux endroit !!...

Le capitaine reçut à ce sujet avec une touchante

modestie les compliments bien sentis de ses témoins.

Nous savons que l'épée était l'arme choisie.

Le capitaine et le duc avaient apporté des fleurets démouchetés.

On tira au sort pour savoir lesquels serviraient au combat.

Le sort se montra favorable tout d'abord à M. de la Tour-Vaudieu.

— Allons! — pensa le comte de Bracy. — Voilà qui est d'un heureux augure !...

Les deux adversaires quittèrent leurs redingotes et leurs gilets et se placèrent en face l'un de l'autre.

Sigismond était un peu pâle, mais son visage exprimait la résolution.

La figure basanée du capitaine semblait plus colorée que de coutume; ses lèvres minces souriaient sous ses longues moustaches aiguisées.

Il fumait imperturbablement un cigare de grande dimension.

Au moment d'engager le fer il regarda sa montre, et il dit, comme se parlant à lui-même, mais assez haut néanmoins pour être parfaitement entendu de son adversaire et des témoins de ce dernier :

— Huit heures dix minutes... — Je suppose qu'à huit heures un quart, au plus tard, l'affaire de M. le duc sera faite...

— Monsieur l'Italien, — s'écria le comte de Bracy indigné de ces paroles odieuses, — faites trêve à vos féroces jactances ! — Je vous en donne l'ordre, et je vous préviens que si vous ajoutez un seul mot je vous brise ma canne sur les reins...

Corticelli lança au comte un regard acéré comme un stylet et venimeux comme une flèche indienne.

— Ceci vaut un coup d'épée, — dit-il ensuite.
— Et ce coup d'épée, monsieur, j'aurai la joie, si vous le trouvez bon, de vous le donner tout à l'heure... — Mais, d'abord, à M. le duc...

Et il engagea le fer.

— Allez, messieurs !! — prononça solennellement le marquis de Chazeuilles.

Aussitôt le duel commença.

Dès la première seconde il devint manifeste pour les quatre témoins que l'issue de ce duel ne pouvait être douteuse.

A moins d'un de ces prodigieux hasards qui sont aussi rares que de véritables miracles, M. de la Tour-Vaudieu était un homme mort.

Ce n'est pas cependant que Sigismond fût un tireur mauvais ou seulement médiocre...

Loin de là.

Son jeu brillant et serré était plein d'élégance et de correction.

Il avait reçu des leçons de Grisier — le plus

habile et le plus illustre de tous les maîtres — et il en avait profité.

Mais le jeu étrange, impétueux, inexplicable du capitaine Corticelli, devait étonner, troubler, déconcerter les plus fortes lames.

Le fleuret, dans la main de l'Italien, jouait un rôle véritablement fantastique.

Nous ne saurions le comparer à autre chose qu'à la foudre... — Il décrivait comme elle les zigs-zags les plus fantastiques, les plus imprévus.

Comme elle il devait arriver au but inévitablement et porter des coups mortels que nulle adresse humaine ne saurait parer.

Le duc ne se fit aucune illusion.

— Je suis condamné!... — dit-il. — Il faut mourir en gentilhomme!...

Il donna une dernière pensée à Esther et à son enfant, et il s'efforça de soutenir la lutte avec autant d'adresse et d'intrépidité que si toute espérance n'était point éteinte dans son cœur.

Corticelli, pendant quelques secondes, sembla prendre un plaisir cruel — (celui du tigre qui joue avec sa proie) — à ne point triompher trop vite de la résistance héroïque de son adversaire.

Mais il ne tarda guère à se fatiguer de cette modération qui n'était point dans ses habitudes.

Il déploya soudainement toute la vigueur de ses

muscles, toute l'énergie de son poignet, toute la justesse de son coup d'œil.

La pointe du fleuret, lancée en avant avec la roideur de la balle d'une carabine, disparut dans la poitrine de Sigismond et sortit entre les épaules.

Le cœur était traversé de part en part.

M. de la Tour-Vaudieu, foudroyé, ne poussa pas même un soupir et tomba le visage contre terre...

Le capitaine Giuseppe Corticelli venait de gagner consciencieusement l'argent de Claudia Varni!...

Le comte de Bracy et le marquis de Chazeuilles poussèrent un cri et s'agenouillèrent auprès du corps de leur ami, espérant découvrir dans ce cadavre un reste de vie... une étincelle... un souffle.

Vain espoir!... — inutile attente!...

Tout était fini... bien fini... — Le noble cœur de Sigismond avait pour toujours cessé de battre.

Pendant ce temps l'Italien regardait de nouveau sa montre...

— M'étais-je illusionné tout à l'heure, messieurs? — fit-il en s'adressant à ses témoins et en rallumant par une vigoureuse aspiration son cigare à demi-éteint. — Je demandais cinq minutes et il ne m'en a fallu que trois!..

Nous devons ajouter que les deux débris de la

grande armée lui tournèrent le dos avec une indignation méprisante qu'ils ne cherchèrent point à cacher.

## CHAPITRE XXXVII

**Où l'on voit reparaître Jean Jeudi.**

L'heure où Sigismond, duc de la Tour-Vaudieu, tombait frappé à mort au bois de Vincennes, était à peu près celle où Paul Leroyer arrivait à Brunoy chez le docteur, et lui exposait sa situation désespérée.

Nous avons assisté à l'entretien de l'oncle et du neveu.

Nous les avons vus partir ensemble pour Villeneuve-Saint-Georges et se séparer en face de la maison du notaire, l'un pour continuer son chemin vers Paris, l'autre pour retourner à son logis.

Nous avons enfin quitté le vieux médecin le soir même de ce jour, au moment où, tenant dans ses bras l'enfant de Sigismond, le pauvre enfant orphelin qu'il croyait ramener à son père, il descendait d'un fiacre à la porte de la maison de Paul Leroyer.

Le docteur, — avons-nous besoin de le dire, — fut accueilli par Paul et Angèle comme une vivante incarnation de la Providence ? — Jamais, nous l'affirmons, une reconnaissance plus profonde et plus sincère ne fut plus chaleureusement exprimée.

L'inventeur et sa femme pleuraient de joie et d'attendrissement en couvrant de baisers les joues et les mains du vieillard, et M. Leroyer lui-même sentait l'émotion le gagner.

— Allons, allons, mes bons amis, mes chers enfants, — s'écria-t-il pour couper court à cette scène touchante et pour arrêter les larmes qui lui montaient aux yeux malgré lui, — en voilà assez... en voilà trop... — A vous entendre il faudrait m'élever une statue, et je vous assure que je ne mérite pas même une statuette... — Qu'est-ce que je fais donc de si extraordinaire, après tout ?... — Je vous donne un argent qui vous appartient... — Ce que je possède doit être à vous un jour ou l'autre, un peu plus tôt ou un plus tard, puisque je suis un vieux garçon égoïste et que Paul est mon unique héritier... donc, n'en parlons plus, je vous le demande, je vous en prie, je vous en supplie... n'en parlons plus et occupons-nous d'autre chose...

Mais Angèle et Paul ne l'entendaient point ainsi.

Leurs cœurs débordaient... — Ils voulaient remercier encore, bénir encore leur sauveur, et M. Leroyer dut se résigner...

Tandis que ceci se passait Place Royale, le temps s'écoulait avec une fabuleuse rapidité.

Le docteur tressaillit en entendant sonner neuf heures à l'horloge de l'église la plus prochaine.

— Je vous quitte, mes amis, — dit-il vivement en reprenant l'enfant de Sigismond qu'Angèle berçait dans ses bras avec des soins tout maternels, — je suis attendu, et pour rien au monde je ne voudrais arriver en retard au rendez-vous qui m'est donné... — Ainsi que j'en ai prévenu Paul, je reviendrai ce soir vous demander un lit, mais je ne sais pas à quelle heure... armez-vous donc de patience...

— Voulez-vous, mon oncle, que je coure bien vite vous chercher une voiture ?... — demanda l'inventeur.

— C'est inutile... — j'ai laissé mon fiacre à la porte...

— Eh bien ! je descends avec vous et je vais tâcher de trouver pour moi-même un cabriolet, car il me faut faire de mon côté une course énorme, et peut-être arriverez-vous ici avant que je sois de retour de Courbevoie...

L'oncle et le neveu sortirent.

M. Leroyer remonta dans le fiacre qui l'avait amené et donna l'ordre au cocher de le conduire à l'extrémité de la rue de Rivoli, près de la place de la Concorde.

Paul se dirigea vers le boulevard où il pensait trouver facilement une voiture.

Son désappointement fut grand en s'apercevant que *les stations* étaient désertes.

Une pluie fine commençait à tomber et toutes les voitures avaient été prises d'assaut en un instant.

Aller à pied jusqu'à Courbevoie était impossible et l'inventeur n'y songea même pas.

Il suivit la ligne des boulevards dans la direction du boulevard du Temple, appelant au passage tous les cochers de voitures de place; mais ces derniers, insolents comme ils le deviennent d'habitude quand ils sont *chargés* et quand il pleut, ne se donnaient même point la peine de lui répondre.

Il marcha ainsi pendant près de trois quarts d'heure. — Sa fatigue et son découragement augmentaient de minute en minute.

Enfin, presqu'en face des théâtres de la Gaîté, des Folies-Dramatiques et du Cirque, il vit briller les lanternes rouges d'un fiacre jaune à deux chevaux qui semblait chercher pratique.

Il courut après ce fiacre et demanda d'une voix essoufflée :

— Cocher, êtes-vous libre ?..

Ce fut avec un soupir d'immense soulagement qu'il entendit cette réponse :

— A votre service, bourgeois, montez...

Le fiacre s'arrêta.

L'automédon descendit de son siège et vint fermer la portière.

— C'est-il à l'heure où à la course, mon bourgeois? — fit-il.

— A l'heure...

— Suffit... — Il est dix heures, quart moins, à ma montre... — Voyez la vôtre, bourgeois...

Paul ne répondit rien, et pour cause. — Depuis plusieurs mois sa montre était au mont-de-piété.

Le cocher reprit:

— Où faut-il vous conduire, sans vous commander?...

— A Courbevoie.

— Mazette!!! plus que ça de ruban de queue et avec des bidets qui trottent depuis les sept heures du matin! — Cré nom... pas de chance!!

— Et c'est-il bien avant dans Courbevoie que nous allons?

— Non, — c'est tout près de la tête du pont de Neuilly...

— Une simple promenade, quoi!.. — Enfin vous connaissez le tarif hors Paris, bourgeois?..

— Oui... oui...

— Et quant au pourboire ce sera à votre générosité... — Voici mon numéro, ajouta le cocher en tendant à Paul un petit carton, — c'est le n° 13...
— un mauvais numéro, un numéro qui porte malheur, comme dit c't'autre, et cependant nous

nous portons tous pas trop mal, les poulets d'Inde et le carabas, sauf vot' respect, nous roulons avec agrément. — Pierre Loriot et ses cocottes sont connus sur la pavé de Paris, allez !

Pierre Loriot, car c'était en effet le cocher que nous avons vu amener à Brunoy Esther et madame Amadis, remonta sur son siège et fouetta ses maigres chevaux en criant à tue-tête :

— Hue, Lafayette !.. Hue, la Charte !.. — patinez-vous un peu bien les pattes, car vous avez du chemin à avaler, mes agneaux, avant votre picotin du soir !...

Les pauvres haridelles ébranlèrent, non sans peine, la lourde machine à laquelle elles étaient attelées, et partirent à un trot chancelant et décousu qui ne promettait rien de bon à Paul Leroyer.

Nous prions nos lecteurs de vouloir bien nous accompagner au pavillon de Neuilly, ce même jour, à l'heure où le docteur Leroyer arrivait chez son neveu, c'est-à-dire à huit heures du soir.

Le marquis Georges de la Tour-Vaudieu connaissait déjà le résultat sanglant du duel, ou plutôt de l'assassinat du bois de Vincennes... — Il savait que, depuis le matin, le duc était mort.

Il avait accueilli avec une horrible joie l'annonce de ce triomphe fratricide.

En ce moment, il se promenait rapidement et de long en large dans la cour du pavillon...

Il allait et venait, depuis les trois marches du perron jusqu'à la grille, intérieurement garnie d'épais contrevents et qui servait d'entrée principale à l'habitation.

Evidemment il attendait quelque chose et commençait à trouver que son attente durait trop longtemps.

Enfin il entendit le bruit d'une voiture menée à grande vitesse sur le chemin caillouteux.

Cette voiture s'arrêta juste en face du pavillon.

C'était un vieux fiacre de la plus vulgaire apparence, estampillé sur ses flancs poudreux de deux énormes numéros.

Mais à ce fiacre étaient attelés deux chevaux de race pure et de grande valeur, qui semblaient surpris et honteux de sentir de grossiers harnais froisser leur robe soyeuse.

Sur le siège se voyait un cocher de petite taille, enveloppé, malgré la douceur de la température, dans un carrick à plusieurs collets, et cachant à demi son visage sous les larges bords d'un chapeau de cuir bouilli.

Du haut de son siège ce cocher prononça une phrase anglaise.

Georges ouvrit aussitôt la grille.

La voiture entra dans la cour, — la porte fut refermée, — et Claudia — (que sans doute nos lecteurs ont devinée déjà sous son nouveau déguisement), — mit pied à terre, en s'écriant :

— Comment me trouves-tu ?...

— Méconnaissable... — répondit le marquis, — par conséquent admirable !!.

— Attache les chevaux par la bride à la poignée de la grille, continua la pécheresse, — afin que la fantaisie ne leur prenne point d'aller faire un tour de jardin avec la voiture, et occupons-nous de rendre à la liberté ce brave Jean Jeudi...

Georges obéit à l'injonction de Claudia et les deux complices entrèrent dans le pavillon.

Une lanterne d'écurie éclairait le vestibule et une bougie allumée était placée sur la table de la salle à manger.

Claudia entra dans cette dernière pièce.

— Est-ce que nous ne descendons pas tout de suite à la cave ?... — demanda le marquis.

— Un instant, mon cher... — J'ai quelque chose à faire ici...

— Quoi donc ?

— Tu vas voir...

La pécheresse fouilla sous son carrick et tira de la poche de son vêtement d'homme un microscopique flacon de cristal, et l'une de ces petites bouteilles clissées en osier que les chasseurs emportent volontiers avec eux.

Claudia posa ces deux objets sur la table et reprit :

— Donne-moi l'une des bouteilles de vin de madère qui sont dans le placard.

M. de la Tour-Vaudieu ne se fit point répéter cet ordre.

Claudia remplit aux trois quarts la fiole clissée dans laquelle elle versa en outre le contenu du petit flacon.

Elle agita ce mélange, — elle vissa le bouchon avec soin, et elle remit la fiole dans sa poche.

— Voilà qui est terminé... — dit-elle ensuite.

— A qui destines-tu ce breuvage ? — fit le marquis curieusement.

— Je le destine à Jean Jeudi... — Ne faut-il pas éviter à ce pauvre diable la chance de nous rencontrer plus tard et la tentation de nous exploiter?...

— Tu as cent fois raison, ma chère et j'admire ta merveilleuse présence d'esprit qui te permet de ne négliger aucun détail...

— De semblables détails ont une importance capitale, — répliqua la pécheresse, — et bien fou qui les oublierait ! — Maintenant, descendons à la cave...

Un instant après avoir échangé ces dernières paroles les deux complices, munis de la lanterne d'écurie qui répandait devant eux une faible lueur, faisaient jouer la clef massive dans la lourde serrure du petit caveau où était enfermé l'homme à la blouse blanche.

La porte tourna sur ses gonds avec un gémissement lugubre.

En même temps, la figure blême du bandit se détacha sur le fond noir du caveau.

Claudia tenait de la main droite un de ses petits pistolets.

— Brave homme,—dit-elle,—vous pouvez sortir, mais souvenez-vous qu'il faut être doux et docile... — Vous voyez que je suis armée, et mon compagnon ne l'est pas moins...

— Pas de crainte, ma petite dame — répondit le prisonnier qui reconnut la jeune femme à la voix. — Jean Jeudi ne ferait point de mal à une mouche!.. c'est un agneau pour le caractère... — Tonnerre du diable! — ajouta-t-il avec une gaieté sinistre — vous avez tout de même bien fait de venir me tirer ce soir de cette drôle de salle de police, car je commençais à *m'embêter* crânement là dedans! — C'est-il tout de suite qu'on va jouer le grand jeu et gagner les jaunets?...

— Oui, — fit Claudia.

— Eh bien! ça me botte!... — Foi de Jean Jeudi, je vous ferai de la bonne ouvrage et vous verrez que, sans me vanter, je travaille assez proprement...

Nos trois personnages sortirent de la cave, puis du pavillon.

Dans la cour, Claudia s'arrêta.

Elle tira de son gousset quelques pièces d'or et les montra au bandit dont les yeux étincelèrent.

— Il a été convenu,— dit-elle, — que vous toucherez dix louis, cinq avant — cinq après... — Voici les cinq premiers, — les autres vous seront remis dans une heure...

Jean Jeudi saisit l'or avec un rictus de bête fauve, et le fit disparaître dans la poche de son pantalon de toile.

— Quittez votre blouse... — reprit la pécheresse. — Elle est trop voyante...

— Et, qu'est-ce que je mettrai à la place?

— Une redingote qu'on va vous donner...

Georges — sur un signe de Claudia — alla chercher dans le fiacre un vêtement que Jean-Jeudi revêtit à l'instant même.

— Est-ce que vous me laisserez cette *frusque-là* par-dessus le marché?.. — demanda-t-il ensuite.

— Sans doute.

— Nom d'une pipe! vous êtes des pratiques généreuses, savez-vous, et c'est plaisir de faire des affaires avec des paroissiens de votre calibre !! — J'ai la *valiscence* d'espérer que ça ne sera point la dernière fois que nous opérerons ensemble...

— Peut-être ne vous trompez-vous pas... — murmura la pécheresse. — Nous verrons... — Mais il s'agit d'abord de nous satisfaire aujourd'hui...

— Oh! quant à ça, soyez paisibles... — Vous aurez de l'agrément pour votre argent...

Le marquis avait détaché les chevaux.

— Vous allez monter sur le siège à côté de moi, brave homme, — continua Claudia, — et ne perdez pas de vue que j'ai mes pistolets sous la main et que je n'hésiterais point à vous brûler la cervelle si vous faisiez un geste imprudent...

— Eh! ma petite dame, — répliqua Jean Jeudi, me prenez-vous pour un imbécile ?... Je n'ai aucun intérêt à vous faire du mal, donc vous n'avez rien de rien à craindre...

C'était naïf, mais logique.

Claudia sourit, elle monta sur le siège et prit les guides.

Jean Jeudi grimpa légèrement à côté d'elle.

Georges ouvrit la grille, puis la referma quand la voiture fut sortie.

Il s'installa ensuite sur les coussins du véhicule.

— Hop! — dit la pécheresse, et l'attelage prit aussitôt une impétueuse allure inconnue des chevaux de fiacre du passé et de l'avenir.

A dix heures moins un quart l'étrange équipage s'arrêtait sur la place de la Concorde, à proximité du Pont-Tournant.

## CHAPITRE XXXVIII.

**Dix heures du soir.**

Depuis une heure environ une pluie fine et pénétrante tombait sans relâche, — nous l'avons dit, — et rendait l'obscurité plus profonde en formant une sorte de brouillard opaque et impénétrable aux regards.

La place de la Concorde ne ressemblait point alors à ce qu'elle est aujourd'hui. — Les lampadaires ne s'y faisaient remarquer que par leur absence. — Le gaz n'était pas encore employé à l'éclairage de Paris, et les quelques réverbères placés sous les arcades du Garde-Meuble, en face du Palais-Bourbon et à la grille du jardin des Tuileries, n'essayaient en aucune façon de combattre les ténèbres épaisses qui régnaient victorieusement sur la place.

Avons-nous besoin d'ajouter que cette place était absolument déserte, au moins en apparence, et qu'il aurait fallu être doué d'une témérité de premier ordre pour se hasarder à la traverser à pied, tant la proximité des Champs-Elysées la rendait dangereuse.

Les Champs-Elysées à cette époque étaient un véritable repaire.

Une fois la nuit tombée, leurs contre-allées marécageuses devenaient le domaine exclusif des bandits de toute sorte et de ces êtres infâmes dont le nom seul souillerait ces pages.

La voiture conduite par Claudia s'arrêta à cinquante ou soixante pas du Pont-Tournant.

— Faut-il descendre ? — demanda Jean-Jeudi.

— Non — répondit la pécheresse.

— Ce n'est donc point ici qu'on va déployer ses petits talents de société ?...

— Ce n'est pas ici.

— Ici ou ailleurs, peu m'importe !.. — *Je m'en bats l'œil* et j'ai le temps d'attendre... — Seulement il y a un cheveu dans mon existence... c'est cette sacrée pluie qui dégringole comme si qu'on l'avait prise à l'heure, et qui lessive ma redingote neuve... — Cré mille noms d'une pipe ! pas de chance !...

Tandis que Jean Jeudi formulait cette plainte douloureuse, Georges ouvrait la portière et sautait sur le pavé boueux de la place.

Il s'éloigna de la voiture et, sans échanger un seul mot avec Claudia, il se dirigea vers le lieu du rendez-vous donné à M. Leroyer.

On n'a pas oublié sans doute que le marquis de la Tour-Vaudieu connaissait parfaitement le docteur, et que ce dernier, au contraire, n'avait jamais vu le marquis, circonstance essentielle.

La leçon avait été faite et bien faite par Claudia à son complice.

Georges savait par cœur le rôle qu'il lui fallait jouer, et ce rôle n'était d'ailleurs ni long ni difficile.

Arrivé au lieu convenu, le marquis s'arrêta et se retourna.

Les lanternes de la voiture apparaissaient à travers la pluie comme deux petites étoiles pâles et sans rayons.

Le fiacre lui-même se noyait complètement dans l'obscurité.

— Pourvu que le docteur soit exact !... murmura Georges. — Ma parole d'honneur, il fait un temps par lequel j'hésiterais à mettre mes créanciers eux-mêmes à la porte !...

Quelques minutes s'écoulèrent.

Le silence n'était pas moins profond que l'obscurité. — La grande ville toute entière semblait endormie.

Enfin on entendit sonner dix heures à l'horloge des Tuileries.

Aux vibrations étouffées du timbre lointain succéda un bruit de pas, bruit presque indistinct d'abord mais qui se rapprocha peu à peu.

Il était impossible de s'y méprendre, c'était le pas lent et incertain d'un homme chargé d'un fardeau embarrassant ou précieux.

— Ce doit être lui... — pensa Georges.

Et, quittant aussitôt son immobilité, il se dirigea vers l'arrivant qu'il atteignit en moins d'une minute.

Le vieux médecin, pressant contre sa poitrine l'enfant de Sigismond, l'enveloppait de son mieux dans ses vêtements pour le garantir contre les atteintes de la pluie.

En voyant Georges s'arrêter, il s'arrêta de son côté.

Georges le reconnut du premier regard.

Néanmoins, obéissant aux instructions données par Claudia, il dit :

— Vous devez être, monsieur, la personne que je suis chargé d'attendre ici...

— Quelle personne attendez-vous ? — demanda prudemment le vieux médecin.

— Le docteur Leroyer, de Brunoy...

— Je suis en effet le docteur Leroyer... Puis-je savoir à qui j'ai le plaisir de parler ?...

Georges se pencha vers le vieillard, et lui dit tout bas :

— Vous voyez en moi l'homme de confiance, le serviteur dévoué, le confident intime de M. le duc de la Tour-Vaudieu...

— A merveille... — répliqua le docteur. — Me voici à votre disposition avec l'enfant... — Je suppose que nous allons retrouver le duc...

— Cette supposition est parfaitement juste... —

M. de la Tour-Vaudieu vous attend en effet avec impatience...

— Où se trouve-t-il en ce moment?...

— Tout près de Paris, à Neuilly... chez une personne à laquelle il se propose de confier son fils...

— M. le duc m'a chargé de vous adresser une question, monsieur le docteur...

— Laquelle?...

— Celle-ci : — Avez-vous, suivant sa recommandation expresse, brûlé la lettre par laquelle il vous a donné rendez-vous?...

— J'ai brûlé cette lettre immédiatement après l'avoir lue...

— C'est parfait!... M. le duc, connaissant votre prudence, n'avait d'ailleurs aucune inquiétude à cet égard... — Venez, monsieur, la voiture nous attend à quelques pas d'ici...

— C'est que, — fit le docteur, — j'ai laissé mon fiacre au bout de la rue de Rivoli... — Un fiacre pris à l'heure, et qu'il me faut payer si nous ne nous en servons pas...

— Rien de plus juste... — Donnez-moi l'enfant et allez payer votre fiacre...

Le vieux médecin fit un brusque mouvement de recul.

— Non... non... — s'écria-t-il; — je ne puis confier l'enfant à personne... — En me chargeant de lui, j'ai accepté une responsabilité immense...

— L'enfant ne me quittera que pour être remis aux mains de son père...

— Je vous approuve complètement...—répliqua Georges d'un ton pénétré; — je vous appouve et je vous admire... Allez donc et faites vite, j'attends votre retour...

Tandis que le vieillard s'éloignait, Georges murmura :

— Pauvre sot !... en me donnant cet enfant tu sauvais peut-être ta vie... C'est toi-même qui viens de te condamner de nouveau et, cette fois, sans appel...

Au bout de deux ou trois minutes M. Leroyer reparut.

Le marquis le mena jusqu'à la voiture conduite par Claudia qui frissonnait d'impatience sur son siège.

Il ouvrit la portière ; — il fit monter M. Leroyer ; — il s'assit à côté de lui; — les chevaux traversèrent au grand trot la place de la Concorde et s'engagèrent rapidement dans l'avenue des Champs-Élysées.

En 1837, on n'avait pas encore emprunté à nos bons amis les Anglais cet odieux *macadam* qu'un rayon de soleil métamorphose en poussière et qu'une ondée change en lac de boue.

Le pavé régnait dans Paris et dans la banlieue, sans savoir qu'il devait être détrôné quelques années plus tard par un indigne rival.

Le bruit des roues broyant ce pavé rendait toute conversation à peu près impossible dans la voiture, et c'est à peine si de rares paroles furent échangées entre le marquis et le docteur pendant le temps nécessaire pour franchir la distance qui sépare la place de la Concorde du pont de Neuilly.

Laissons courir cette voiture, emportée par le trot régulier de deux chevaux pleins d'ardeur, et rejoignons Paul Leroyer qui suivait la même direction sur les coussins poudreux du fiacre n° 13.

Pierre Loriot avait dit la vérité la plus littérale en affirmant à l'inventeur que les deux bidets répondant aux noms politiques de *Lafayette* et de *la Charte* étaient absolument sur les dents.

Les malheureuses bêtes, trottant depuis le matin avec une héroïque résignation, ne remuaient plus qu'à grand'peine leurs articulations raidies et leurs jambes ankylosées.

Cependant ils ne refusaient point le service, leur courage suppléait à leurs forces épuisées, et ils trottinèrent tant bien que mal, mais d'assez bon cœur, jusqu'à la barrière de l'Étoile.

Une fois là, toute énergie physique et morale leur fit défaut, et il fallut que Pierre Loriot leur distribuât une grêle de coups de fouet, accompagnée d'une quintuple bordée de jurons, pour les décider à poursuivre.

Galvanisés par ces avalanches de horions, que certes ils ne méritaient pas, les infortunés bidets reprirent leur course, ou plutôt leur marche, avec une allure qui n'a de nom dans aucune langue, et qui n'était ni le pas, ni le trot, ni l'amble, ni l'aubin, encore bien moins le galop...

Ils allaient, tirant sur leurs traits par saccades, s'appuyant l'un contre l'autre, glissant, bronchant, suant, haletant, enfin dans un état à inspirer de la pitié aux plus insensibles.

Pierre Loriot, dominé par l'inflexible loi du devoir, les fouettait à tour de bras et maudissait de toute son âme le malencontreux voyageur qui le réduisait à de si dures extrémités...

Paul Leroyer, énervé par la lenteur de l'attelage, trépignait au fond de son fiacre...

Enfin la longue avenue fut parcourue presque entière ; il ne restait qu'un espace de quatre ou cinq cents pas à franchir pour arriver au pont de Neuilly...

Les bidets s'arrêtèrent net tout à coup.

Pierre Loriot voulut avoir recours, pour les remettre en mouvement, à son expédient habituel.
— il employa l'irrésistible argument du fouet.

Les bidets firent un suprême effort...

Ils s'ébranlèrent de nouveau, ou plutôt ils s'agitèrent, mais sans avancer, et *Lafayette*, manquant à la fois des quatres jambes sur le pavé ruisselant de pluie, s'abattit lourdement en brisant dans sa chute le timon.

Pierre Loriot, furieux et désolé, se mit à jurer

comme un païen en s'élançant de son siège et en cherchant à relever le cheval abattu, ce à quoi il parvint au bout de quelques secondes ; — mais le timon brisé rendait désormais toute traction impossible, et d'ailleurs il devenait évident que les bidets, aux trois quarts fourbus, étaient incapables de faire quatre pas de plus.

Pierre Loriot ouvrit donc la portière et, gémissant et maugréant, il expliqua la situation à Paul Lercyer qui ne comprenait rien à ce temps d'arrêt subit et prolongé.

L'inventeur, très contrarié, prit son parti d'un mal sans remède ; — il paya largement Pierre Loriot, et continua son chemin à pied vers le pont de Neuilly.

Presque au moment de l'atteindre, il vit sur le bord de la route un fiacre arrêté, dont les chevaux étaient tournés du côté de Paris.

Il se dirigea vers ce fiacre.

— Cocher, — demanda-t-il, — êtes-vous libre?..

— Allez au diable!! — répondit d'un ton brutal une voix évidemment contrefaite.

Paul n'avait ni le temps ni l'envie de chercher querelle à un cocher grossier.

Il ne répliqua rien et se remit à marcher.

A peine avait-il fait quelques pas lorsqu'un incident inattendu le fit tressaillir.

Un cri lugubre et douloureux, une sorte de

gémissement étouffé, venait de retentir devant lui, à une faible distance.

A ce cri, à cette plainte, succéda le bruit sourd produit par un objet d'un volume considérable tombant dans l'eau depuis un endroit élevé.

Paul s'arrêta et prêta l'oreille...

Le silence s'était déjà rétabli...

Il essaya d'interroger les ténèbres, — mais nous savons que la nuit était profonde, et d'ailleurs un brouillard épais enveloppait les arches et les parapets.

— Mes oreilles ont tinté sans doute... — se dit l'inventeur, — sans doute ces sonorités bizarres n'ont existé que dans mon imagination.

Et il s'engagea sans hésiter sur le pont de Neuilly.

Déjà il en avait parcouru le premier tiers quand il tressaillit de nouveau en entendant le bruit parfaitement distinct d'une course rapide. — En même temps un homme, ou plutôt une ombre, se dirigeant du côté de Paris, passa près de lui très rapidement sans le voir.

— Que signifie tout cela ?... — se demanda Paul, un peu étonné, un peu ému, mais sans que cependant la pensée d'un crime se présentât à son esprit...

Le temps lui manquait d'ailleurs pour la réflexion; — l'heure le pressait, — il continua son chemin.

Le pont était presque entièrement franchi lorsqu'il lui sembla pour la seconde fois qu'un gémissement venait jusqu'à lui.

Ce gémissement semblait monter des profondeurs de la Seine...

Paul se pencha vers la rivière en s'appuyant au parapet. — Il crut voir de larges taches noires sur la pierre blanche que touchaient ses mains.

Il écouta...

Les eaux silencieuses produisaient à peine un murmure indistinct en passant sous les arches... — le gémissement ne se renouvelait pas...

Cinq minutes après, Paul Leroyer sonnait à la porte de l'ex-avoué Morisseau, l'escompteur de Courbevoie.

## CHAPITRE XXXIX

### La justice des hommes.

Voici ce qui s'était passé quelques minutes auparavant.

La voiture conduite par Claudia s'engagea au grand trot sur le pont de Neuilly.

Au moment d'en atteindre le point central, l'infernale créature mit ses chevaux au pas.

— Jean Jeudi, — dit-elle à son prisonnier, — l'heure est venue de gagner votre argent et votre liberté...

— Présent à l'appel !.. — répliqua le bandit. — Expliquez l'ordre et la marche, ma petite dame, on s'y conformera...

— Voici le couteau avec lequel vous aviez si bonne envie de me tuer l'autre nuit au pavillon... — je vous le rends...

— Vive la joie !... — c'est un fameux couteau et je ne me sens pas d'aise de le retrouver !.. — Il a le fil... rapportez-vous-en à moi... — Vous verrez ça tout à l'heure...

— Je vais arrêter la voiture... — Vous vous laisserez glisser au bas du siège...

— *Sufficit !*.. — Je suis souple comme une anguille...

— Les deux personnes qui se trouvent dans l'intérieur descendront... — Vous vous glisserez derrière elles... — Vous frapperez entre les épaules le vieillard qui porte l'enfant, de manière à le tuer d'un seul coup, et vous jetterez le cadavre dans la rivière par-dessus le parapet... — Vous en ferez autant de l'enfant. — Une fois cette besogne achevée, le personnage que vous connaissez vous remettra les cinq pièces d'or qui vous sont promises...

— C'est comme si je les avais, car je les aurai dans cinq minutes...

— Il vous faut, pour agir, du sang-froid, de la résolution, de l'audace... — reprit Claudia en tirant de sa poche la bouteille clissée et en la présentant au bandit. — Buvez, — ça vous donnera du cœur...

— Est-ce de l'eau-de-vie? — demanda Jean Jeudi.

— Non. — C'est du vin de Madère...

— J'en ai beaucoup entendu parler, j'en ai entendu dire infiniment de bien, et je ne suis pas fâché de faire sa connaissance... — A votre santé, ma petite dame... — Eh! hop!...

Et le misérable avala d'une seul trait le contenu de la fiole.

— Maintenant,— se dit tout bas la pécheresse, le voilà condamné à mort aussi sûrement que le docteur Leroyer lui-même... — Tout est prévu, tout va bien... — à l'œuvre !

Elle arrêta la voiture.

Georges et le vieillard descendirent aussitôt.

— Où sommes-nous ? — demanda le médecin.

— A deux pas de l'endroit où M. le duc nous attend... — Venez...

M. Leroyer ne fit aucune autre question et suivit Georges.

Jean Jeudi marchait derrière eux.

Claudia avait tourné bride et reprenait le chemin de Paris pour s'arrêter cent pas plus loin, dans l'endroit où nous avons vu le neveu du docteur s'approcher d'elle et, la prenant pour ce qu'elle paraissait être grâce à son déguisement, lui demanda si sa voiture était libre.

Le docteur, dont l'enfant embarrassait la marche, n'avançait qu'avec peine sur les pavés glissants.

Il commençait à s'étonner que le fiacre ne les eût pas conduits jusqu'à leur destination, et il allait faire part à Georges de son étonnement à ce sujet.

Le temps lui manqua...

Jean Jeudi leva sa main armée du couteau meurtrier et, ainsi que le lui avait recommandé Claudia, frappa M. Leroyer entre les épaules.

Le vieillard poussa un cri, exhala un gémissement et tomba à la renverse ; — l'enfant s'échappa de ses bras.

Jean Jeudi se baissa, — souleva le corps, — le hissa sur le parapet et le laissa glisser dans la Seine.

— L'ouvrage est *faite!* — dit-il ensuite d'une voix menaçante au marquis frissonnant d'effroi...
— Payez-moi... et dépêchez-vous...

— Voici ce qui vous est dû... — balbutia Georges en lui glissant dans la main cinq pièces d'or.
— Mais l'enfant... il reste l'enfant...

— Je vais le noyer un peu plus loin... — soyez sans crainte.. — répliqua le bandit en saisissant la frêle créature et en disparaissant avec elle dans les ténèbres.

Georges, stupéfait, se demanda pendant une seconde s'il devait le poursuivre, afin d'assister à l'accomplissement du second crime après avoir été témoin du premier, mais il se sentait violemment troublé, — tranchons le mot : il avait peur, et sans s'occuper plus longtemps de Jean Jeudi il se mit à courir pour rejoindre Claudia...

C'était avec lui que Paul Leroyer s'était croisé dans les ténèbres.

Nous avons laissé le neveu du vieux médecin sonnant à la porte de l'escompteur Morisseau.

Une servante aux trois quarts endormie lui vint ouvrir en rechignant, et l'introduisit dans le cabinet du maître de la maison.

L'homme d'affaires escompteur ressemblait à presque tous ses confrères ; — il nous paraît donc absolument inutile de faire de sa personne une description quelconque.

— Ah ! ma foi, monsieur Leroyer, s'écria-t-il, — je ne vous attendais plus, savez-vous !... — Pourquoi diable venez-vous si tard ?...

— Parce qu'il m'a été impossible de venir plus tôt, M. Morisseau. — répliqua Paul très sèchement.

— Et comme vous voilà mouillé, grand Dieu !.. — continua l'homme d'affaires. — Est-ce que vous êtes venu à pied, depuis Paris, par ce temps affreux ?...

— Peu importe de quelle façon je suis arrivé, l'essentiel c'est que je sois venu...

— C'est juste... — mais je vous trouve un peu bien raide, savez-vous, monsieur Leroyer...

— Je suis comme il me plaît d'être, monsieur Morisseau...— Si vous avez oublié la lettre insultante que j'ai reçue de vous avant-hier, moi je me souviens de cette lettre... — Enfin ce n'est pas de cela qu'il s'agit... — Où sont les billets ?...

— Où est l'argent ?
— Dans ma poche.
— Eh ! bien, les valeurs sont dans ma caisse...
— Qu'elles en sortent donc, car je vais les échanger contre les billets de banque que voici...

Tout en parlant, Paul Leroyer déboutonnait sa

redingote et retirait de sa poche de côté une liasse de six billets de banque qu'il présentait à Morisseau.

Ce dernier étendit les doigts pour les saisir, mais il recula presque aussitôt avec un geste d'étonnement et d'horreur.

— Qu'y a-t-il donc? demanda Paul. —Qu'avez-vous?...

— Il y a du sang sur ces billets... — répondit l'homme d'affaires très agité.

— Du sang... — répéta l'inventeur stupéfait et épouvanté à la vue de larges taches rouges et toutes fraîches qui marbraient en effet les précieux chiffons. —Du sang!.. d'où vient ce sang?.. d'où peut-il venir?...

— Regardez-vos mains... — s'écria Morisseau en se levant et en s'éloignant de Paul avec une hâte et une prudence significatives.

Les yeux de l'inventeur se tournèrent machinalement vers ses mains.

Un effroi sans bornes, un anéantissement complet se peignirent à l'instant dans ses regards, et il se mit à frissonner de tous ses membres.

— Ah! mon Dieu... — balbutia-t-il d'une voix étranglée. — Je comprends... je devine... — ces gémissements, ces plaintes, ce bruit sourd, ces taches noires sur le parapet.. —un crime venait de se commettr près de moi... presque sous mes yeux...

— Un crime ?...— demanda Morisseau dont ces paroles entrecoupées et presque indistinctes surexcitaient la curiosité. — Que voulez-vous me dire ?.. de quel crime parlez-vous ?

Paul raconta brièvement ce qu'il avait vu et ce qu'il avait entendu, quelques minutes auparavant, en traversant le pont de Neuilly.

A mesure qu'il parlait l'homme d'affaires se rapprochait de lui, et la terreur empreinte sur son visage se dissipait peu à peu.

— Ah! par ma foi, monsieur Leroyer,—dit-il enfin,—vous avez bien fait de me raconter cela...— Je ne me sentais point rassuré tout à l'heure, je me figurais bonnement que vous veniez d'assassiner quelqu'un pour retirer de mes mains les billets faux...

— Savez-vous bien que vous m'insultez, monsieur! — s'écria Paul dont le visage devint livide et dont les yeux étincelèrent.

— Vous insulter!! je n'en ai pas le moins du monde l'intention, — répliqua l'escompteur, — donc, je vous en prie, point de colère...—Mettez-vous à ma place, mon cher M. Leroyer, vous verrez que vous auriez eu peur tout comme moi... or, quand on a peur on devient bête, et l'on croit sans réflexion la première sottise qui vous vient à l'esprit... — Faut-il vous faire mes excuses ?...

— Je n'en ai pas besoin... — Voici votre argent, donnez-moi mes billets...

— Les voilà... — J'ai mis, vous en conviendrez, de la complaisance à vous attendre...

L'échange opéré, Paul n'ajouta pas un seul mot et quitta la chambre, puis la maison, après avoir très légèrement salué Morisseau.

— En vérité, — se dit ce dernier, en lançant dans sa caisse les billets de banque tachés de sang, — M. Leroyer avait ce soir une drôle de figure et, lorsque j'y réfléchis, l'histoire qu'il vient de me raconter me semble diablement suspecte !... — Tout bien considéré, je crois que je ne ferai pas mal d'aller trouver demain matin le commissaire de police de Courbevoie, et de lui faire ma déclaration...

Paul, en sortant de chez l'escompteur, traversa de nouveau le pont de Neuilly sans faire de rencontre fâcheuse.

La voiture de Claudia, comme bien on pense, ne se trouvait plus dans l'avenue.

Le fiacre n° 13, lui, n'avait point changé de place, mais Pierre Loriot n'était pas auprès de ses chevaux qui semblaient abandonnés à leur malheureux sort.

La pluie avait cessé de tomber.

Deux heures du matin allaient sonner au moment où le neveu du docteur arriva chez lui, épuisé de fatigue.

Angèle l'attendait, à demi-morte d'inquiétude.

— C'est toi... enfin c'est toi!! — murmura-t-elle

en l'embrassant et en essayant de lui cacher les larmes qui coulaient sur son visage. — Comme tu rentres tard !... — Il ne t'est rien arrivé de fâcheux, j'espère ?...

— Rien absolument, chère amie... — répondit Paul, qui ne voulut point alarmer sa femme en lui racontant la vérité; — un accident... un fiacre brisé... voilà tout... — Je suis revenu à pied, ce qui t'explique mon retard... — Je pense que mon oncle est couché et endormi depuis longtemps ?...

— Ton oncle n'est pas revenu...

Paul tressaillit.

— Voilà qui est singulier !... — dit-il.

Puis il ajouta, après quelques secondes de réflexion :

— Il aura sans doute été retenu plus longtemps qu'il ne le croyait et, ne voulant pas arriver chez nous au milieu de la nuit, il aura couché dans quelque hôtel... — Nous le verrons arriver demain matin...

— Oui... oui... c'est probable... c'est même certain...

Cette explication était plausible. — Cependant elle ne satisfit entièrement ni Paul ni sa femme, qui ne se couchèrent pas et attendirent jusqu'à l'aube celui qui ne devait point arriver, celui qu'ils ne devaient plus revoir.

Le jour parut.

A mesure que passaient les heures, les pressentiments les plus sombres s'emparaient de Paul et se métamorphosaient en une angoisse véritable.

La matinée tout entière s'écoula...

Vers midi, la sonnette de la porte d'entrée retentit violemment.

— C'est lui... ce doit être lui !... — s'écrièrent à la fois le mari et la femme.

Paul courut ouvrir.

Sur le seuil se trouvaient plusieurs hommes vêtus de noir; l'un d'eux portait une écharpe tricolore nouée autour de la taille.

Dans l'escalier se voyaient des uniformes et des baïonnettes.

— M. Paul Leroyer? — demanda l'homme à l'écharpe.

— C'est moi, monsieur... que me voulez-vous?...

— Je vous arrête au nom de la loi.

— Vous m'arrêtez!! — répéta Paul avec un accent indéfinissable. — Mais, monsieur, c'est impossible!... — Je n'ai rien à me reprocher... rien au monde... je vous le jure...

— Vous direz cela au juge d'instruction... — Allons, monsieur, il faut nous suivre...

— Mais, qu'ai-je fait?... De quoi m'accuse-t-on?... Au nom du ciel, par pitié, apprenez-le-moi...

— Vous êtes prévenu d'avoir assassiné votre oncle, le docteur Leroyer, cette nuit, au pont de Neuilly... — répondit lentement l'homme à l'écharpe.

Paul éleva ses deux mains vers le ciel pour une protestation impuissante, et tomba sur le carreau sans connaissance et comme foudroyé.

Angèle ne dit pas un mot, ne poussa pas un cri. — Ses yeux restèrent secs et ses lèvres muettes. — Elle sembla tout à coup privée de raison... — Elle ne comprenait pas... — Elle ne pouvait pas comprendre...

Deux heures plus tard, le neveu du docteur revenait à lui-même.

Il était au secret dans l'un des cachots de la Conciergerie.

Ce même jour, Claudia Varni, déguisée, s'introduisait dans la maison de M. Leroyer, à Brunoy, après en avoir éloigné la fidèle Suzon. — Elle fouillait les papiers du docteur et s'emparait de la lettre écrite quelques heures avant le duel par le duc de la Tour-Vaudieu et qui contenait le testament de ce dernier, testament par lequel il déclarait l'enfant d'Esther son fils légitime et son unique héritier.

Cela fait, Claudia revenait à Paris, l'esprit tranquille et la conscience silencieuse.

Cependant, le procès de Paul s'instruisait.

Les journaux, non seulement de la France mais de toute l'Europe, ont retenti, en 1837, des détails de ce procès, et ces détails sont encore aujourd'hui présents à bien des mémoires.

Tout se réunissait pour accabler le malheureux jeune homme dont la culpabilité, dès le premier moment, ne sembla douteuse à personne.

Les crimes, dit-on, se donnent la main. — Le faux conduit à l'assassinat, — et le procureur du roi prouva de la façon la plus lumineuse que Paul Leroyer, ayant créé et escompté des billets faux, avait tué son oncle pour se procurer l'argent nécessaire au paiement de ces billets.

Vainement Paul raconta la vérité.

Cette vérité ne convainquit personne. — Elle avait le malheur de n'être point *vraisemblable*...

D'ailleurs *l'évidence* était contre l'accusé.

Le docteur Leroyer, le jour même de sa mort, en demandant quatorze mille francs au notaire de Villeneuve-Saint-Georges, ne s'était-il pas prononcé nettement sur le *placement avantageux* auquel il destinait cet argent ?..

Comment en outre expliquer la présence du vieillard, à onze heures du soir, sur le pont de Neuilly où il devait être mortellement frappé ?

Comment surtout admettre que Paul ignorât la présence de son oncle sur ce pont qu'il traversait lui-même au moment du crime ?

Enfin les mains sanglantes du jeune homme, et les billets de banque tachés de sang apportés par lui à Morisseau, n'étaient-ils pas des preuves manifestes, matérielles, irrécusables ?...

Jamais, certes, — depuis Caïn, meurtrier de

son frère Abel, — jamais crime n'avait été mieux prouvé !.. — La tâche du procureur du roi était en vérité trop facile !...

Paul Leroyer fut condamné à mort malgré le très faible plaidoyer d'un défenseur mal convaincu; — l'Europe entière applaudit à ce jugement...

Pendant la nuit du 8 au 9 décembre 1837, les aides du bourreau dressèrent la hideuse machine à la barrière Saint-Jacques.

Dès la pointe du jour une foule innombrable se pressait aux abords de l'échafaud.

A sept heures du matin le condamné, le martyr, accompagné par un prêtre, montait sur cette plate-forme sanglante qu'ont foulé les pieds de tant de justes, victimes de la justice humaine...

Paul était sublime de résignation. — Il appuya contre ses lèvres le crucifix. — Il embrassa la sainte image du Dieu supplicié comme lui... — Le prêtre le bénit et lui donna l'absolution suprême, dont certes il n'avait pas besoin...

Puis il se fit dans la foule une grande rumeur...

. . . . . . . . . . . . . . .
. . . . . . . . . . . . . . .

Au milieu de cette foule qui frémissait d'une joie sauvage en voyant un bourreau tuer un innocent, se trouvait une femme en deuil, tenant par la main deux petits enfants vêtus de noir qui pleuraient silencieusement et regardaient autour d'eux d'un air effaré...

C'était Angèle Leroyer, la femme ou plutôt la veuve du condamné, avec Abel et Berthe.

Quand l'infâme guillotine eut rempli son office, l'infortunée qui semblait mourante, mais qui puisait une force surhumaine dans son héroïque résolution, souleva dans ses bras son fils et sa fille.

— Mes enfants, — leur dit-elle, — mes pauvres enfants orphelins, regardez et souvenez-vous !.. — On vient d'assassiner votre père !.. — N'oubliez pas, n'oubliez jamais, qu'il vous faudra consacrer votre vie entière à chercher la vengeance ! Quand vous aurez tous deux l'âge où l'on peut agir, poursuivez à travers le monde, saisissez dans les ténèbres où il se cache l'auteur inconnu du crime que votre père vient d'expier, et que la tête coupable tombe, grâce à vous, à cette même place où vient de tomber la tête innocente !... — C'est une tâche sainte, une tâche sacrée, mes enfants !... Je vous l'impose au nom du sang qui coule !!...

Huit jours après, la duchesse douairière de la Tour-Vaudieu était morte et le marquis Georges entrait en possession du titre et de la fortune de son frère.

Ce misérable devait-il jouir d'une impunité triomphante ? — L'heure de la justice et de la vengeance devait-elle sonner ?

Nous le saurons un jour.

FIN DU PARC AUX BICHES.

# TABLE.

|  |  | Pages. |
|---|---|---|
| CHAPITRE Ier. | — Où la lorgnette de Georges revient en scène........................ | 1 |
| — II. | — Suite du précédent................. | 11 |
| — III. | — Un crime...................... | 24 |
| — IV. | — Leroyer à la rescousse !............ | 32 |
| — V. | — Après le crime................... | 42 |
| — VI. | — A l'auberge du Cheval blanc....... | 53 |
| — VII. | — Le retour...................... | 63 |
| — VIII. | — Transitions..................... | 73 |
| — IX. | — De Brunoy à la rue Saint-Louis...... | 83 |
| — X. | — Le colonel Derieux................ | 94 |
| — XI. | — Le colonel Derieux (suite).......... | 98 |
| — XII. | — Le neveu du docteur.............. | 104 |
| — XIII. | — Le neveu du docteur (suite)........ | 111 |
| — XIV. | — L'enfant....................... | 118 |
| — XV. | — L'enfant (suite).................. | 126 |
| — XVI. | — L'oncle et le neveu............... | 133 |
| — XVII. | — Le pavillon de Neuilly............. | 143 |
| — XVIII. | — Entretien...................... | 153 |
| — XIX. | — Une nuit au pavillon.............. | 163 |
| — XX. | — Une nuit au pavillon (suite)........ | 172 |
| — XXI. | — L'homme à la blouse blanche....... | 180 |
| — XXII. | — Honteux comme un renard qu'une poule aurait pris................. | 191 |
| — XXIII. | — Suite du précédent............... | 202 |
| — XXIV. | — Une fable de La Fontaine........... | 209 |

# TABLE.

| | | Pages. |
|---|---|---|
| CHAPITRE XXV. | — Jean Jeudi.................... | 224 |
| — XXVI. | — Le capitaine Corticelli............... | 232 |
| — XXVII. | — Ce que coûte un coup d'épée......... | 246 |
| — XXVIII. | — Suite du précédent................ | 252 |
| — XXIX. | — Paul Leroyer..................... | 263 |
| — XXX. | — Une espérance.................... | 276 |
| — XXXI. | — Une espérance (suite).............. | 283 |
| — XXXII. | — Un oncle modèle.................. | 291 |
| — XXXIII. | — Le notaire de Villeneuve-Saint-Georges. | 307 |
| — XXXIV. | — Où le capitaine Corticelli commence à gagner l'argent de Claudia Varni.... | 319 |
| — XXXV. | — Où le capitaine Corticelli continue à gagner l'argent de Claudia Varni.. | 327 |
| — XXXVI. | — Où le capitaine Corticelli achève de gagner l'argent de Claudia Varni.... | 343 |
| — XXXVII. | — Où l'on voit reparaître Jean Jeudi.... | 354 |
| — XXXVIII. | — Dix heures du soir................ | 366 |
| — XXXIX. | — La justice des hommes.............. | 377 |

FIN DE LA TABLE DU SECOND VOLUME.

Clichy. — Imp. Paul Dupont, 12, rue du Bac-d'Asnières.-14.8.79

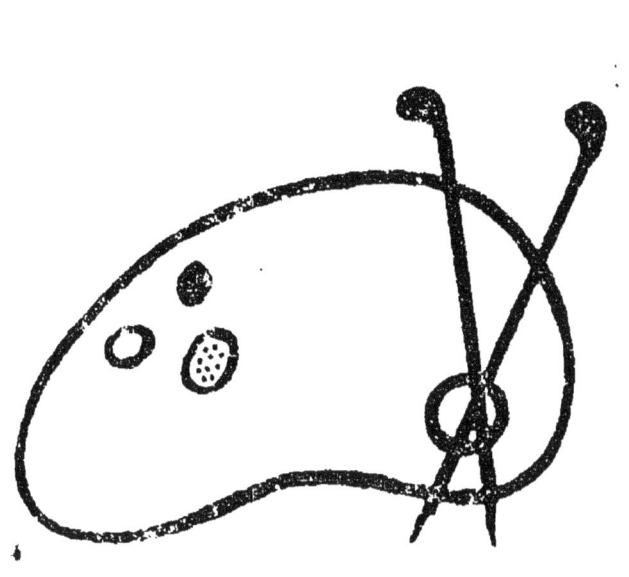

Original en couleur
NF Z 43-120-9

www.ingramcontent.com/pod-product-compliance
Lightning Source LLC
Chambersburg PA
CBHW050421170426
43201CB00008B/498